# 31 v. Chr.

## Antonius, Kleopatra und der Fall Ägyptens

David Stuttard und Sam Moorhead

# 31 v. Chr.

## Antonius, Kleopatra und der Fall Ägyptens

Aus dem Englischen von Cornelius Hartz

Englische Originalausgabe:
*»31 BC. Antony, Cleopatra and the Fall of Egypt«*
The British Museum Press, London 2012


Die Herausgabe des Werkes wurde durch
die Vereinsmitglieder der WBG ermöglicht.
Layout: Bobby Birchall, Bobby and Co.
Typographie und Satz: Lohse Design, Heppenheim
Gedruckt auf säurefreiem und alterungsbeständigem Papier

**Besuchen Sie uns im Internet: www.wbg-wissenverbindet.de**

ISBN: 978-3-534-25541-2

Die Buchhandelsausgabe erscheint beim Konrad Theiss Verlag, Stuttgart.
ISBN 978-3-8062-2705-5
www.theiss.de

Elektronisch sind folgende Ausgaben erhältlich:
eBook (PDF): 978-3-534-73311-8 (für Mitglieder der WBG)
eBook (epub): 978-3-534-73312-5 (für Mitglieder der WBG)
eBook (PDF): 978-3-8062-2732-1 (Buchhandel)
eBook (epub): 978-3-8062-2733-8 (Buchhandel)

Frontispiz: Francis Philipp Stephanoff (1789–1860)
*„Antonius nimmt Abschied von Kleopatra".*
British Museum, 1977.1105.6

# Inhalt

Das Römische Reich in der spätrepublikanischen Zeit, ca. 50–31 v. Chr.

N
SCHWARZES MEER
PHILIPPI
(42 v.Chr)
PONTUS
BITHYNIEN
ARMENIEN
Araxes
Troia
LESBOS
Pergamon
ÄGÄIS
KLEINASIEN
?Phraata
PARTHIEN
CARRHAE
(53 v.Chr)
Korinth
Athen
Ephesus
Priene
SAMOS
Milet
Halikarnassos
Tarsus
Antiochia
KILIKIEN
Orontes
SYRIEN
RHODOS
Ktesiphon
Euphrat
Tigris
Babylon
ZYPERN
Aradus
KOILESYRIEN
Sidon
Damaskus
Tyros
Cyrene
Jericho
Jerusalem
JUDÄA
NABATÄA
Alexandria
Mt Casius
Pelusium
Petra
ÄGYPTEN
SINAI
ARABIEN
Nil

# Zeittafel

**v. Chr.**

| | |
|---|---|
| 331 | Alexander der Große gründet Alexandria |
| 323 | Alexander stirbt in Babylon und wird in Alexandria begraben |
| 312–280 | Seleukos I. König des Seleukiden-Königreichs |
| 305–282 | Ptolemaios I. König von Ägypten |
| 300 | Seleukos I. gründet in Syrien Antiochia |
| 285–246 | Ptolemaios II. Philadelphos |
| 196 | Stein von Rosette aufgestellt |
| 182–116 | Wachsender römischer Einflusses auf Ägypten während der Regierungszeit Ptolemaios' VIII. |
| 146 | Rom plündert Karthago und Korinth |
| 133 | Attalos von Pergamon vermacht seine Stadt Rom |
| 81–79 | Sulla Diktator von Rom |
| 80–51 | Ptolemaios XII. Neos Dionysos (Auletes) König von Ägypten |
| 60 | Caesar, Pompeius und Crassus schließen einen inoffiziellen Pakt |
| 58 | Von Ägypten aus annektiert Rom Zypern; Ptolemaios XII. besucht Rom, um Unterstützung zu sichern |
| 58–52 | Caesars Gallischer Krieg |
| 55–54 | Caesars zwei Expeditionen nach Britannien |
| 55 | Aulus Gabinius' Söldner setzen Ptolemaios XII. wieder ein |
| 51–30 | Kleopatra VII. Philopator Königin von Ägypten |
| 49 | Caesar überquert den Rubikon und läutet den Bürgerkrieg mit Pompeius ein; Caesar zum ersten Mal Diktator in Rom |
| 48 | Caesar besiegt Pompeius bei Pharsalos; Marcus Antonius ist einer der Generäle Caesars; Pompeius von den Soldaten Ptolemaios' XIII. am Kasion ermordet |
| 48–47 | Caesar unterstützt Kleopatra im „Alexandrinischen Krieg" gegen Ptolemaios XIII.; Tod Ptolemaios' XIII.; Thronbesteigung Ptolemaios' XIV. |
| 47 | Kleopatra bringt Caesars Sohn Kaisarion zur Welt |
| 46 | Kleopatra in Trastevere, Rom; Caesars Triumphzüge für seine Siege in Gallien, Ägypten, Pontus und Afrika; Arsinoë im Triumphzug für Ägypten, danach nach Ephesos verbannt; Tempel der Venus auf dem Caesarforum geweiht; Caesars Kalenderreform; Caesar besiegt Pompeius' Anhänger und Juba I. von Numidien bei Thapsus |
| 46–45 | Caesar in Spanien, letzter Sieg bei Munda |
| 44 | Caesar wird *dictator perpetuus*; von Brutus, Cassius und anderen an den Iden des März ermordet; Marcus Antonius hält Caesars Grabrede; Octavian zum Erben Caesars erklärt; Ptolemaios XIV. stirbt; Kaisarion von Kleopatra zum König von Ägypten erklärt |
| 44–43 | Cicero hält seine *Philippischen Reden* gegen Antonius |
| 43 | Octavian, Antonius und Lepidus bilden ein „Triumvirat"; Cicero wird ermordet |
| 42 | Brutus und Cassius werden bei Philippi besiegt; Sextus Pompeius erhält die Kontrolle über Sizilien |
| 41 | Kleopatra fährt nach Tarsus, um Antonius zu treffen; Antonius besucht Alexandria; Hinrichtung von Arsinoë in Ephesos |
| 40 | Tod von Antonius' Frau Fulvia; Antonius heiratet Octavia, die Schwester des Octavian; Kleopatra und Antonius bekommen Zwillinge: Alexander Helios und Kleopatra Selene |
| 39–38 | Antonius mit Fulvia in Athen |
| 38 | Octavian heiratet Livia |
| 37 | Kleopatra trifft Antonius in Antiochia; „Zweites Ptolemäerreich" wird gegründet, Phönizien, Koilesyrien, Zypern und ein Großteil von Kilikien werden Kleopatra zugesprochen |
| 37–4 | Herodes der Große König von Judäa |
| 36 | Sextus Pompeius endgültig besiegt; Antonius' Feldzüge in Armenien und Parthien; Kleopatra trifft Antonius in Leuke Kome; Antonius und Octavia bekommen ihre Tochter Antonia |
| 35 | Tod des Sextus Pompeius |
| 34 | Antonius überfällt Armenien und besiegt Artavasdes; Gebietsverleihungen von Alexandria |
| 33 | Antonius zieht mit seiner Armee westwärts vom Euphrat bis nach Kleinasien |
| 32 | Antonius lässt sich von Octavia scheiden; Antonius und Kleopatra in Athen |
| 32/31 | Antonius und Kleopatra überwintern in Patrae; Propaganda-Krieg gegen Octavian |
| 31 | Agrippa nimmt Methone und Korfu ein; Octavian überquert die Adria; Antonius' und Kleopatras Armee bei Actium; Octavian nimmt Mikalitzi ein; Octavian und Agrippa gewinnen die Schlacht von Actium; Antonius und Kleopatra fliehen |
| 30 | Antonius begeht nach der endgültigen Auseinandersetzung mit Octavian in Alexandria Selbstmord; Kleopatra begeht Selbstmord; Octavian übernimmt die vollständige Kontrolle über Ägypten, das zur Provinz des Römischen Reichs wird; Kaisarion und Alexander Helios werden ermordet; Kleopatra Selene wird von Octavian nach Rom verschleppt und heiratet dort Juba II. |
| 27 | Octavian nimmt den Titel „Augustus" an |
| 25 | Juba II. und Kleopatra Selene König und Königin von Mauretanien |
| ca. 5 | Tod der Kleopatra Selene |

**n. Chr.**

| | |
|---|---|
| 14 | Tod des Augustus (Octavian) |
| 23 | Tod Jubas II.; Thronbesteigung seines Sohns Ptolemaios |
| 40 | Ptolemaios von Caligula ermordet |

# Einführung

Am 2. September 31 v. Chr. trafen zum ersten und letzten Mal in der Geschichte zwei Supermächte im direkten Kampf aufeinander: die uralte, mythenbeladene, mystisch-religiös geprägte Zivilisation der Ägypter und das pragmatische, effiziente und in jüngster Zeit immer brutaler gewordene Militärregime von Rom. Das Ergebnis der Schlacht von Actium sollte den Lauf der Geschichte ändern und zur Gründung des römischen Kaiserreichs führen. Für den Sieger Octavian (den späteren Kaiser Augustus) und seinen Stab von Mitarbeitern, die man heute vielleicht als „Imageberater" bezeichnen würde, bot sich die Gelegenheit, den Ruf der besiegten Gegner, des römischen Feldherrn Antonius und der ägyptischen Königin Kleopatra, für immer zu zerstören.

Es war ein Prozess der Propaganda, der bereits vor Actium begann, nach dem Tod von Antonius und Kleopatra an Tempo zunahm und sich wie eine Wolke über jeden Bericht gelegt hat, der diese Zeit beschreibt. Wie es so oft der Fall ist, gehörte zu den ersten Opfern des Regimewechsels die Wahrheit. Dazu trug bei, dass aus der Geschichte des Todes von Antonius und Kleopatra schnell der Stoff für eine romantisch-verklärende Legende wurde, einer „tatsächlichen" Parallele zum Mythos von Pyramus und Thisbe (siehe S. 164), einem Vorläufer der Tragödie von Romeo und Julia – und so ist es bis heute. Bücher, Gemälde, Theaterstücke und Filme haben der todgeweihten Leidenschaft dieser beiden extravaganten Liebenden eine geradezu ikonische Note verliehen.

In gleichem Maße, wie der exotische Glamour des Liebesgeschichte die harten Fakten der Historie ablöste und trotz der Hinweise auf Münzporträts und Beschreibungen zeitgenössischer Autoren sind (vorwiegend männliche) Historiker geradezu Amok gelaufen, was die Vorstellungen von Kleopatras Schönheit betrifft – bis sie selbst und ihre Leser von ihrem Reiz ebenso fasziniert waren, wie Augustus' Propaganda es damals von Antonius behauptete.

Das Ergebnis: Schriftsteller und Gelehrte, die vom Leben und der Liebe übergangen waren, haben zahlreiche Bücher über Kleopatra verfasst, in denen jeder Hauch von Sex und Leidenschaft die Selbstanklagen einer in abgedunkelten Schlafsälen verbrachten Kindheit weckt – mit Kleopatra als „guilty pleasure", als geheimem Avatar einer verbotenen Herrin, ganz so, als ob ihre Autoren (wenn sie es nur könnten) sie gerne in die

Shakespeare'sches Liebespaar: Steingut-Fliese mit Antonius und Kleopatra, von John Moyr-Smith, um 1875. 15 × 15 cm. British Museum, 2000,1102.1, Schenkung.

Realität holen würden, um mit ihr das von Büchern übersäte eigene Bett zu teilen. Sie phantasieren über die Farbe ihrer Augen, ihre Haarstruktur, die geschwungene Linie ihrer Nase, ihre vollen Lippen, ihre getönte Haut und zweifellos über anderes mehr, über das zu schreiben sie nicht über sich bringen.

Eine weitere heimliche Freude bereitet ihnen dabei die scheinbare Unmoral der wichtigsten Akteure dieser Geschichte. Es mag durchaus sein, dass Antonius, überschwänglich, skrupellos, in seinen eigenen Augen die Verkörperung des Dionysos, sich sofort der Philosophie des Alexis Sorbas in Kazantzakis' gleichnamigem Roman angeschlossen hätte, der sagt: „Die größte Sünde des Mannes ist, wenn eine Frau ihn in ihr Bett ruft und er nicht gehen will." Sicherlich trifft es ebenso zu, dass Kleopatra diversen Männern, mit denen sie nicht verheiratet war, Kinder gebar. Aber obwohl ein solches Verhalten frühere Generationen dazu gebracht haben mag, auszurufen: „How unlike, how very unlike, the home life of our own dear

Queen", so eine berühmt gewordene empörte Reaktion auf eine Aufführung von Shakespeares *Antony and Cleopatra* zur Zeit Königin Victorias, so hilft uns doch eine solche Reaktion nicht weiter, wenn wir verstehen wollen, was die mächtigsten Politiker ihrer Zeit dazu trieb, zu tun, was sie taten. Tatsächlich müssen wir uns stark vom Blickwinkel der späteren prüden christlichen Ethik lösen, bevor wir über das Privatleben irgendeines beliebigen Menschen der Antike urteilen können; wenn die Fakten aber noch zusätzlich durch die augusteische Propaganda verzerrt sind, wird jedes moralische Urteil irrelevant.

Tatsächlich ist es ziemlich unklar, inwieweit die Beziehung von Antonius und Kleopatra auf Liebe basierte („was auch immer", wie einer der Royals kürzlich sinnierte, „Liebe bedeuten mag"). Keiner von beiden war so naiv zu glauben, dass „die Liebe", um mit den Worten eines von Augustus' Hofdichtern zu sprechen, „alles besiegt"; beide waren erfahren genug zu wissen, dass in der Politik nüchterne Entscheidungen immer über emotionalen Reaktionen stehen müssen, wie attraktiv diese auch sein mögen.

Aus diesem Grund haben wir uns bewusst dazu entschlossen, jeden Bezug zur „Liebe" als treibende Kraft in Antonius' und Kleopatras politischer Partnerschaft zu vermeiden. Dies soll nicht bedeuten, dass wir leugnen wollen, es habe irgendeine Art emotionaler Bindung zwischen den beiden gegeben, sondern einfach nur, dass wir die wahre Natur dieser Bindung nicht kennen (und niemals kennenlernen werden). Stattdessen haben wir versucht, die Ereignisse wiederzugeben, die zu jener schicksalhaften – wenn auch ziemlich schmutzig geführten – Schlacht in der Bucht von Actium führten, die Persönlichkeiten, die daran Anteil hatten, zu beschreiben sowie die unerbittlichen Kräfte, die sie antrieben, und zu deuten, wie der Sieger, Augustus, die Wahrheit manipuliert, wenn nicht gar völlig verfälscht hat.

Im gesamten Buch haben wir versucht, die Geschichte aus der Sicht von Alexandria erzählen, dieser außergewöhnlichen griechischen Stadt, die an der Nordküste Ägyptens aus dem Boden gestampft worden war; in der fast 300 Jahre lang Kultur und Hedonismus nebeneinander blühten und deren Zivilisation Rom deutlich in den Schatten stellte (weswegen die meisten Römer sie beneideten und auf bösartige Weise verunglimpften).

Wie das restliche Ägypten war Alexandria in seiner Nahrungsmittelversorgung von den alljährlichen Überschwemmungen des Nil abhängig – ein Umstand, den völlig außerhalb seiner eigenen Kontrolle lag. Wie die Stadt auf die An- oder Abwesenheit von Niederschlägen Hunderte von Kilometern südlich reagierte, hatte zum großen Teil ihre vergangenen Erfolge bestimmt, denn es hatte dafür gesorgt, dass ihre Herrscher schlau mit dem Wechselspiel des Zufalls umzugehen wussten. Und niemand konnte dies besser als Kleopatra. Denn ihr Schicksal und das von Alexandria waren miteinander verflochten, und es ist diese bemerkenswerte Stadt, in der unser Bericht seinen Anfang nimmt.

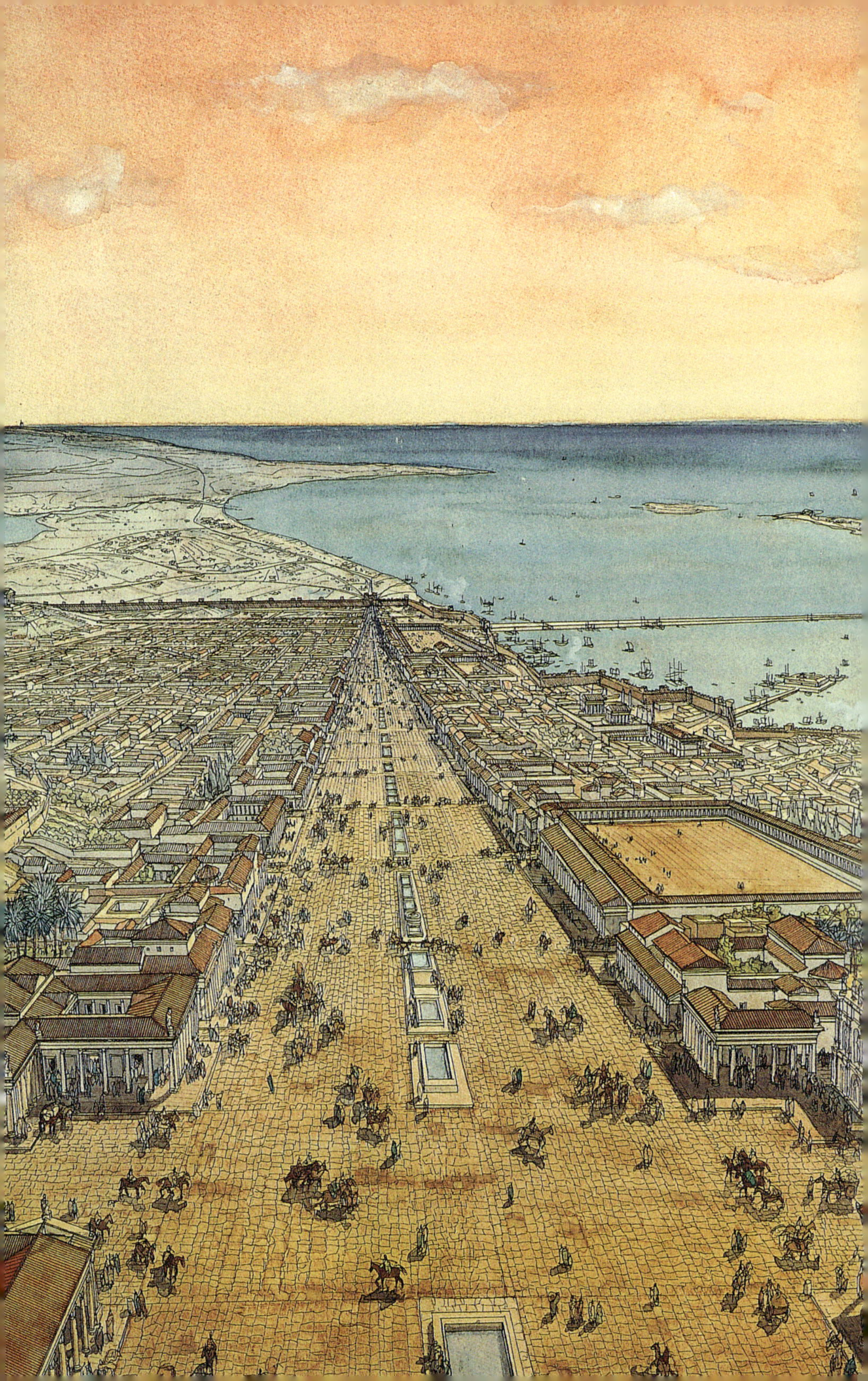

# KAPITEL 1

# Afrikanische Königin

ALEXANDRIA, ÄGYPTEN: MITTE SEPTEMBER 31 V. CHR.

Der Morgen bricht an, die Stadt erwacht, es ist bereits warm.[1] Während die Sonne immer höher steigt, lassen ihre Strahlen die Umrisse der Gebäude und Monumente schärfer und schärfer hervortreten, die Teil dieser als großes Raster auf einer flachen Landzunge angelegten Stadt sind. Auf dem Meer strahlt das Licht der Sonne bereits heller als die langsam verglimmenden Flammen des Pharos, des marmornen Leuchtturms, der sich an Steuerbord erhebt; seine Spiegel thronen hoch über den Masten der Schiffe, die sich langsam innerhalb der sicheren Mauern des Hafens bewegen.

Käme ein Besucher zum ersten Mal hierher, auf einem solchen Schiff, an einem solchen Morgen, er würde mit offenem Mund staunen. Was betrachtet er wohl zuerst? An Backbord den Königspalast, der sich bereits scharf gegen die aufgehende Sonne abhebt, die Machtbasis der Ptolemäer, mit seinem eigenen königlichen Hafen, ein Ort sagenhaften Reichtums, mit marmornen Kolonnaden, Plätzen mit kühlenden Springbrunnen, unschätzbar wertvollen Statuen und kostspieligen Wandbehängen – unermesslichem, erstaunlichem Luxus.

Überall finden sich Spuren der Ptolemäer, nicht zuletzt hier an der Hafeneinfahrt, wo zwei Statuen aus Rosengranit über die sich nähernden Schiffe wachen, in beinahe achtfacher Lebensgröße – beide stellen ehemalige Königinnen dar, beide mit dem Namen Kleopatra.

Dann schweift der Blick vom Palast aus in Richtung Süden, und man erblickt die Stadt selbst: das Theater auf dem Hügel, den Tempel des Poseidon (des griechischen Meeresgottes), das große Kaisareion, den massiven, von Säulenhallen umgebenen Komplex, erbaut im Auftrag der jetzigen Königin, zu Ehren ihres Mannes, des mächtigsten Mannes der Welt. Die Docks und Lagerhäuser erstrecken sich weit entlang der Uferpromenade, schon zu dieser frühen Stunde herrscht hier ein reges, geschäftiges Treiben (wenn es auch am heutigen Tag ein wenig lauter und ruppiger zugehen mag, wo doch alle wissen, dass das Schicksal ihrer Stadt am seidenen Faden hängt).

Im Dunst der Ferne erstreckt sich der lange, gewölbte Damm des Heptastadion, das das Festland mit der Insel Pharos verbindet, auf der der

**GEGENÜBER**
*Alexandria, showing Canopic Street looking west* von J. P. Golvin. Aquarell, nach Alexandria (London 1998), S. 47.

**OBEN**
Ein Schiff fährt am Pharos vorbei. Münze des Commodus (180–192 n. Chr.) aus einer Kupferlegierung, geprägt in Alexandria. Durchmesser 2,4 cm. British Museum, G.2429.

Der Eingang zum Großen Hafen der Antike (heute Osthafen) in Alexandria, von der Insel Pharos aus gesehen.

Tempel der Universalgöttin Isis steht und der Leuchtturm, der sich mehr als 120 Meter hoch in den hellen Himmel erhebt; und jenseits des Heptastadion ein weiterer Hafen, seine ferne Skyline mit Masten gespickt – Eunostos, der „Hafen der sicheren Rückkehr".

Als sein Schiff sich immer mehr der Küste näherte, mag unser Besucher auch an all die anderen Sehenswürdigkeiten gedacht haben, die er bald erblicken würde. Er wird gewusst haben, dass Alexandria berühmt war für seine breiten, luftigen Boulevards, sein Straßennetz, deren Raster drei Jahrhunderte zuvor angelegt worden war, als der junge Alexander, inzwischen bekannt als „der Große", auf einem Feldzug hierherkam und beschloss, auf dem Gelände eines pharaonischen Fischerdorfs eine neue Metropole zu errichten. Alexander ließ sich diesen Ort zuweisen: nahe genug am Nildelta, um den Handel mit dem ägyptischen Kernland zu kontrollieren, ausreichend entfernt, dass er nicht durch das jährlichen Nilhochwasser überflutet würde. Er überließ das Design seinem Chefarchitekten Dinokrates, der seinerseits ein hervorragendes Team zusammenstellte, aus spezialisierten Technikern, Ingenieuren und Fachkennern der Hydraulik, deren Know-how dafür sorgte, dass ebenso stetig das Wasser durch die niedrig gelegene Stadt floss, wie durch ihre sommerlichen Straßen eine frische Brise wehte.

Es war Alexanders Vision, dass die Stadt ein großes Wirtschaftszentrum würde, eine Drehscheibe des Handels, ein Umschlagplatz, der die florierenden Märkte des griechischen Festlands wie der östlichen Häfen von Ephesos, Milet und Antiochia mit Ägypten und dem Nil verband, so dass das wirtschaftliche Potenzial seines noch im Embryostadium befindlichen Imperiums voll ausgeschöpft werden könnte. Innerhalb von

50 Jahren wurde die Vision Wirklichkeit. Alexandria wuchs so schnell, dass es bald zur größten Stadt der antiken Welt avancierte und weit über einer halben Million Menschen eine Heimat bot.

Nach seinem frühen Tod teilten Alexanders Generäle sein junges Reich untereinander auf. Ägypten fiel Ptolemaios zu, der eine bunte Dynastie von Königen und Königinnen begründete – eine Dynastie, die das weite Land regierte, indem sie einen streng kontrollierten öffentlichen Dienst einführte, die Reichtümer Ägyptens bis zum Maximum ausbeutete und ihre neue Hauptstadt immer reicher machte. Der erste dieser Ptolemäer, mit dem Beinamen „Soter" („Heiland", ca. 367 – ca. 283 v. Chr.), hatte Alexanders Leichnam abgefangen, als er von Babylon aus, wo der Feldherr gestorben war, ins heimatliche Makedonien überführt werden sollte, und ihn stattdessen nach Ägypten gebracht. Jetzt lag er auf königlichem Grund und Boden in Alexandria, in einem Glaskasten in einem eigens dafür konstruierten Mausoleum, dem sogenannten Soma, dem spirituellen Herzen der Stadt, einem Wallfahrtsort, und man glaubte, dass die bloße Aufbewahrung des toten Körpers die Machtfülle der Herrscher rechtfertigte.

Alexander der Große (356–323 v. Chr.). Marmorporträt, 2./1. Jh. v. Chr., angeblich aus Alexandria. Höhe 37 cm. British Museum, 1872,0515.1

Im Laufe der Jahre hatte diese Macht immer wieder zu- und wieder abgenommen, aber jetzt, im Jahre 31 v. Chr., dank der Großzügigkeit des römischen Feldherrn Antonius, erstreckten sich die Grenzen des Reichs so weit wie nie zuvor: im Norden bis Zypern, im Osten bis Syrien und zur Küste der heutigen Türkei, im Westen bis zur Kyrenaika, im Süden entlang des Nil bis nach Oberägypten.

Drei Jahrhunderte nach ihrer Gründung wimmelte es in der Stadt, wie im ganzen Imperium, das sie kontrollierte, von Angehörigen der verschiedensten Völker, darunter (natürlich) Griechen, einheimische Ägypter, Juden und Syrer, Phönizier und Nordafrikaner, und Straßen wie Kais hallten wieder von ihrem vielsprachigen Stimmengewirr. Und doch unterlagen die Bewohner der Stadt von Anfang an strengen Auflagen, wohin sie gehen durften und wo ihnen erlaubt war zu wohnen: Alexandria war nach Klassen und Ethnien aufgeteilt, in fünf Bezirke, die, vielleicht ein wenig prosaisch, jeweils den Namen eines der ersten fünf Buchstaben des griechischen Alphabets trugen.

Im Bezirk Alpha befanden sich die weitläufigen königlichen Paläste, die Gärten, das Museion und die Bibliotheken. In Beta wohnte die griechische Aristokratie, in Gamma die griechischen Bürger. Delta war ausländischen Siedlern nicht-griechischen Ursprungs vorbehalten (wie Persern, Syrern oder Juden), während die einheimische Bevölkerung, die Ägypter, in Epsilon ihre Häuser hatte. Alexander und seinen Architekten mag dies als Geniestreich vorgekommen sein. Tatsächlich jedoch hatte die ethnische Segregation im Laufe der Jahrhunderte immer wieder zu Spannungen und Gewalt geführt.

Ptolemaios I. Soter. Fragment einer Basalt-Statue im agyptischen Stil, hellenistisch-römisch, 305–283 v. Chr. Höhe 64 cm. British Museum, 1914,0216.1.

Aber Alexandria war nicht nur für seinen Handel und wirtschaftlichen Reichtum bekannt. Unter den Ptolemäern war es auch zum geistigen Zentrum der Welt geworden. Das intellektuelle Treiben konzentrierte sich weitgehend auf einen Gebäudekomplex, der in puncto Größe und Ambitionen wahrlich Seinesgleichen suchte. Das Museion war im reinsten Sinne des Wortes ein Tempel der Musen, ein Zentrum für Forschung und Kreativität, teils Universität, teils Kunstzentrum, teils Zoo und teils Botanischer Garten. Ihr Kern war die Bibliothek, in der sich fast eine halbe Million Papyrusrollen befanden, geordnet und katalogisiert mit größter Sorgfalt – eine Kopie (so hieß es) jedes bedeutenden Buches, das jemals geschrieben worden war. So sehr wachte Alexandria über die Vormachtstellung seiner Bibliothek, dass die Stadt den Export von Papyrus, dem wichtigsten Rohstoff zur Buchherstellung, für den Ägypten das Monopol besaß, streng kontrollierte. Als Folge davon erfand man in der Bibliothek des anatolischen Pergamon, der größten Rivalin von Alexandria, das neue Medium Pergament.

Alexandrias Besessenheit mit dem Büchersammeln war legendär. Man erzählte sich, wie spezielle Agenten eingesetzt wurden, um die Ladung von Schiffen zu untersuchen, die im Hafen festmachten. Wenn sie Bücher fanden, wurden sie konfisziert. Nach einer Version wurden Kopien angefertigt und dem Besitzer ausgehändigt, während das Original katalogisiert und in der Bibliothek archiviert wurde, mit dem Vermerk „von den Schiffen". Einmal gab es sogar einen internationalen Zwischenfall: Ptolemaios III. (Euergetes, reg. 246–222 v. Chr.) wollte unbedingt die dramatischen Werke von Aischylos, Sophokles und Euripides besitzen. Er sandte nach Athen (wo diese aufbewahrt wurden), mit der Bitte, sie für den Zweck, prächtige Kopien anzufertigen, ausleihen zu dürfen. Fünfzehn Zentner Silber bot er dafür als Bürgschaft an – eine geradezu märchenhafte Summe. Doch statt die Originale, wie versprochen, zurückzuschicken, lieferte er nur die Kopien ab. Gerne ließ er die Athener dafür das Silber behalten: Für ihn waren die Handschriften, die er nun in Alexandria besaß, unbezahlbar.[2] Allerdings wurde hier nicht nur griechische Literatur gesammelt: In einem beispiellosen Projekt ließ Ptolemaios II. (Philadelphos, reg. 283–246 v. Chr.) 72 jüdische Greise jeweils eine griechische Version der Tora anfertigen; diese Fassungen wurden dann zu einem endgültigen Text kollationiert, der als *Septuaginta* bekannt wurde. Wie viel Interesse der Bibliotheksvorsteher all diesen Aktivitäten entgegenbrachte, wissen wir nicht. Zu jener Zeit hatte diese begehrte Position der bekannte Dichter Apollonios inne, der ursprünglich aus Rhodos stammte und den man heute eher für sein Epos über Jason und die Argonauten kennt. Dabei musste der Bibliotheksvorsteher gar nicht unbedingt ein Mann der Literatur sein. Apollonios' Nachfolger etwa war der Wissenschaftler Eratosthenes (ca. 276–195 v. Chr.), der mit bemerkenswerter Genauigkeit den Umfang der Erde berechnete.

Alexandria war eine Brutstätte für neue Entdeckungen. Im Museion hatte bereits ein Beinahe-Zeitgenosse von Eratosthenes, der Astronom Aristarch (ca. 310–230 v. Chr.), eine radikale neue Theorie vertreten: dass die kugelförmige Erde sich um die Sonne dreht. In der Zwischenzeit revolutionierten in der medizinischen Schule des Museion Chirurgen wie Theophilos (335–280 v. Chr.) und Erasistratos (304–250 v. Chr.) das Verständnis des Blutkreislaufs und des Gehirns durch die Sektion menschlicher Leichen und, noch kontroverser, durch Vivisektion zum Tode Verurteilter. Wenn einem die Schreie der hier zerschnittenen Unglücklichen zu sehr in den Ohren schmerzten, konnte man in einem anderen Labor angenehmeren Tönen lauschen – hier probierte der Erfinder Ktesibios (bl. 285–222 v. Chr.) seine neueste Schöpfung aus, die *hydraulis* oder Wasserorgel, das weltweit erste Tasteninstrument. Er perfektionierte außerdem die Wasseruhr und verbesserte mit äußerster Sorgfalt die Genauigkeit der Zeitmessung, während Eratosthenes, der sich mit der Zeitmessung in etwas größerem Maßstab beschäftigte, den Kalender reformierte, viel von den alten, eher chaotischen Berechnungen nach Mond und Sonne glättete und das Konzept des Schaltjahrs einführte.

Aber das Museion war nicht Alexandria. Innerhalb seiner Mauern mochte es die größte Sammlung von Büchern und Intellektuellen in der Griechisch sprechenden Welt beherbergen, innerhalb seiner Gärten mochten sich so viele Exemplare von Tieren und Pflanzen befinden, wie die Forscher dort nur am Leben halten und studieren konnten: Draußen auf der Straße war die Atmosphäre eine ganz andere.

Im Jahre 31 v. Chr. war Alexandria trotz seines geistigen Kerns eine Stadt, die sich der Fleischeslust und der Phantasie hingab, ein Ort des Vergnügens und des Spektakels. Die Ptolemäer, die hier die letzten 300 Jahre lang regiert hatten, bauten auf Theatralik und pompöse Schauspiele. Die Menschen erzählten einander immer noch von einer legendären winterlichen Prozession Ptolemaios' II. (Philadelphos), des Königs, der die Übersetzung der Tora in Auftrag gegeben hatte. Im Hippodrom von Alexandria wurde ein Spektakel zu Ehren des Dionysos abgehalten, der nicht nur der Gott des Weins und des Theaters war, sondern auch der Fruchtbarkeit und des Lebens und vor allem der Gott, dessen man im gesamten östlichen Mittelmeer gedachte, nicht zuletzt wegen des Versprechens der Auferstehung nach dem Tod, das er seinen Anbetern zu bieten schien. In den folgenden Jahrhunderten wurden die Beschreibungen des Pomps dieser Prozession immer weiter ausgeschmückt, bis niemand mehr wirklich wusste, was daran real war und was erfunden:

> Silene [wilde männliche Geschöpfe mit Ohren und Beinen eines Pferdes oder einer Ziege] mit purpurnen und roten Umhängen führten die Prozession an. Sie sollten die Menge kontrollieren. Dicht dahinter kamen Satyrn [jüngere Silene], 20 an jedem Ende

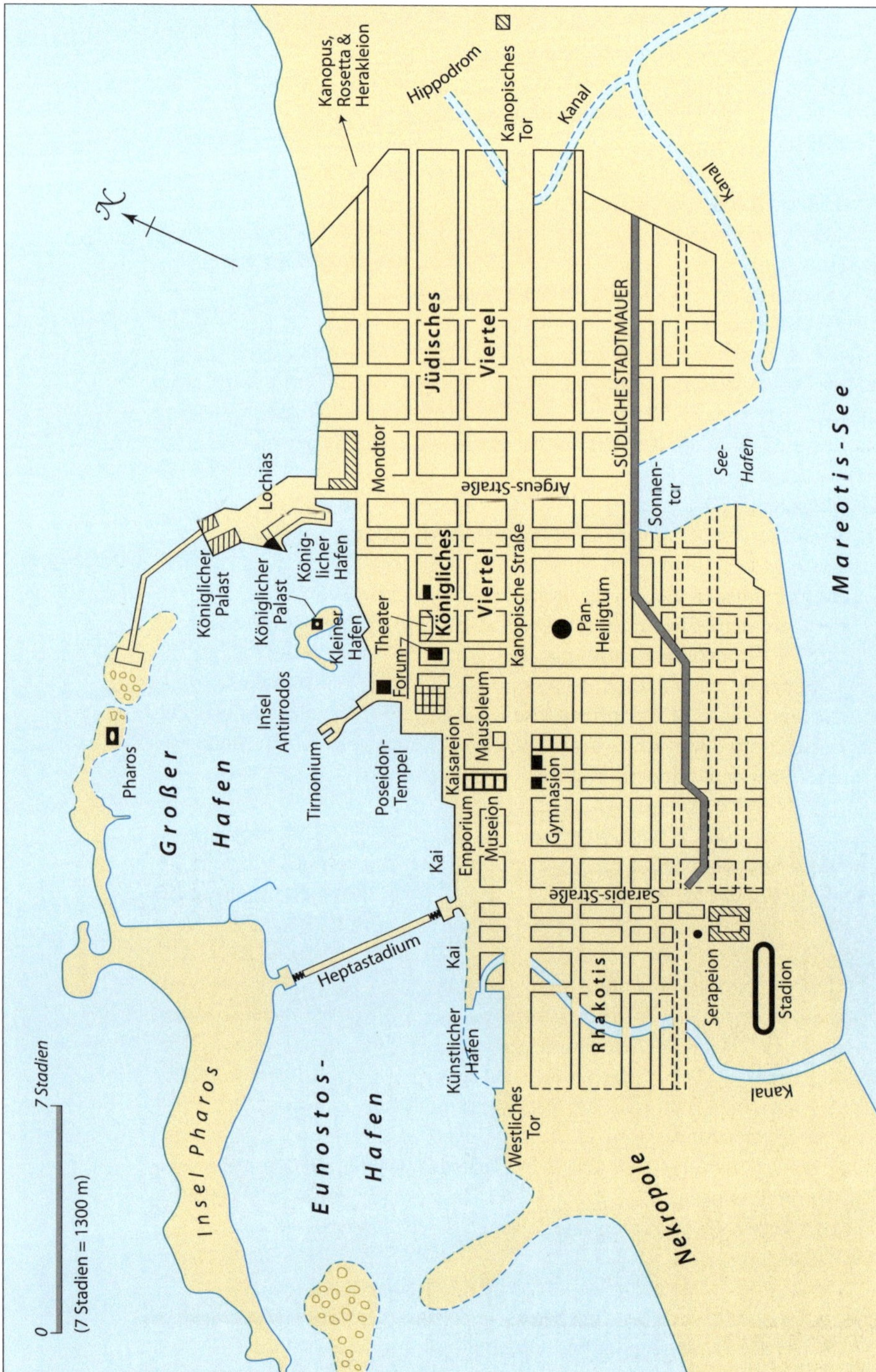
Kanopus, Rosetta & Herakleion
Hippodrom
Kanopisches Tor
Kanal
Kanal
Jüdisches Viertel
SÜDLICHE STADTMAUER
Mareotis-See
See-Hafen
Sonnentor
Mondtor
Argeus-Straße
Lochias
Königlicher Palast
Königlicher Palast
Königlicher Hafen
Kleiner Hafen
Theater
Forum
Königliches Viertel
Kanopische Straße
Pan-Heiligtum
Insel Antirrodos
Pharos
Großer Hafen
Tirnonium
Poseidon-Tempel
Kaisareion
Mausoleum
Emporium
Museion
Gymnasion
Kai
Kai
Sarapis-Straße
Heptastadium
Serapeion
Stadion
Kanal
Rhakotis
Künstlicher Hafen
Westliches Tor
Nekropole
Eunostos-Hafen
Insel Pharos
0
7 Stadien
(7 Stadien = 1300 m)

> des Stadions, mit Lampen, die aussahen wie goldene Efeublätter. Als nächstes kamen Siegesgöttinnen mit goldenen Flügeln, die Weihrauchgefäße trugen, drei Meter hoch und mit vergoldetem Efeu verziert, trugen kurze bestickte Kleidern und waren mit Gold geschmückt ... Nach ihnen kamen 120 Knaben, in Purpurgewändern, die Weihrauch und Myrrhe trugen sowie goldene Teller mit Safran darauf. Als nächstes 40 Satyrn, die Köpfe gekrönt mit Kränzen aus goldenen Efeu, ihre Körper mit Purpur oder Zinnober angemalt ... Hinter ihnen ging der Dichter Philiskos, der Dionysos-Priester, und mit ihm kam die ganze Zunft der Schauspieler.

Weitere Wunder folgten, wie es heißt, darunter eine fünf Meter hohe Statue des Dionysos selbst, in Gold drapiert, die Wein vergoss und dabei auf einem Karren stand, der von 180 Mann gezogen werden musste. Dann kamen die Mänaden, die ekstatischen weiblichen Anhänger des Gottes,

> ihr wallendes Haar war gekrönt von Stirnreifen, manche mit Schlangen verziert, andere mit Eiben- und Weinlaub und Efeu, in den Händen Dolche oder wiederum Schlangen. Hinter ihnen kam ein vierrädriger, vier Meter breiter Wagen, gezogen von 60 Männern, auf dem eine Statue der [Personifikation des Berges] Nysa saß, vier Meter hoch, bekleidet mit einem safranfarbenen Gewand mit goldenen Sternen darauf, drapiert als Schal nach der Mode Spartas. Die Statue konnte sich automatisch erheben, ohne dass irgendjemand Hand daran legte, und nach einem Trankopfer von Milch aus einer flachen goldenen Schale setzte sie sich wieder. ... Als Nächstes

**GEGENÜBER**
Stadtplan von Alexandria in den ersten Jahrhunderten v. Chr./n. Chr. (nach Macleod 2000, S. viii).

**UNTEN**
Dionysische Prozession: eine Mänade mit einer Trommel und zwei Satyrn, einer spielt auf der Doppelflöte, der andere trägt einen Thyrsos. Marmorrelief aus der Nähe von Rom, ca. 100 n. Chr. Höhe 58,5 cm. British Museum, 1805,0703.128.

> kam ein weiterer Wagen, wieder mit vier Rädern, aber dieses Mal zehn Meter lang und acht Meter breit, gezogen von 300 Männern. Auf ihm befand sich eine Weinpresse, zwölf Meter lang und siebeneinhalb Meter breit, beladen mit Trauben, in der 60 Satyrn unter Aufsicht eines Silen die Trauben traten, während sie ein Winzerlied sangen, begleitet von Flöten. Ihnen folgte die ganze Prozession lang eine Spur aus Traubensaft. Dann kam ein vierrädriger Wagen, zwölfeinhalb Meter lang, acht Meter breit und gezogen von 600 Männern. Auf ihm befand sich ein Weinschlauch, aus Leopardenhaut zusamengenäht, der 3000 Eimer fasste, auch aus diesem rieselte über die gesamte Länge des Zuges der Wein.

Auch von anderen Statuen auf anderen Wagen flossen Milch und Wein, während die nicht enden wollende Prozession durch das Stadion zog.

An der Herstellung der Nysa-Statue waren zweifellos die Tüftler aus dem Museion beteiligt gewesen, aber auch andere Mitglieder der Institution waren involviert: Elefanten, die zweifellos aus dem Zoo des Museion kamen, wurden eingesetzt, um Wagen zu ziehen, und auch eine ganze Menagerie anderer Kreaturen hatte ihren Auftritt – Kamele, Strauße, Antilopen und Ziegenböcke. Die Extravaganz des Spektakels war atemberaubend: Kamele trugen Platten, auf denen sich teure Gewürze häuften; schwarzafrikanische Fürsten stellten ihre Tributzahlungen zur Schau: 600 Elefantenstoßzähne, 2000 Baumstämme aus Ebenholz, Schalen voll mit Münzen und Goldstaub; außerdem erschienen 150 Männer, die jeder einen Baum trugen mit Vogel- und Tierkäfigen daran, sowie scharenweise weitere exotische Tiere: schneeweiße Ochsen aus Indien, vierzehn Leoparden, ein Nashorn, eine Giraffe und eine große, weiße Bärin.

> Weitere Wagen trugen einen 45 Meter langen goldenen Thyrsos [einen dem Dionysos heiligen Stab, umwickelt mit Wolle und Efeu, dem magische Eigenschaften nachgesagt wurden], einen 30 Meter langen Speer aus Silber und einen 60 Meter langen goldenen Phallus, der mit verschiedenen Farben angemalt war, in goldene Bänder gewickelt war und an seiner Spitze einen drei Meter breiten goldenen Stern trug.

Dies war Religion und Effekthascherei in ziemlich großem Stil, geradezu atemberaubend. Die Ptolemäer bewiesen so ihren Wohlstand und Einfallsreichtum, und zwar nicht nur der Bevölkerung von Alexandria und Ägypten, sondern der ganzen mediterranen Welt und darüber hinaus. So jedenfalls verstanden es die Ptolemäer selbst: In ihrer Dynastie geschah eben alles in etwas größerem Maßstab als anderswo.

Einer der Philadelphos-Nachfolger, Ptolemaios IV. (Philopator, reg. 221–205 v. Chr.), verwendete einen Teil seiner fast unbegrenzten Ressourcen, dazu das (wie manche sagten) größte Schiff der Antike zu bauen.

Der gesamte Rumpf des Schiffs war mit dionysischen Motiven in Enkaustik-Technik verziert, es war 140 Meter lang, hatte 40 Reihen von Ruderern, und die Spitze seines Bugs ragte 26 Meter über den Meeresspiegel.

> Bei der ersten Testfahrt wurden über 4000 Ruderer benötigt, 400 für weitere Tätigkeiten. 2850 Marinesoldaten befanden sich an Deck und unter Deck noch weitere sowie eine große Menge an Proviant. Beim Stapellauf wurde es aus einer Art Wiege ins Wasser gelassen, die, wie es heißt, aus dem Holz 50 großer Kriegsschiffe konstruiert wurde, und musste von einer großen Anzahl Männer unter Geschrei und schmetternden Trompeten ins Wasser gezogen werden.

Aber noch berühmter war Philopators Flussschiff, mit dem er auf dem Nil kreuzte. Das Schiff war ein wahrer „schwimmender Palast“: einhundert Meter lang, mit Salons für feine Dinnerveranstaltungen, Schlafzimmern, Promenadendecks und Schreinen für die Götter, alles hergestellt aus Zypressen- und Zedernholz, das aus der Levante importiert wurde, und verziert mit Elfenbein, Kupfer und Gold.

> Der Festsaal trug eine wunderschöne Kassettendecke aus Zypressenholz, mit eingeschnitzten vergoldeten Verzierungen. Daneben lag ein Schlafzimmer mit sieben Liegen. Eine angrenzende Treppe führte zu … einem runden Schrein für Aphrodite, der eine Marmorstatue der Göttin enthielt. Gegenüber lag ein weiterer opulenter Bankettsaal mit Säulen aus indischem Stein. … In Richtung Bug lag ein dem Dionysos geheiligter Raum, ebenfalls mit Säulen und mit Platz für dreizehn Liegen. Sein Gesims war bis an den Architrav vergoldet und die Decke so geschmückt, wie es dem Gott geziemt … Der Mast war 35 Meter hoch, mit einem feinen Segel aus Leinen und einem purpurnen Toppsegel.[4]

Das Museion war nicht Alexandria, und genauso gilt: Alexandria war nicht Ägypten. Kreuzfahrten auf dem Nil mussten die Ptolemäer und ihre Gäste unweigerlich daran erinnern. Je weiter sie dabei das Mittelmeer hinter sich ließen und vom Nildelta aus in Richtung Kernland fuhren, desto mehr müssen sie das Gefühl gehabt haben, in eine fremde Welt zu reisen. Zwar hatten die Griechen Ägypten seit Jahrhunderten immer wieder besucht. Die Leser Homers (und das waren *alle* Griechen) waren seit langem vertraut mit den Geschichten darüber, wie es den mythischen König Menelaos auf seiner Heimreise von Troja hierher verschlagen hatte. Und bald hieß es, dass seine Frau Helena, deren verhängnisvolle Schönheit den Trojaner Paris in einem solchen Maße ergriffen hatte, dass er einen langwierigen Krieg vom Zaun brach, die gesamte Dauer des Feldzugs in Ägypten verbracht hatte – die Götter hatten ein Phantom in Gestalt von Helena erschaffen und nach Troja geschickt, während die echte Helena zehn Jahre lang am Ufer des Nil in Saus und Braus leben durfte.

In historischer Zeit hatten frühe griechische Kaufleute am Delta bei Naukratis Handelsposten eingerichtet, wo sie Holz, Silber, Öl und Wein gegen ägyptische Waren wie Leinen und Papyrus tauschten. Allerdings war es vor allem die „eigenartige Schönheit" der Prostituierten der Stadt, die dem griechischen Historiker Herodot ins Auge fiel, als er die Stadt im 5. Jahrhundert v. Chr. besuchte.[5] Doch auch sie konnten ihn nicht in der Stadt halten. Er zeigte einen Enthusiasmus, mit dem er ganze Generationen griechischer und römischer Besucher infizieren sollte, und reiste bis ganz nach Elephantine (siehe die Karte auf S. 36), besuchte die Sehenswürdigkeiten, befragte die Priester, machte sich von allem, was er erfuhr, Notizen, wovon sich ebenso viele als wahr erwiesen wie als falsch. Er widmete Ägypten ein ganzes Buch (eines von neun seiner *Historien*). Darin beschreibt er Krokodile und Phönixe, Pygmäen und Pyramiden (die bereits über zweitausend Jahre alt waren, als er sie sah, und damals noch mit einer Fassade aus blendend weißem Kalkstein versehen). Das Land faszinierte ihn. Er vertiefte sich in die obskure Praktik der Mumifizierung, ließ sich von Priestern aus uralten Aufzeichnungen vorlesen, in denen die Namen von nicht weniger als 330 Pharaonen aufgeführt waren. Er lauschte andächtig und voll Ehrfurcht einer Geschichte über eine Armee, die auf einem Feldzug in die Wüste marschierte und nie wieder gesehen ward.

Inbegriff dieses wundersamen Lands, das Ägypten hieß, war das Verhalten des Nil. Seine jährliche Überschwemmung war für Herodot (wie für jeden anderen) nichts weniger als ein Wunder, ein Geschenk der Fruchtbarkeit an ein ansonsten karges Land, das von den Göttern kommen musste. Sein Augenzeugenbericht zeigt uns, wie er sich dem Phänomen voller Verwunderung gegenübersah:

> Wenn der Nil über die Ufer tritt, ragen nur noch die Städte aus dem Wasser, etwa so wie die Inseln in der Ägäis, der ganze Rest Ägyptens außer den Städten wird zu einem Meer. Dann fahren die Menschen in ihren Booten nicht nur mehr auf dem Fluss, sondern auf dem flachen Land. Wenn man dann von Naukratis nach Memphis reist, fährt man direkt an den Pyramiden vorbei …

Für Herodot war Ägypten das „Geschenk des Nil", dessen angeschwemmter Schlamm das Land zum fruchtbarsten und produktivsten all derer machte, die er besucht hatte. In der Tat waren die Weiten der golden schimmernden Kornfelder, die die Ufer säumten, für Ägypten zugleich ein Segen wie eine Bedrohung. In den Jahren vor Alexander hatten die Perser das Land besetzt, angezogen vom Potential des fruchtbaren Bodens, und jetzt, in den Jahren um 31 v. Chr., war dieser Boden schon wieder zum Objekt der Begierde geworden. Die römischen Politiker hatten hungrige Mäuler zu stopfen, und sie richteten ihre unersättlichen Augen zunehmend auf die Ernte am Nil und rechneten nach, auf welche Weise sie von dieser ihre eigenen Bürger am besten profitieren lassen konnten.

Im Laufe des vorangegangenen Jahrhunderts war das Verhältnis zwischen den beiden Großmächten immer schwieriger geworden; es stellte sich heraus, dass das relativ friedliebende Ägypten seinen kriegerischen Rivalen mit großer Sorgfalt behandeln musste, wobei es sich für Generationen ptolemäischer Königinnen und Könige als gefährlicher diplomatischer Drahtseilakt erwies, dem einen römischen Staatsmann Respekt zu zollen, dem anderen nicht.

„Geschenk des Nil": Rinder werden auf einen Schreiber zugetrieben, der sie im Register vermerkt. Wandmalerei aus dem Grab des Nebamun, Theben, um 1350 v. Chr. Höhe 58,5 cm, Breite 97 cm. British Museum, EA 37976.

Ausländern wie den Römern oder dem griechischen Historiker Herodot war alles an Ägypten und den Ägyptern fremd, ja, alles schien sich in diesem Land geradezu ins Gegenteil zu verkehren:

> [Hier] sind es die Frauen, die auf den Markt gehen und sich um den Handel und das Geschäft kümmern, während die Männer zu Hause bleiben und weben … Die Frauen urinieren im Stehen, die Männer im Sitzen. Sie erleichtern sich im Inneren des Hauses, essen aber draußen auf der Straße, und das begründen sie so: Alles, was unanständig ist, aber notwendig, sollte im Verborgenen geschehen, aber alles, was anständig ist, ganz offen … Anderswo haben die Priester lange Haare; in Ägypten werden sie abrasiert.

Auch Tieren gegenüber hatten sie eine ganz seltsame Einstellung:

> Jedes Tier hat seinen eigenen Wächter, der es füttert, ebenso Männer wie Frauen … Wenn jemand absichtlich ein Tier tötet, so ist die Strafe der Tod … Alle Mitglieder eines Haushalts, in dem eine Katze eines natürlichen Todes stirbt, rasieren sich die Augenbrauen; wenn ein Hund stirbt, rasieren sie ihren ganzen Körper. Tote Katzen werden in sakrale Gebäude in der Stadt Bubastis gebracht, wo sie einbalsamiert und bestattet werden.

All dies, so erkannte Herodot, war Teil ihrer Religion, und seine Reaktion, als er mit so vielen fremden Göttern mit Tierköpfen konfrontiert war, bestand darin, sie mit den Göttern, die er kannte und die er selbst verehrt, gleichzusetzen (typisch für einen Griechen). Bestimmte Rituale schienen ihm sehr vertraut, wie ein Ritus, den er mit den griechischen Prozessionen zu Ehren des Dionysos verglich,

> außer was die Chortänze betrifft. Anstelle des Phallus haben sie Puppen, etwa 45 Zentimeter groß, die von Fäden bewegt werden und die von Frauen rund um die Dörfer getragen werden, und ihr Phallus hebt sich dabei immer wieder und ist fast so groß wie der Rest ihres Körpers. Ein Flötenspieler führt die Prozession an, und die Frauen folgen ihn und singen Hymnen an Dionysos. Warum die Figur aber so große Genitalien hat und diese bewegt, darüber gibt es eine heilige Legende.

Die Ähnlichkeit (wenn auch in kleinerem Maßstab) mit der großen Prozession Ptolemaios' II. im Hippodrom von Alexandria ist äußerst auffällig – bis hin zur beweglichen Statue; die Praxis der Assimilation der ägyptischen und griechischen Religion war etwas, das die Ptolemäer mit Nachdruck förderten.

Aus politischen Gründen hielten sie es für wichtig, dass die Völker, die sie regierten, Griechen und Ägypter, in etwa das gleiche Glaubenssystem vertraten – vor allem da die gebürtigen Ägypter weniger Rechte hatten und größeren rechtlichen Beschränkungen unterlagen als ihre neuen Kolonialherren. Der wachsende Trend weg von der Verehrung einer Vielzahl kleinerer Gottheiten und hin zum Glauben an ein paar wenige, allmächtige Götter (im griechischen Osten verkörpert durch Dionysos) machte diesen Prozess umso einfacher. Ptolemaios I. ging sogar so weit, einen völlig neuen Gott zu erfinden – Serapis, der griechisch aussah, aber viele ägyptischen Eigenschaften verkörperte. Um diesen Gott, so hoffte er, würde er seine neuen Untertanen einen.

Doch obgleich in Alexandria aufwendige Tempel für den neuen Gott errichtet wurden, setzte er sich nie wirklich durch, und die nachfolgenden Ptolemäer waren daher mehr damit beschäftigt, Parallelen zwischen den verschiedenen existierenden Göttern hervorzuheben; sie setzten die ägyptische Göttin Isis mit den griechischen Göttinnen Hera, Aphrodite und Demeter gleich, und Isis' Gemahl, Osiris, dessen Tod und Auferstehung man alljährlich beging, mit Dionysos.

Isis und Osiris wurden zu den zwei wichtigsten Gottheiten des ptolemäischen Ägypten, und ihre Popularität verbreitete sich über den gesamten Mittelmeerraum. Die Mythen, die sie umgaben, sowie ihr Sohn Horus versprachen das ewige Leben. Osiris, der sterbliche Ehemann der Isis, Göttin der Fruchtbarkeit und Magie, wurde ermordet, sein Körper in vierzehn Teile aufgeteilt und über ganz Ägypten verstreut. Die verstörte Isis suchte all diese Teile, fand aber nur dreizehn. Ausgerechnet der

Phallus blieb verloren. Dennoch gelang es Isis, Osiris aus den aufgesammelten Stücken wieder zusammenzusetzen, und sie hauchte ihm neues Leben ein. Trotz des Verlusts der Männlichkeit ihres Gatten vollbrachte es Isis, einen Sohn zur Welt zu bringen, Horus; das Bild von Mutter und Kind sollte eine dauerhafte universelle Gültigkeit erlangen. Bald wurde der wiederauferstandene Osiris zum König der Toten, Horus zum König der Lebenden, und das ägyptische *Totenbuch* bezeichnete die fruchtbare Muttergottheit Isis, die Beschützerin ihres Volkes, als „die, die Himmel und Erde gebiert, die den Waisen kennt, die die Witwe kennt, die Gerechtigkeit sucht für die Armen, Obdach sucht für die Schwachen und Gerechtigkeit sucht für ihr Volk".

Im Versuch, die griechische und ägyptische Religion zu vereinen, gingen die Ptolemäer weiter als jede andere frühere Kultur. Lange Zeit war es im Osten (wenn auch nicht in Griechenland) üblich gewesen, dass Herrscher verehrt wurden, als wären sie selbst Götter. Der schillernde Alexander der Große und seine Nachfolger begrüßten diese Praxis mit großem Enthusiasmus. So fanden sich die Ptolemäer unversehens in der Rolle wieder, die die vorherigen Pharao-Dynastien verkörpert hatten, und ließen sich als göttliche Verkörperung der Fruchtbarkeit Ägyptens und der Hoffnungen seiner Bewohner anbeten. Und dies wiederum führte dazu, dass sie eine weitere althergebrachte Sitte der ägyptischen Herrscher übernahmen, die der griechischen Tradition vollkommen fremd war: die Geschwisterehe.

Die ägyptischen Gottheiten Isis und Osiris waren nämlich nicht nur Mann und Frau, sondern zugleich Bruder und Schwester. Als lebendige Verkörperung dieser Gottheiten passten sich die Ptolemäer nun auch hinsichtlich ihres Eheverhaltens den Göttern an, mit dem Resultat, dass sie sich ihren Ehepartner (mit nur wenigen Ausnahmen) ganze sieben Generationen lang ausschließlich unter den Angehörigen ihren eigenen unmittelbaren Familie aussuchten. Nicht, dass dies bedeutet hätte, dass sie automatisch besser zueinander passten: Im Laufe ihrer Geschichte war die ptolemäische Dynastie mehr oder minder durch phantasievolle Pläne geprägt, die die Familienmitglieder ausheckten, einander umzubringen. Doch dank einer Kombination aus Glück und Einfallsreichtum sowie der zielgerichteten Effizienz des (wenn auch mitunter korrupten) öffentlichen Dienstes überlebte die Dynastie der Ptolemäer, und sie festigte ihre autokratische Macht nicht nur im ägyptischen Hinterland, wo man ihre Vertreter eher selten zu sehen bekam, sondern auch und gerade in ihrer golden schimmernden Hauptstadt Alexandria und in den Satellitenstädten, die entlang der Küste des Nildeltas verstreut lagen.

Auch diese Städte spielten eine Rolle dabei, die mystische Aura des Herrscherhauses und seiner Verbindung zu den alten Ritualen Ägyptens zu verstärken – nicht zuletzt durch Akte berechnender Theatralik. In Herakleion, einer Hafenstadt ein paar Meilen nordöstlich von Alexandria, ebenfalls auf einer Landzunge gelegen, zwischen einem See und dem Meer, befand sich der Tempel des griechischen Gottes Herakles, in dem sich die Ptolemäer (die behaupteten, von dem Halbgott abzustammen) krönen ließen. Doch in den Statuen, die sie dort errichteten und von denen manche bis zu fünf Meter hoch waren, zeigten sie sich in klassischem ägyptischem Stil: die Könige mit blanker Brust, bekleidet nur mit dem traditionellen Lendenschurz, die Arme steif an den Seiten, das linke Bein vorgestellt, auf dem Kopf der Pschent, die Doppelkrone, die die Einheit von Ober- und Unterägypten symbolisierte, auf der Stirn eine zusammengerollte Kobra; die Königinnen in durchsichtige Gewänder gehüllt, auf der Perücke die Hathor-Krone mit Kuhhörnern, Federn und einer Sonnenscheibe.

Von Herakleion aus stach jedes Jahr, sobald die Samen in der Erde zu keimen begannen, ein heiliges Schiff in Richtung Osten in See, auf einem Kanal, der nach Kanopos führte – eine symbolische Reise, die zugleich den Weg von Sonne und Mond durch den Himmel verkörperte und den Pfad des Lebens vom Anfang bis zum Ende. An den Ufern des Kanals begleiteten Pilger das Schiff, auf dem sich zwei Bildnisse des Gottes Osiris befanden, eines aus Gemüse und Getreide, eines aus Mineralien Symbole der großen Fruchtbarkeit des Gottes wie auch Ägyptens selbst.

Wie der Geograph Strabon beobachtete, war Kanopos, das Ziel der Wallfahrt, mehr als nur ein religiöses Zentrum:

> In der Stadt steht der verehrte Tempel des Serapis, in welchem es zu Heilungen kommt, weshalb hier selbst die angesehensten Männer, die daran glauben, für sich selbst oder für andere übernachten. Besonders merkwürdig aber ist, dass ganze Scharen von Genusssüchtigen den Kanal von Alexandria nach Kanopos hinuntersegeln: Tag und Nacht sind die Boote voll von Männern und Frauen, die Flöte spielen und ganz ausgelassen und wild tanzen, und auch die Bewohner von Kanopos tun dies, die spezielle Bereiche nahe des Kanals haben, die für diese Art von Unterhaltung geeignet sind.[6]

Von Kanopos führte ein weiterer Kanal zurück in die Vororte Alexandrias und zum Hippodrom, wo einst der dionysische Umzug Ptolemaios' II. stattgefunden hatte. Von hier aus öffnete sich ein monumentaler Bogen, das kanopische Tor, auf einen der breitesten Boulevards aller Städte der antiken Welt.

Diese Prachtstraße war dreißig Meter breit und markierte den Gipfel technischer Raffinesse: Auf beiden Seiten war sie flankiert von Schatten spendenden, glitzernden Kalkstein-Kolonnaden, und sie verlief durch ganz Alexandria bis zur westlich der Stadt vorgelagerten Nekropole mit ihren Hainen und Gärten und den Kapellen, die der esoterischen Kunst der Mumifizierung gewidmet waren. Die Gebäude am Straßenrand waren aus farbigem Stein errichtet – rosa, grün und schwarz –, und in regelmäßigen Abständen gingen vom Boulevard Seitenstraßen ab, jede etwa sieben Meter breit, die nach Norden zu den Häfen führten, nach Süden zur großen Lagune des Mareotis-Sees.

Die Häfen waren Alexandrias Verbindung zur Außenwelt, der Mareotis-See, durch Kanäle, die ins Nildelta führten, die Verbindung zum ägyptischen Kernland. Diesen See steuerten die mit Getreide und anderen landwirtschaftlichen Erzeugnissen beladenen Boote an, die den Nil herunterkamen, um ihre Fracht löschen, registrieren und in den riesigen Getreidespeichern und Lagerhäusern, die das Ufer des Sees säumten, verstauen zu lassen. Auch hier, an den schlammigen Gestaden des gelb-bräunlichen Mareotis-Sees, der Heimat unzähliger Wasservögel, gab es ein städtisches Industriegebiet, mit Glasbläsern und Töpfern, Webern und Weinhändlern.

Mit seinen Gerichtshöfen und Tempeln, Sportplätzen und Palästen hatten die Architekten Alexandrias eine Stadt unendlicher Komplexität und unerschöpflicher Faszination geschaffen. Damit man die Stadt in ihrer ganzen Schönheit betrachten konnte, hatten sie sogar einen künstlichen Hügel in Form eines riesigen Tann enzapfens aufgeschüttet, das sogenannte Paneion; man konnte es über eine spiralförmige Straße begehen, und von seinem Gipfel aus hatte man einen Panoramablick über ganz Alexandria. Von hier aus muss einem die Stadt, eingerahmt vom leuchtenden Meer auf der einen Seite und der Wüste auf der anderen, beides unwirtlich und durch die dunstige Hitze hindurch bis an den Horizont reichend, wie eine Fata Morgana oder eine Oase vorgekommen sein – eine blühende Zivilisation am Rande der Wildnis.

Doch an jenem Tag im September 31 v. Chr. war der Gipfel des Paneion wahrscheinlich leer, die Straßen der Stadt widernatürlich ruhig, die Geschäfte des kanopischen Boulevard geschlossen, ihre Fenster verriegelt, und ihre Besitzer verstopften womöglich zusammen mit allen anderen Bürgern Alexandrias die Plätze, Straßen und Wege entlang der Hafenmauer. Denn endlich war sie da, die Nachricht, auf die alle schon so lange gewartet hatten. Die langen Monate der Ungewissheit waren vorbei.

Viele Tausende sahen gespannt zu, wie das erste einer ganzen Flotte stolzer, aufwendig bemalter Kriegsschiffe, mit Girlanden aus frischen Blumen geschmückt, in den königlichen Hafen einfuhr. Seine Ruder hoben und senkten sich im rhythmischen Schlag, wie große Flügel, während es an den Kai heranfuhr. Als die Schiffe näher kamen, mag es vorgekommen sein, dass sich auf einen bestimmten Befehl hin alle Ruder gleichzeitig zum Gruß erhoben; sie verharrten einen Moment lang hoch in der Luft, und im blendenden Licht der Sonne tropfte das Wasser von ihnen herab wie geschmolzenes Silber.

Das war das Signal, auf das die Zuschauer so lange gewartet hatten, das Zeichen des Triumphs, das allen zeigte, dass Kleopatra, Königin der Könige, die, deren Söhne Könige sind, die jüngere Göttin, die den Vater liebende Göttin, die das Vaterland liebende Göttin, die letzte in der Linie der Ptolemäer, in ihre Stadt Alexandria zurückgekehrt war, um zu verkünden, dass sie und ihr Gemahl, der römische General Marcus Antonius, weit fort, bei Actium, gegen Octavian gekämpft hatten. Und gewonnen.

# KAPITEL 2

# Eine markante Frau

ALEXANDRIA, FRÜHER HERBST 48 V. CHR.

Der Takt der Ruder war der Rhythmus von Kleopatras Leben, und als die Königin an jenem Tag im September von 31 v. Chr. auf ihrer mit Kränzen geschmückten Galeere in den königlichen Hafen einfuhr, mag sie an einen anderen (ebenso berechnend-beeindruckenden) Auftritt zurückgedacht haben, der 17 Jahre zuvor stattfand. Damals, vielleicht gerade als die Sonne unterging und in der ganzen Stadt die Öllampen angezündet wurden, hatte ein kleines Fischerboot die Hafeneinfahrt passiert. Für jeden, der es sah, mochte es nur eines von vielen sein. Ein einziger Mann saß am Ruder, steuerte es in Richtung des königlichen Hafens, wo römische Kriegsschiffe vor Anker lagen, und lenkte sein Boot zwischen den teerigen Rümpfen der großen Schiffe hindurch.

Als er an der Werft-Seite festmachte, hob er vorsichtig etwas aus dem Boot, das aussah wie eine lange, schmale Segeltuchtasche, und hievte es sich sorgfältig auf die Schultern. Zweifellos hatte er auf die Frage der Wachen nach dem Passwort die richtige Antwort parat, wurde durch das Tor des Palastes eskortiert, die Korridore entlang und in den kaiserlichen Empfangsraum, wo der römische Feldherr saß. Dann bückte sich der Skipper, zog sein Messer und durchtrennte die Schnüre, mit denen die Tasche zusammengebunden war, schlug den Stoff zurück und enthüllte den bezaubernden (wenn auch etwas zerzausten) Inhalt: Der Trick hatte funktioniert, die Blockade war durchbrochen. Kleopatra, die abgesetzte Königin von Ägypten, war gekommen, um dem großen Caesar ihren Fall darzulegen.

Die ptolemäische Dynastie, zu der Kleopatra gehörte, unterhielt bereits eine lange, wenn auch gelegentlich stürmische Beziehung zu Rom. Allerdings hatte sie auch den ägyptischen Thron niemals ganz fest in ihrem Griff gehabt. Selbst im Delta waren immer wieder Aufstände ausgebrochen, und das nicht nur unter der einheimischen Bevölkerung. Nach einem besonders brutalen Vorfall veröffentlichten die Priester von Memphis ein Dekret, das erfolglose Rebellion hart bestrafte (196 v. Chr.). Es wurde zugleich auf Griechisch und Ägyptisch verfasst, Letzteres als Hieroglyphen und in demotischer Schrift, damit ein möglichst großer Teil der multikulturellen Bevölkerung es verstand.[7] Knapp eine Generation später (164 v. Chr.) versuchten zwei rivalisierenden Ptolemäer in Rom Unterstützung für sich zu gewinnen (beide waren gleich erfolglos),

**GEGENÜBER**
Nachweis einer Rebellion: Der Stein von Rosette hält ein Dekret fest, das 196 v. Chr. von Ptolemaios V. ausgestellt wurde, in Hieroglyphen sowie demotischer und griechischer Schrift. Granodiorit, aus Ägypten. Höhe 112,3 cm, Breite 75,7 cm. British Museum, EA 24, Schenkung von König George III.

Sichtung der Krokodile: „Campanarelief" aus Terrakotta, hergestellt in Italien ca. 50 v. Chr. – 100 n. Chr. Höhe 47,5 cm, Breite 60 cm. British Museum, 1805,0703.317.

aber es dauerte noch bis zur Herrschaft des nächsten Königs, Ptolemaios' VIII. (182–116 v. Chr.), dass Rom sich wirklich mit Ägypten beschäftigte.

Dieser Ptolemaios war eine groteske Figur. Die Alexandriner gaben ihm den Spitznamen „der Dicke"; er war nicht nur schrecklich fett und sexuell unersättlich, er hasste auch die Intellektuellen, die ihn ablehnten, so sehr, dass er das Museion praktisch stilllegen ließ. Und doch ebnete er Alexandria den Weg nach Rom, und er empfing sogar, in sein Markenzeichen – das durchsichtige Gewand – gehüllt, im Hafen eine römische Delegation. Die Römer waren von seinen Speckrollen fasziniert, nötigten ihn, mit ihnen durch die Straßen der Stadt zu watscheln, und scherzten (hinter seinem beträchtlichen Rücken natürlich), dass die Alexandriner nun tief in ihrer Schuld stünden, da sie ihnen ein so köstliches Schauspiel bereitet hätten. Dabei war es weniger der dicke Mann als vielmehr das fruchtbare und reiche Land, das diesen gewaltigen Körper nährte, von dem die Delegierten wirklich beeindruckt waren. Es war nicht der letzte Besuch der Römer in Ägypten.

Im Laufe der Zeit gewöhnte sich Alexandria daran, Gastgeber zu spielen für politische und Handelsmissionen aus dem fernen Italien, deren Mitglieder mit aufwendigen Kreuzfahrten auf dem Nil zu unterhalten, um die Pyramiden zu sehen oder die heiligen Krokodile zu füttern. Rom war immerhin ein lukrativer Markt, und je günstiger und einfacher sie für

Rom die Bedingungen machten, desto weniger wahrscheinlich war es, so hofften die Ptolemäer zumindest, dass das so aggressiv expandierende römische Imperium versuchen würde, ihr Land zu annektieren. Und tatsächlich wollte der Senat in Rom von einer Besatzung Ägyptens nichts wissen – das Land war einfach zu reich: Wen auch immer der Senat dorthinschickte, um es zu verwalten, er würde zu mächtig werden.

Roms Macht war bereits im späten 2. Jahrhundert v. Chr. gewaltig. 146 v. Chr. hatten römische Armeen zwei große wirtschaftliche Rivalen besiegt: Korinth im griechischen Osten und Karthago, das im Süden und Westen das Meer kontrolliert hatte. Beinahe über Nacht war Rom zum beherrschenden Akteur des Mittelmeerraums geworden. Die Nachbarstaaten des Römischen Reichs betrachteten diese Entwicklung voller Angst. Ein Herrscher, der eine blutige Invasion Roms nach seinem Tod voraussah, ging so weit, dass er Rom sein ganzes Königtum vererbte: Pergamon, die Stadt, deren literarische Interessen sie zum direkten Konkurrenten Alexandrias gemacht hatte (133 v. Chr.). Und doch sorgte Roms beispiellose Macht bei seinen neuen Untertanen nicht gerade für uneingeschränkte Freude – und noch nicht einmal bei seinen eigenen Bürgern.

In den folgenden Jahren begannen zuerst Roms niedere Gesellschaftsschichten (die Plebejer) und dann seine italischen Verbündeten, um ihren Anteil an der neugewonnenen Macht und dem neuen Reichtum zu kämpfen (91–87 v. Chr.). Und als ob das nicht genug gewesen wäre, versuchten Roms wichtigste Generäle und Politiker in einer Reihe von verheerenden Bürgerkriegen das höchste Ziel von allen zu erreichen: die totale Kontrolle über das aufstrebende Reich. In einem ersten von mehreren ähnlichen Konflikten, die die nächsten drei Generationen prägen sollten, hetzten Marius und Sulla, beide Veteranen des Kriegs mit den italischen Verbündeten, ihre Legionen aufeinander, im Versuch, die Kontrolle über Rom zu erringen (88–87 v. Chr.). Schließlich starb Marius (86 v. Chr.), und Sulla fand sich in der Position wieder, für die er so lange gekämpft hatte und um welche zu erlangen er so viele Namen seiner Konkurrenten in grausame Proskriptionslisten hatte eintragen lassen, um sie darauf hinrichten zu lassen. Überraschenderweise zog sich Sulla ganze fünf Jahre später zurück, um seine Memoiren zu schreiben. Und drei Jahre später war auch er tot.

Gnaeus Pompeius, „der Große": Silberdenar, geprägt von seinem Sohn Sextus Pompeius, 44–43 v. Chr. (Revers siehe S. 45). Durchmesser 20 cm. British Museum, R.9115.

In der Zeit nach diesem ersten Bürgerkrieg legte sich ein unsicherer Frieden über das Reich. Allmählich aber erhoben sich zwei weitere Konkurrenten aus den Reihen der Militärs und Politiker, von denen jeder auf seine Weise mit Marius bzw. Sulla verbunden war: Gnaeus Pompeius war Leutnant in Sullas Armee gewesen, und Julius Caesar war mit Marius' Familie verschwägert. Für eine gewisse Zeit hielten sie sich voneinander fern, durch die verschiedenen Karrieren, die sie einschlugen. Pompeius zog mit seinen Truppen von einem Brennpunkt

Ptolemaios XII., „der Flötenspieler": silberne Tetradrachme, geprägt in Ägypten 80–51 v. Chr. Durchmesser 2,6 cm. British Museum, 1987,0649.520.

des Imperiums zum nächsten, um im Alleingang (so ließ er es zumindest verbreiten) die Feinde Roms zu besiegen, wo auch immer er diese aufspürte.

Caesar indes spielte ein eher politisches Spiel und stieg immer höher auf der Karriereleiter, ging Bündnisse und wechselseitige Abkommen ein. Natürlich hatte er seine Gegner, Männer, die seinen lockeren Kleidungsstil (er trug gerne eine ausgefranste Tunika, der er lang und locker um sich band) ebenso ablehnten wie sein exotisches Liebesleben (es hieß, er hätte ein sexuelles Verhältnis mit dem König von Bithynien gehabt). Nichts von alledem hatte ihn aufhalten können, und 59 v. Chr. schlossen Caesar und Pompeius einen inoffiziellen Pakt zur Wahrung gegenseitiger Interessen – sie spürten, dass es für sie beide gefährlich werden könnte, wenn sie dies nicht täten. Als Moderator der beiden Männer trat ein dritter auf den Plan, der sagenhaft reiche Bankier Publius Crassus. Der Deal war bald unter Dach und Fach: Caesar gab Pompeius seine Tochter Julia zur Frau, und er selbst begann eine Reihe gefährlicher militärischer Operationen von großem öffentlichem Interesse, in Germanien und Gallien.

Doch selbst im Zuge dieser monumentalen Rivalitäten war Rom eine ernstzunehmende Größe, und die Ptolemäer schienen entschlossen, die Politiker dieses Reichs in ihre inneren Angelegenheiten zu verwickeln. Im Jahre 58 v. Chr. tauchte ein weiterer Ptolemäer in der Ewigen Stadt auf: Ptolemaios XII., der sich selbst zum „neuen Dionysos" ernannt hatte.

Die Alexandriner (die ihm den Spitznamen „Flötenspieler" verpasst hatten, auch wenn einige ihn weniger fantasievoll den „Bastard" nannten) hatten heftig protestiert, als er, schwach wie er in ihren Augen war, zuließ, dass Rom sich von seinem Bruder die Insel Zypern aneignete – zumal er schon früher massive Bestechungsgelder nach Rom geschickt hatte, zur Unterstützung der reichsten und mächtigsten Männer dort: Crassus, Caesar und Pompeius.

Als es in Alexandria zu Unruhen kam, floh der Flötenspieler nun also zum Haus seines Gläubigers Pompeius in Rom. Die senatorische Elite sah dies mit gemischten Gefühlen, aber diejenigen, die Ptolemaios lukrative Darlehen gewährt hatten, konnten sich schnell ausrechnen, dass ihr Geld verloren war, wenn er nicht auf den ägyptischen Thron zurückkehrte. Sie wollten Rom jedoch nicht in eine direkte militärische Intervention verwickeln (zumal ein Orakel vorausgesagt hatte, dass eine solche Maßnahme in einer Katastrophe enden würde). Stattdessen erlaubten Ptolemaios' Gläubiger diesem ganz großzügig, weitere Kredite aufnehmen, um 2000 Söldner zu bezahlen. Unter dem Kommando von Aulus Gabinius, einem überzeugten Anhänger des Pompeius, besiegten diese angeheuerten Männer die ägyptischen Aufständischen und setzten den Flötenspieler wieder als Herrscher ein (55 v. Chr.). Zurück im königlichen Palast in Alexandria ließ Ptolemaios seine älteste Tochter hinrichten, die sich allzu bereit gezeigt hatte, in seine Fußstapfen zu treten. Die Söldner, die sogenannten Gabinianer, behielt er, und er nahm seinen alten Lebensstil wieder auf, der gekennzeichnet war von Luxus und von

> schamlosen Verhaltensweisen; er gab den Flötenspieler und ... hielt in seinem Palast dazu Wettkämpfe ab.[8]

Jetzt war der Zeitpunkt gekommen, da er jemanden benötigte, der sich um das eigentliche Herrschen kümmerte. Und so ernannte er seine älteste überlebende Tochter zur Mitregentin – ein Mädchen von außergewöhnlichem Talent und der bemerkenswerten Fähigkeit, sich in jeder Lage anzupassen und zu überleben, eine 14-Jährige, die möglicherweise schon mehr Erfahrung in der Politik hatte als viele Erwachsene und unter deren Herrschaft Rom für Alexandria und Ägypten immer wichtiger werden sollte: Kleopatra.

In den kommenden Jahren erwies sich Kleopatra geradezu als Verkörperung von Alexandria: elegant, kühl, gebildet, weltgewandt, aber wenn es die Situation verlangte, konnte sie alle Hemmungen fallenlassen. Als Frau von außerordentlichem Intellekt war sie nicht nur eine brillante Linguistin (die Erste ihrer ganzen Dynastie, die Ägyptisch sprach!), sondern geradezu eine Universalgelehrte, die regelmäßig an Debatten im Museion teilnahm, die von den Geheimnissen von Politik und Macht mehr verstand als jeder ihrer Rivalen. Denn sie wusste, dass sie einen entscheidenden Vorteil hatte, ein echtes Alleinstellungsmerkmal: ihre verführerische Anziehungskraft.

Vielleicht war sie nicht die hervorstechendste Schönheit ihrer Zeit (obwohl es Quellen gibt, die diesen Standpunkt durchaus vertreten), aber ihre betörenden Augen und ihre verlockende Stimme, ihr Esprit, ihr Charme, ihre Fähigkeit zur geistreichen Konversation und ihr Humor[9] – all das verwendete sie mit großer Wirkung, um die Alleinherrschaft über ihr Königreich für sich zu gewinnen und zu behalten. Was ihr aber auch nicht wirklich weiterhalf, denn beinahe sofort fand sie sich in Schwierigkeiten.

Julius Caesar: Fingerring aus Eisen mit vergoldetem Emblem, vielleicht das Eigentum eines seiner Anhänger im Bürgerkrieg nach seiner Ermordung. Römisch, ca. 42 v. Chr. Durchmesser 2,6 cm. British Museum, 1873,1020.4.

Im März 51 v. Chr. starb Ptolemaios XII., der „neue Dionysos", auch bekannt als „Flötenspieler". Die ägyptische Tradition gab vor, dass Kleopatra nicht allein regieren konnte, und so dauerte es nur wenige Wochen, bis die achtzehn Jahre alte Königin im Einklang mit dem Testament ihres Vaters mit ihrem zehn Jahre alten Bruder Ptolemaios XIII. (Beiname: „der den Vater liebende Gott") nicht nur den Thron teilte, sondern auch noch mit ihm verheiratet war. Diese Situation gefiel ihr ganz und gar nicht. Bereits im August desselben Jahres versuchte sie, ihren Bruder kaltzustellen und ihre Unabhängigkeit in den Vordergrund zu stellen, indem sie in ihrem eigenen Namen Münzen prägte und Dekrete erließ. Doch das war kein cleverer Schachzug. Alexandria war eine Brutstätte des politischen Dissens – mit Fraktionsbildungen, bei denen

Eunuchen und Berater, Soldaten und Beamte um die Macht schacherten. In den Monaten und Jahren nach dem Tod des „Flötenspielers" schlugen sich immer mehr auf die Seite des jungen Ptolemaios XIII. Zweifellos glaubten sie, dieser sei einfacher zu manipulieren als seine temperamentvolle, ehrgeizige Schwester.

Bereits um 50 v. Chr. verlor Kleopatra die Loyalität der Gabinianer, der Söldner, die ihr Vater etwa fünf Jahre zuvor aus Rom mitgebracht hatte. Als eben diese Gabinianer die Söhne eines römischen Konsuls ermordeten, die nach Alexandria gekommen waren, um Unterstützung für einen Feldzug im Osten zu erbitten, fand sich Kleopatra vor eine schwierige Wahl gestellt: Entweder würden die Truppen, die in ihrem eigenen Land für Recht und Ordnung, den Kürzeren ziehen, oder sie zog den Zorn Roms auf sich. Letzteres, entschied sie, war gefährlicher. Sie ließ die für den Mord Verantwortlichen verhaften und ausliefern.

Die junge Kleopatra scheint bereits von Verantwortung belastet: silberne Tetradrachme, geprägt in Ascalon in Palästina, 50/49 v. Chr. Durchmesser 2,6 cm. British Museum, 1875,1102.3.

Doch hier begannen für Kleopatra erst die Probleme. Ihr Vater, der „Flötenspieler", hatte sein Geld verprasst und ihr einen Berg Schulden hinterlassen; und dann, in dieser Zeit des wirtschaftlichen Abschwungs, blieb auch noch das Nil-Hochwasser aus und mit ihm die Ernte. Einmal mehr kam es in den Straßen von Alexandria zu Unruhen.

Angeführt vom salbungsvollen Eunuchen Pothinos, inszenierte die Fraktion, die den jungen Ptolemaios XIII. kontrollierte, irgendwann um 48 v. Chr. herum einen Staatsstreich. Kleopatra floh zusammen mit ihrer jüngeren Schwester Arsinoë aus der Stadt in Richtung Osten zur unabhängigen Grenzstadt Pelusion, wo sie so viele Soldaten aushob, wie sie nur konnte, und sich darauf vorbereitete, gegen ihre Gegner Stellung zu beziehen. In Wahrheit aber muss sie gedacht haben, dass das Spiel vorüber war. Und es wäre auch vorüber gewesen, hätte sich Rom nicht auf höchst unerwartete Weise in die Angelegenheiten ihres Reichs eingemischt.

Für einige Zeit hatte der Pakt zwischen Pompeius und Caesar Bestand. Doch dann, als Caesar sich auf einem Feldzug im fernen Britannien befand (54 v. Chr.), starb seine Tochter Julia (die er seinem Rivalen Pompeius zur Frau gegeben hatte). Im folgenden Jahr scheint Crassus (der „Dritte im Bunde") geglaubt zu haben, er könne seinen Kollegen in puncto Tapferkeit auf dem Schlachtfeld nacheifern; er begab sich selbst auf einen Feldzug und griff, vollkommen unprovoziert, die mächtigen Parther an. Wäre er doch bei seinen Bankgeschäften geblieben!

Seine Armee unterlag, verlor sogar ihre glückbringenden Adlerstandarten, und der parthische König feierte (ganz passend), indem er dem toten Crassus geschmolzenes Gold in die Kehle schütten ließ. Man sagt, der abgetrennte Kopf des toten Bankiers sei später (wobei man hoffen möchte, nicht *viel* später) als Requisit bei einer Inszenierung von Euripides' *Bakchen* verwendet.

Jetzt ging alles ganz schnell. Innerhalb von vier Jahren (49 v. Chr.) führte Caesar seine durch den langen Feldzug abgehärteten Legionen über den Rubikon und nach Italien, während Pompeius und eine Reihe ängstlicher Senatoren nach Griechenland floh, um dort Truppen um sich zu scharen. Nach einer Reihe hart umkämpfter Schlachten trafen sich beide Seiten schließlich bei Pharsalos, der Hauptstadt der homerischen Landschaft Phthia, Heimat des Helden Achilleus, des Vorbilds Alexanders des Großen. Bei der geradezu epischen Begegnung errangen Caesars Truppen den Sieg (48 v. Chr.). Pompeius selbst floh zunächst auf die Insel Lesbos und dann, mit seiner Frau und Familie an Bord und Caesar nur ein paar Tage hinter sich, auf einem schnellen Schiff in Richtung Süden.

Sein Ziel war Ägypten bzw. der Hof von Ptolemaios XIII. Hatte er, Pompeius, denn nicht Ptolemaios' Vater, dem „Flötenspieler", in seinem eigenen Haus Zuflucht gewährt, als jener Alexandria verlassen musste? Hatte er sich nicht für den Ägypter eingesetzt? Hatte er ihm nicht sogar Geld geliehen? Und hatte nicht Ptolemaios XIII. selbst nur wenige Monate zuvor Pompeius eine Flotte von 50 Kriegsschiffen geschickt? Die Bande zwischen den Familien waren stark, und Ägypten war ein reiches Land, dessen Ressourcen er, davon war Pompeius überzeugt, in der nächsten Phase des Kriegs mit Caesar zu seinem Vorteil würde nutzen können.

Als Pompeius' Kriegsschiff die ägyptische Küste erreichte, war Ptolemaios XIII. bereits mit seiner Armee nach Pelusion aufgebrochen, und bis zur Schlacht, in der er seiner Schwester Kleopatra den endgültigen Gnadenstoß zu versetzen hoffte, konnte es nur noch wenige Tage dauern. Am Ufer in der Nähe des Berges Kasios, etwa 50 km östlich des Nildeltas, hatte der junge König sein Lager aufgeschlagen; Pompeius' Schiff lag vor Anker und schaukelte in den trägen Wellen hin und her.

Es war in diesem Moment, als Ptolemaios und seine Berater eine grobe Fehleinschätzung begingen, deren damals unvorstellbare Folgen einen größeren Einfluss auf das Fortbestehen ihres Königreichs haben sollten als irgendeine andere Entscheidung in den 300 Jahren zuvor. In einer eilig einberufenen Krisensitzung diskutierten sie, wie sie mit Pompeius verfahren sollten. Sie hatten bereits die Nachrichten aus Pharsalos gehört, und es wurde berichtet, dass der siegreiche Caesar ebenfalls schon auf dem Weg zu ihnen sei. Das Letzte, was irgendjemand wollte, war, dass Rom seinen Bürgerkrieg auf ägyptischem Grund und Boden ausfocht. Ganz am Ende der Sitzung gab der widerliche Pothinos eine düstere Sentenz von sich: „Tote beißen nicht." Dies war Pompeius' Todesurteil.

Zwar befand er sich noch an Bord seines Kriegsschiffs, doch Pompeius witterte Gefahr, als er das kleine Boot sah, das ihn an Land bringen sollte. Trotz des Lächelns der sechs Mann an Bord, von denen er sogar einen, Septimius, kannte, schien irgendetwas nicht in Ordnung. Am Ufer standen bewaffnete Männer bereit; auf See schienen ihn nun ptolemäische Kriegsschiffe einzukreisen. Pompeius merkte, dass es eine Falle war,

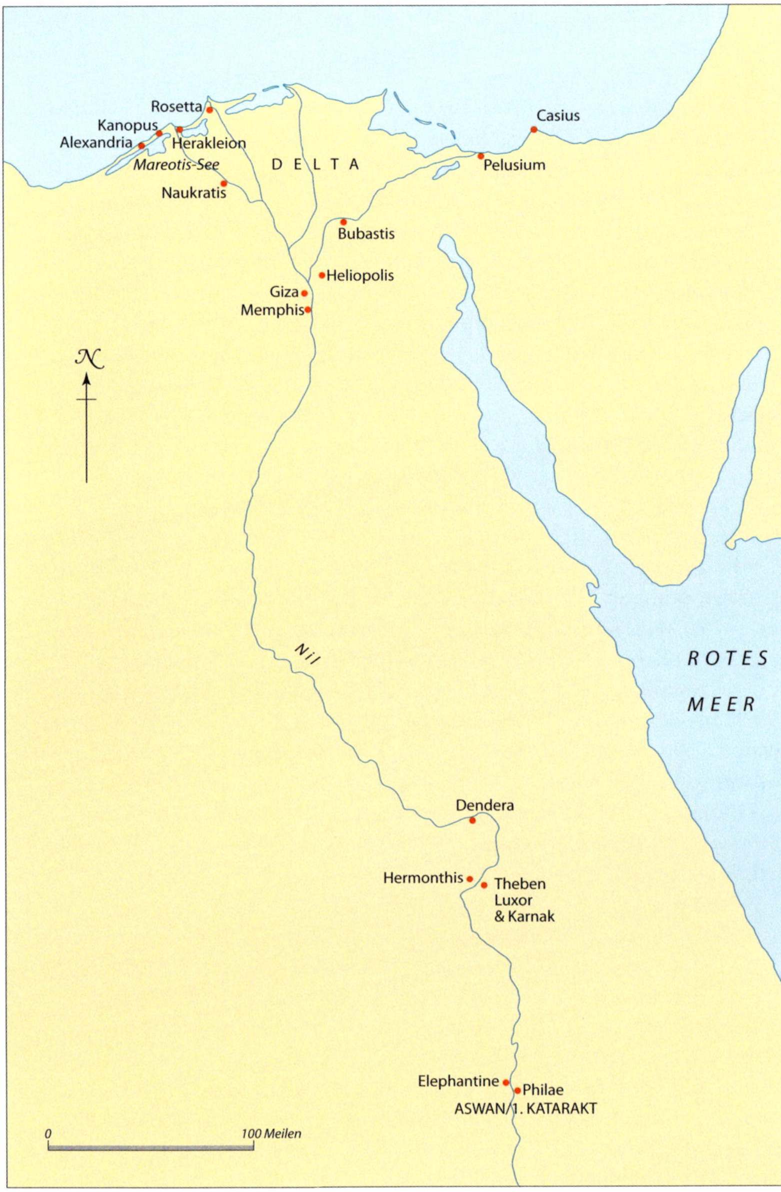


Karte von Ägypten mit den im Text erwähnten Orten.

doch er konnte nichts mehr tun. Er umarmte seine Frau und bestieg das Schiff; in seinen letzten Worten zitierte er den griechischen Dramatiker Sophokles:

> Wer sich zu einem Tyrann begibt, wird zum Sklaven, auch wenn er als freier Mann wieder geht.

Der Biograf Plutarch beschreibt, was dann geschah:

> Es war noch ein gutes Stück vom Kriegsschiff bis zur Küste, und da keiner der an Bord Anwesenden ein freundliches Wort an ihn richtete, sah Pompeius Septimius an und sprach: „Wenn ich mich nicht irre, haben wir zusammen gedient." Septimius nickte nur, sagte aber nichts und zeigte auch keine freundliche Geste. Stille. Pompeius holte eine Schriftrolle hervor, mit einer Rede, die er selbst auf Griechisch verfasst hatte und mit der er vorhatte, Ptolemaios anzusprechen. Er begann darin zu lesen. Als sie sich dem Ufer näherten, schaute seine Frau Cornelia vom Kriegsschiff aus ängstlich zu, aber als sie sah, wie sich eine große Anzahl von Ptolemaios' Dienern an der Anlegestelle versammelten, anscheinend um ihrem Mann einen ehrenvollen Empfang zu bereiten, schöpfte sie Hoffnung. Doch gerade als Pompeius einem der Ruderer die Hand reichte, damit dieser ihm aufhalf, rammte ihm Septimius von hinten das Schwert in den Leib …[10]

Als die verstörte Cornelia den Befehl gab, den Anker zu lichten und zu flüchten, schlugen die Attentäter ihrem Mann den Kopf ab und warfen seinen nackten Körper über Bord, wo er im blutüberströmten Sand lag, umspült von seichten Wellen. Der Kopf wurde sorgfältig eingewickelt und dem großen Caesar, als dieser eintraf, als Geschenk überreicht – ein Zeichen der Loyalität von König Ptolemaios XIII., eine Gabe, die (so glaubte er) Caesar veranlassen würde, ihn gegen die lästige Kleopatra militärisch zu unterstützen. Doch da lag er vollkommen falsch.

Und doch hatte sich auch Caesar verrechnet. Als er ein paar Tage später in den königlichen Hafen Alexandrias einlief, kam es zu einem Aufstand. In den Worten seines Ghostwriters:

> Gleich als er vom Schiff stieg, hörte er die Soldaten, die der König als Garnison in der Stadt zurückgelassen hatte, schreien und sah einen wütenden Mob auf sich zurennen. Der Grund dafür war, dass ihm die *fasces* [eine Axt in einem Rutenbündel, mit einem roten Band umwunden – das Symbol der römischen Amtsgewalt] vorausgetragen wurden: Das Volk dachte, dies geschähe, um die Majestät ihres Königs anzugreifen. Die Situation beruhigte sich etwas, aber dennoch kam es in den folgenden Tagen zu Massenaufläufen und Ausschreitungen, und viele von Caesars Soldaten wurden getötet, in allen Teilen der Stadt.[11]

Für die Bewohner Alexandrias konnte die Ankunft eines römischen Feldherrn mit Kriegsflotte und Legionen, die durch ihre Straßen stolzierten und die verhassten Symbole der kaiserlichen Macht vor sich her trugen, nur das Allerschlimmste bedeuten. Dank des „Flötenspielers" stand Ägypten Rom gegenüber ohnehin schon in der Pflicht. Nun sah es dank des

Der heilige Stier Buchis, der den Geist des Kriegsgottes Montu in sich trägt, erhält ein Opfer durch Ptolemaios II. Stele aus Sandstein, 332–330 v. Chr., gefunden bei Hermonthis, Ägypten. Höhe 56 cm, Breite 41 cm. British Museum, 1929,1016.164, Schenkung der Egypt Exploration Society.

wenig standfesten Sohns des alten Königs so aus, als sei Roms mächtigster Soldat persönlich vorbeigekommen, um die Schulden einzutreiben.

Und leider rief auch Ptolemaios' Geschenk bei Caesar nicht die Reaktion hervor, die er und seine Berater erwartet hatten. Stattdessen

> wandte er sich mit Abscheu von dem Mann ab, der ihm Pompeius' Kopf gebracht hatte, ganz so, als sei dieser der Attentäter; und als man ihm Pompeius' Siegelring aushändigte, mit [dessen Gravur,] einem Löwen, der ein Schwert hält, brach er in Tränen aus.[12]

Während seines Lebens hatte sich Pompeius Alexander den Großen zum Vorbild auserkoren, er trug sogar sein Haare im Stil des griechischen Eroberers. Vielleicht kam Caesar die bittere Ironie in den Sinn, dass sich hier Männer aus der Stadt Alexanders brüsteten, Pompeius umgebracht zu haben – nur einen knappen Kilometer vom Mausoleum entfernt, das den einbalsamierten, verehrten und (bis dato) vollständigen Körper von Pompeius' Held Alexander enthielt.

Worüber auch immer er nachgedacht haben mag, nach einem solchen Empfang konnte es nicht lange dauern, bis Caesar erkannte, dass in diesem ägyptischen Königreich etwas nicht stimmte. Und da er erhebliche Summen ins Land investiert hatte (dank der finanziellen Vernetzung mit dem ehemaligen König), beschloss er schnell, die Dinge selbst in die Hand zu nehmen. Caesar berief sich darauf, dass Ptolemaios, der „Flötenspieler", in seinem Testament verfügt hatte, dass es Rom sein sollte, das nach seinem Tod die Stabilität in Ägypten wahren sollte, und er verkündete, dass er selbst beim Konflikt zwischen den Geschwistern, Kleopatra und Ptolemaios XIII., vermitteln werde.

Das war ganz und gar nicht das, was Ptolemaios XIII. sich erhofft hatte. Als er von Caesars Forderungen hörte, zögerte er, darauf einzugehen. Was glaubten die Römer denn, wer sie seien, den König von Ägypten herbeizuzitieren, als sei er ein widerborstiger Schuljunge? Im Moment hielt Ptolemaios noch alle Karten selbst in der Hand; er und seine Armee kontrollierten immer noch Alexandria, die Stadt, in der Caesar jetzt seinen Stützpunkt eingerichtet hatte; von der er hoffte, dass seiner Schwester sie nicht in die Finger bekam. Denn Ptolemaios war entschlossen, dass, wenn er schon selbst nicht vor Caesar rangierte, es Kleopatra auch nicht gelingen würde. Wahrscheinlich war er sich sehr wohl bewusst, welchen Charme seine Schwester besaß und dass sie „jeden zu erobern vermochte, auch einen liebesmüden Zyniker wie Caesar, der seine besten Jahre schon hinter sich hatte". Sicherlich hatte er von Caesars Ruf als Frauenheld gehört und als Feldherr, der allzu gerne seine Truppen im Triumph durch die Straßen von Rom marschieren und dabei Lieder über die sexuelle Potenz ihres Kommandanten singen ließ.[13] Ptolemaios war sich also durchaus der möglichen Konsequenzen bewusst, die ein Aufeinandertreffen des Feldherrn und der Königin haben konnte, und so taten er bzw. seine Berater alles, was in ihrer Macht stand, um dieses Treffen zu verhindern.

Doch es half nichts. Mag sein, dass Kleopatra nicht gerade in Alexandria die Unterstützung ihres Volkes genoss, aber dafür an vielen anderen Orten in Ägypten. Zweifellos erkannten die dortigen Bewohner die Mühe an, die sie auf sich genommen hatte, ihre Sprache zu erlernen, und zumindest zu Beginn ihrer Regierungszeit scheint sie sich auch als treue Anhängerin der ägyptischen Religion präsentiert zu haben. Dreieinhalb Jahre zuvor, im Jahr 51 v. Chr. war in der Stadt Hermonthis im Mittleren Königreich, jenseits des Nil und keine 20 km südlich von Theben, der sogenannte Buchis gestorben, ein heiliger Stier mit weißem Körper und tiefschwarzem Kopf, von dem man glaubte, in ihm wohne der Geist des Kriegsgottes Montu. Neben dem Tempel-Komplex gab es einen Friedhof, das Bucheion, wo die mumifizierten Überreste von Generationen früherer Stiere begraben lagen, die in einer ununterbrochenen Linie bis in die Zeit der frühen Pharaonen zurückreichten.

Nur wenige Wochen nach dem Tod des „Flötenspielers" sollte ein neuer Stier eingeführt werden, und es scheint, als habe Kleopatra die Gelegenheit genutzt, um sich ihren neuen Untertanen zu zeigen. Eine über 20 Jahre später entstandene Inschrift beschreibt, wie der Stier

Theben erreichte, den Ort, wo er aufgestellt werden sollte, der früher einmal entstanden war, neben seinem Vater, Nun dem Alten. Er wurde vom König selbst aufgestellt, im Jahr 1 am 19. Pa-en-Amenhotep [22. März 51 v. Chr.]. Die Königin, die Herrin beider Länder, die den Vater liebende Göttin, ruderte ihn im Boot von Amen, zusammen mit allen Barken des Königs, und alle Bewohner von Theben und Hermonthis und die Priester waren dabei. So erreichte er Hermonthis, seinen Wohnort …

Ein Teil der Inschrift, „er wurde vom König selbst aufgestellt", ist formelhaft, ein Teil aber eben nicht, und die Szene scheint merkwürdig plausibel: die Königin an der Spitze der Flottille, wie sie feierlich den angebundenen Stier flussaufwärts rudert, dessen Fell zweifellos glänzt, dessen vergoldete Hörner in der Frühlingssonne blitzen; vorbei an saftigen Feldern (auch wenn hinter diesen trockene Felsen und Wüste zu sehen sind), an den heiligen Tempeln, wo sie in drei Tagen zusammen mit den Priestern in ihren weißen Gewändern der Einweihungsfeier vorsitzen wird. Sicherlich unterhielt Kleopatra während ihrer Regierungszeit eine enge Beziehung zu Hermonthis, und es scheint, als seien die Einwohner von Mittel- und Oberägypten ihr treu ergeben geblieben.

Welche Gebete auch immer sie bei dieser Zeremonie dreieinhalb Jahre früher an den Kriegsgott Montu gerichtet haben mag: jetzt, in den düsteren Tagen des Monats September 48 v. Chr., als Caesar in Alexandria war und ihr Bruder versuchte, ihn davon abzuhalten, sie zu treffen, da muss Kleopatra gehofft haben, dass ihre Gebete beantwortet würden. Ihr Ansatz zur Auflösung der bestehenden Blockade war zugleich typisch für ihre unkonventionelle Art wie für die Liebe der Ptolemäer zur Theatralik. Denn anstatt das Risiko einzugehen, auf direktem Wege auf dem Landweg oder über das Delta zu Caesar zu gelangen, wo die Truppen ihres Bruders patrouillierten, oder auf dem Seeweg entlang der Küste, wo die Schiffe auf der Lauer lagen, zog sie nach Süden, mit nur kleinem Gefolge – vielleicht nach Memphis, der geschäftigen pharaonischen Hauptstadt des Alten Reichs, wo der Nil sich teilt.

Hier begann der gefährlichste Teil ihrer Reise. Sie waren lediglich zu zweit: Kleopatra und ihr vertrauter Offizier, der Sizilier Apollodoros.[14] In einem kleinen Fischerboot ruderte Apollodoros die verkleidete, doch ungeschützte Königin den westlichsten Arm des Deltas hinunter, das bereits jetzt, im frühen Herbst, von blutroten Lotusblüten gesäumt war, das Fischreihern, Silberreihern und Ibissen eine Heimat bot. Und auch andere Tiere, wie Nilkrokodile und Flusspferde, sahen zu, als sie vorbeifuhren. Vielleicht kletterte Kleopatra schon, bevor sie den See Mareotis erreichten, in den Leinensack und lag unbeweglich darin, während der Sizilier das kleine Boot durch den Kanal steuerte, der den See mit dem westlichen Anleger verband, und dann weiter, um die Insel Pharos herum und bis zum königlichen Hafen, wo er sie zum Palast und schließlich zu Caesar trug.

Vielleicht erwartete er sie bereits; aber selbst dann kann er kaum auf ihren dramatischen Auftritt vorbereitet gewesen sein. Die Kühnheit, mit der sie sich in den Palast schmuggeln ließ, imponierte ihm. Und Kleopatra hatte sich gut auf ihre Rolle vorbereitet: Die verletzliche junge Frau legte sich dem großen Caesar zu Füßen, Kleidung und ihr Make-up zweifellos abgestimmt darauf, die perfekte Balance zwischen ptolemäischer Macht und ägyptischer Exotik darzustellen, ein Versprechen der Fruchtbarkeit, das dem Feldherrn so verlockend erscheinen musste wie die großen Weizenfelder am Nil. Caesar, der große Eroberer, war erobert.

Wenn es jemals Zweifel daran gab, auf wessen Seite Caesar sich schlagen würde – er verschwand in dem Augenblick, als er Kleopatra das erste Mal sah. Wie das Gespräch lief, darüber wird seit Langem spekuliert. Sicherlich unterhielten sie sich auf Griechisch. Es war die Muttersprache der Königin, und Caesar sprach es fließend, wie alle gebildeten Römer seiner Zeit. Zweifellos schätzte er das, was Kleopatra sagte, aber es wird kaum das gewesen sein, worum sich seine Gedanken drehten.

Am folgenden Tag wollte Ptolemaios XIII., der inzwischen sehr wohl wusste, dass seine Schwester vor Ort war, seinen römischen Besucher unbedingt treffen; doch als er sich durch seinen Palast zur Audienz mit Caesar geleiten ließ, war es schon zu spät. Denn im Thronsaal neben dem römischen Feldherrn saß, flankiert von Legionären und Palasthöflingen, Kleopatra, majestätisch und triumphierend. Beider Benehmen ließ für niemanden mehr einen Zweifel daran, dass sie bereits ein Liebespaar waren. Ptolemaios war klar, dass er im Moment nichts weiter tun konnte. Er musste sich Caesars Befehlen fügen. Kleopatra sollte wieder als Königin von Ägypten installiert werden und gemeinsam mit ihrem Bruder das Land regieren. Ihre Meinungsverschiedenheiten sollten sie beilegen. Und sie sollten die Schulden ihres Vaters gegenüber Rom begleichen.

Der junge Ptolemaios reagierte mit einem geradezu spektakulären königlichen Wutanfall, rauschte aus dem Palast und schmetterte seine Krone auf den Bürgersteig. Erst auf eine direkte Anweisung Caesars hin konnte man ihn überreden, zurückzukehren. Ptolemaios' Untergebene jedoch waren nicht bereit, diese Demütigung einfach so hinzunehmen. Und es schien auch nicht so, als müssten sie dies: Denn auch wenn ihr König dem Feind in die Hände gefallen war, so war der Palast doch immer noch von ihrer eigenen Armee umstellt, der Rest Alexandrias war den Ausländern ohnehin feindlich gesonnen, und die herbstlichen Passatwinde machten es Caesars Flotte unmöglich, in See zu stechen – der Römer und seine Armee, die nur noch aus zwei Legionen bestand, waren eingeschlossen. Effektiv kam dies einer Belagerung gleich. Kaum hatte Kleopatra geglaubt, sich dafür gratulieren zu können, dass sie es vollbracht hatte, die Blockade ihres Bruders zu durchbrechen und sich in den Schutz Caesars und seiner Truppen zu begeben, da wurde der Ort, in dem sie Zuflucht gesucht hatte, zu einem der gefährlichsten überhaupt. Was sie sich als sicheren Hafen vorgestellt hatte, hatte auf einmal mehr von einem Krisengebiet.

# KAPITEL 3

# Ärger in der großen Stadt

ALEXANDRIA: OKTOBER 48 V. CHR.

Alexandria war nun eine geteilte Stadt. Der größte Teil Alexandrias, inklusive der Insel Pharos, wurde von Achillas, dem General Ptolemaios' XIII., kontrolliert, während Caesar und seine Legionäre lediglich einen Teil der Palastanlage und das Theater hielten. Die Chancen waren alles andere als gleich verteilt. Mit Pharos in den Händen der Ägypter war es so gut wie unmöglich, die schmale Hafeneinfahrt zu passieren. Ohne diesen Zugang bekam Caesar weder Nachschub, was Versorgung, noch was weitere Truppen anging, und ohne dies beides konnte man ihn aushungern und so zum Aufgeben zwingen.

Doch Caesar war daran gewöhnt, schwierige Situationen umzudrehen, und er hatte immerhin, wie er meinte, einen Trumpf in der Hand: Die königliche Familie, Ptolemaios XIII., Kleopatra und ihre Schwester Arsinoë waren alle bei ihm im Palast. Das war nützlich, sowohl in militärischer Hinsicht als auch für die Propaganda. Denn er konnte behaupten, er schütze sie vor feindlichen Aufständischen, während er sie effektiv als Geiseln hielt.

Caesars erste Versuche, eine Einigung mit der ägyptischen Armee zu erzielen, waren alles andere als vielversprechend. Er setzte den jungen König unter Druck, zwei hochrangige Unterhändler zu Achillas zu schicken, aber kaum waren diese im ägyptischen Lager angekommen, als man sie auch schon angriff. Einer wurde getötet, der andere entkam schwer verletzt. Trug dieser brutale Angriff vielleicht die Handschrift der Gabinius-Söldner? Gerade einmal zwei Jahre zuvor hatte Kleopatra deren Kollegen dafür bestraft, zwei Söhne eines römischen Konsuls getötet zu haben, auf einer ähnlichen diplomatischen Mission wie dieser. Mag sein, dass sie sich jetzt rächten.

Im Palast verdoppelte Caesar nun die Zahl der Bewacher für Ptolemaios XIII. und machte sich daran, seine Optionen zu überdenken. Er wurde nicht nur belagert, er war deutlich in der Unterzahl. Wären seine zwei Legionen komplett gewesen, hätte er über knapp 11 000 Mann verfügt. Aber sie waren es nicht. Caesar hatte höchstens 10 000 Soldaten, der Feind die doppelte Anzahl sowie 2000 Mann Kavallerie. Es muss ihm vorgekommen sein, als wiederhole sich die Geschichte: Sieben Jahre zuvor, als er zum ersten Mal in Britannien einmarschierte (55 v. Chr.), war Caesar einmal ähnlich abgeschnitten gewesen – seine Schiffe im Sturm

**GEGENÜBER**
Eine Kolossalstatue eines späten Ptolemaios aus Granit (116–87 v. Chr.) steht vor der heutigen Bibliothek von Alexandria. Gefunden beim Fort Qait Bey, Alexandria. Höhe 4,55 m. Alexandria, Griechisch-Römisches Museum, 1001.

Das spätrömische Odeion (deutlich kleiner als das Theater des 1. Jahrhunderts v. Chr.) in Alexandria, 4. Jahrhundert n. Chr.

zerstört, ohne seine so wichtige Kavallerie, in einem unbekannten, feindlichen Land. Durch Glück und Ausdauer hatte er die Lage gerettet. Würde ihm etwas Ähnliches jetzt wieder gelingen?

Zuerst einmal musste er seine Männer beruhigen. Den Feind, so erzählte er ihnen, müssten sie nicht fürchten. Die Gabinianer (immerhin ausgebildete römische Soldaten wie sie) hatten sich inzwischen den Einwohnern angepasst und

> sich an das zügellose Leben in Alexandria gewöhnt, hatten sich vom Namen und der Disziplin des römischen Volkes abgewandt und Ehefrauen genommen, mit denen sie inzwischen viele Kinder gezeugt hatten. Hinzu kam eine Ansammlung von Räubern und Piraten … Außerdem hatten sich ihnen viele verurteilte Verbrecher und Verbannte angeschlossen. Allen unseren entlaufenen Sklaven bot sich hier in Alexandria eine gesicherte Existenz, wenn sie sich für die Armee anwerben ließen … Einem alten Privileg gemäß durfte die Armee von Alexandria sogar Freunde des Königs hinrichten lassen, das Eigentum reicher Leute plündern und den königlichen Palast belagern, um Solderhöhungen zu fordern.[15]

Kurzum: es handelte sich, laut Caesar, um kaum trainiertes Gesindel. Wie sehr muss er gehofft haben, dass das stimmte.

Nun musste Caesar handeln. Und zwar schnell. Die Flotte von 50 Kriegsschiffen, die die Alexandriner Pompeius geliehen hatte, war gerade zurückgekehrt. Wenn Caesars Männer überhaupt eine Chance haben wollten, die Kontrolle über den Hafen zu gewinnen, dann war es zwingend notwendig, diese Schiffe entweder zu beschlagnahmen oder zu zerstören. Während in der ganzen Stadt Kämpfe tobten und eine große Abteilung abgestellt war, den königlichen Palast vor Angriffen zu verteidigen, segelte Caesar also in den Hafen. Sein eigener Bericht darüber, was dann geschah, ist leider sehr knapp, aber das Ergebnis war eindeutig. Am Ende war die feindliche Flotte, sowohl die Schiffe, die vor Anker lagen, wie auch diejenigen auf den Trockendocks, zerstört.

Es war ein bedeutender Sieg. Doch mit dem beißenden Gestank des Rauchs, der mit dem Herbstwind über den Hafen und die Stadt und den See wehte, mischte sich ein anderer, weitaus beunruhigender Geruch – das Aroma einer skandalösen Vertuschung. Wie es Verschwörungstheorien so an sich haben, setzte sich diese bald in den Köpfen fest. Es hieß, dass die Flammen, die die alexandrinische Flotte zerstört hatten, angefacht durch den Wind auf die Bibliothek übergegriffen hätten und diese zerstört. Dies berichten sowohl Plutarch als auch Seneca, und Letzterer fügt hinzu, dass an diesem Tag 40 000 Bücher verloren gingen. Noch später, im 2. Jahrhundert n. Chr., behauptet Aulus Gellius, dass die gesamte Sammlung von 700 000 Büchern

Eine römische Galeere unter Segeln: Silberdenar, geprägt von Quintus Nasidius in einer mobilen Prägestätte des Sextus Pompeius, 44–43 v. Chr. (Avers siehe S. 31). Durchmesser 2 cm. British Museum, R.9115.

> während der Plünderung der Stadt verbrannte … nicht vorsätzlich oder auf Befehl hin, sondern versehentlich, durch Soldaten der Hilfstruppen.[16]

In vielerlei Hinsicht ist Caesar selbst verantwortlich dafür – wenn auch nicht für den Brand der Bibliothek, dann doch zumindest für die anschließende Verwirrung. Die Kürze seiner Darstellung legt nahe, dass er etwas zu verbergen hatte, während er zu Beginn seines (von einem Ghostwriter verfassten) *Alexandrinischen Kriegs* die kühne Behauptung aufstellt:

> Alexandria ist beinahe sicher vor Bränden, weil die Gebäude keine Balken oder Holz enthalten und alle überwölbt sind und bedeckt mit Mörtel oder Estrich.[17]

Nimmt er den Mund zu voll? Wie so oft ist die Wahrheit schwer zu fassen, aber es scheint doch unwahrscheinlich, dass es die große Bibliothek selbst war, die brannte. Stattdessen könnte es sich um Lagerhäuser für Bücher entlang der Kais am Hafen gehandelt haben, die Feuer fingen, und die allgemeine Neigung zu Klatsch und interessanten Geschichten bauschte das Ausmaß der Katastrophe nachträglich auf.

Vom rein militärischen Standpunkt aus gesehen, war die Aktion für Caesar ein voller Erfolg, und als das schwarze Leichentuch des Rauchs sich vom Hafen und den Werften aus über die Stadt legte, landete er mit seinen Männern auf der Pharos-Insel. Durch die von Geschossen geschwängerte Luft kämpften sich die Römer verbissen ihren Weg frei, bis sie ihr Ziel erreichten: den Leuchtturm an der östlichsten Spitze des Insel-Komplexes. Hier, in den Kolonnaden rund um das gewaltige Bauwerk, auf der langen, gewölbten Rampe, die hineinführte, und die breite Wendeltreppe hinauf ins Herz des Leuchtturms müssen die Kämpfe am härtesten gewesen sein. Am Ende aber setzten sich Caesars Soldaten durch, und bei Sonnenuntergang hatten die römischen Legionäre den Leuchtturm besetzt und ihre Stellung konsolidiert – die Marmorstatuen des Pharos, von Zeus, Poseidon und einer ganzen Dynastie Ptolemäern, sahen ihnen dabei zu. Phase eins von Caesars Plan war erfolgreich abgeschlossen.

Und doch kam er noch immer nicht zur Ruhe. Er ließ andere die Angelegenheiten rund um den Leuchtturm organisieren und kehrte in aller Eile in den Palast zurück. Nun musste ein möglichst großes Gebiet mit möglichst vielen Gebäuden befestigt werden, und zwar so schnell es ging; also rief Caesar die Truppen, die im Laufe des Tages an ergebnislosen Kämpfen in den Straßen der Stadt beteiligt gewesen waren, zurück und ließ sie Schutzwälle errichten. Bereits am nächsten Morgen schlängelte sich eine Mauer durch den Schlossgarten und bis zum

> Theater neben dem Palast, das als Zitadelle diente und das einen Zugang zum Hafen und zu den Werften bot. An den folgenden Tagen ergänzte er diese Verteidigungsanlagen, so dass sie als Barriere an Stelle einer Mauer dienen konnten und er nicht gegen seinen Willen zum Kämpfen gezwungen würde.[18]

Für Kleopatra, die das Ganze sicherlich voller Angst durch ein Fenster hoch oben im Palast beobachtete, muss dieser Tag äußerst lehrreich gewesen sein. Falls sie tatsächlich den Buchis-Stier gerudert hatte, war ihr bereits klar, wie viel es ausmachte, sich unter seine Untertanen zu mischen. Aber Caesar, der sich mit zielstrebiger und grausamer Energie mitten in die Schlacht warf, der seine Männer immer von vorderster Front aus anführte, der die ganze Nacht lang den Bau der Mauer überwachte, muss ihr Respekt abverlangt haben; er ließ sie alles, was sie über Menschenführung wusste, neu bewerten. Auch in ihren Gefühlen muss es auf und ab gegangen sein. Dadurch, dass sie sich so energisch auf Caesars Seite gestellt hatte, hatte sie bereits ihren eigenen Rubikon überschritten. Für ihr eigenes Überleben war es mehr als wichtig, dass er siegte. Doch der Anblick der brennenden königlichen Flotte, des Rauchs, der die Werften einhüllte und vielleicht sogar eine Zeitlang aus der Bibliothek zu kommen schien, der Anblick einer ausländischen Armee, die Alexandrias geradezu ikonischen Leuchtturm besetzte – all das muss sie veranlasst haben, sich (wenn auch nur kurz) zu fragen, wo ihre Loyalität lag. Vielleicht kam sie zu dem Schluss, dass der Zweck die Mittel heiligte, wenn es um Leben und Tod ging.

Als Caesar schließlich in ihr Gemach zurückkehrte, seine Tunika befleckt von Schweiß und Blut, Gesicht und Glieder von Asche und Ruß überzogen, muss er einen Anblick abgegeben haben, der nichts mehr mit dem ihrer gepuderten Eunuchen und parfümierten Palasthöflinge gemein hatte, sondern Kleopatra völlig fremd war. Ptolemäische Könige kämpften so einfach nicht. Obwohl sie von einem der Generäle Alexanders abstammten, gaben sie die Kontrolle in der Schlacht viel lieber an andere ab, während sie sich selbst auf das Ritual des Regierens konzentrierten. Innerhalb der Mauern des Palastes muss es bestimmte Personen gegeben haben, die den Römer und seine Soldaten immer argwöhnischer betrachteten.

Eine von ihnen war Kleopatras Schwester Arsinoë. Vielleicht mochte sie nicht, wofür Caesar stand; vielleicht war sie eifersüchtig auf Kleopatra, die ihre Beziehung mit dem römischen Feldherrn offen zur Schau stellte; vielleicht dachte sie auch, dass jener nicht gewinnen könne und dass sie selbst, wenn sie es jetzt geschickt genug anstellte, Königin werden könnte – was auch immer es war, irgendwie schaffte sie es, die von Caesar aufgestellten Wachen zu umgehen, und flüchtete aus dem Palast, um sich den Belagerern unter Kommandant Achillas anzuschließen. Achillas jedoch hätte wohl gerne darauf verzichtet. Kaum war Arsinoë bei ihm eingetroffen, da stritten sich die beiden schon darum, wie der Krieg zu führen sei.

Wir wissen nur wenig über diese „andere Ptolemäerin", Arsinoë. Stets steht sie im Schatten ihrer älteren Schwester Kleopatra, ewig die Zweite, die Nebenrolle. Wäre ihr Schicksal nur ein wenig anders verlaufen, so wäre sie sicher ein ebenso verführerisches Ziel für die Darstellungen von Historikern gewesen. Zweifellos hatte sie eine ähnliche Erziehung wie Kleopatra genossen, auch sie war wohl kultiviert und sprachgewandt, eine interessante Gesprächspartnerin von faszinierender Schönheit. Doch der unbarmherzige Lauf der Geschichte zeigt sie lediglich als erfolglose, unattraktive Doppelgängerin Kleopatras, als alte Jungfer, dazu verdammt, falsche Entscheidungen zu treffen, als boshafte Schwester, die darauf aus ist, Kleopatra das Leben schwer zu machen.

Für den ägyptischen Kommandanten Achillas war es ein weiterer Rückschlag, dass er sich jetzt mit der energischen Prinzessin Arsinoë auseinandersetzen musste. Eine Zeitlang, so sagte man, hatte er geheime Berichte aus dem Inneren des Palastes erhalten. Ihr Verfasser war der Eunuch Pothinos gewesen, der Hauslehrer und Berater des jungen Königs Ptolemaios. Doch dann wurden seine Agenten enttarnt und verhaftet, Pothinos hingerichtet. Vielleicht fungierte Caesar sogar selbst als Henker. Erst wenige Wochen zuvor hatte Pothinos dem König geraten, Pompeius ermorden zu lassen, was Caesar tief getroffen hatte. Den Eunuchen nun zu töten, muss seltsam befriedigend gewesen sein.

Außerdem, wie Caesar später behauptete, wenn er Pothinos nicht getötet hatte, dann hätte Pothinos sicherlich versucht, ihn umzubringen.[19] Doch was auch immer der vorgeschobene oder reale Grund war: Tatsächlich hatte Caesar deutliche Vorteile davon, dass der Eunuch tot war.

Außerhalb des Palastes stellte sich Alexandria auf eine längere Belagerung ein; doch seine findigeren Bewohner (und dazu zählten sicher auch die Angehörigen des Museion) suchten nach innovativen Wegen, die Situation zu einem Ende zu führen. Während man aus anderen Teilen

Ägyptens mehr und mehr schwere Artillerie und Geschosse heranbrachte, auf Schiffen über den Nil, durch die Kanäle und in den Mareotis-See, dröhnte in einigen Gebieten von Alexandria der unaufhörliche Lärm von Hämmern und Sägen, da man die Straßen und Boulevards in der Vorbereitung auf den Kampf mit Barrikaden versah.

> Durch alle Straßen und Gassen hatte man eine dreifache Mauer gezogen, aus quadratischen Steinblöcken und nicht weniger als zwölf Meter hoch, die die unteren Bereiche der Stadt mit sehr hohen Türmen schützte, zehn Stockwerke hoch. Außerdem hatten sie mobile Türme von gleicher Höhe gebaut, mit Rädern und Seilen, die auf den flachen Straßen überall hin gezogen werden konnten.[20]

Caesar war sichtlich beeindruckt. Seine Berichte sprechen von der „Intelligenz und Scharfsinnigkeit" der Alexandriner, die, zusätzlich zu ihren sonstigen Bemühungen, schnell alles nachahmten, was sie bei den Römern beobachteten, und versuchten, sie darin zu übertreffen. Er sah auch ein, um wie viel es den Alexandrinern ging. Nicht zuletzt deshalb wurde ihr Leitspruch „Wenn wir [Rom] nicht vertreiben, wird Ägypten zur Provinz" [21] zum kraftvollen Schlachtruf, der immer mehr Menschen anzog, die sich für ihr Land einsetzten, und die Soldaten zu immer verzweifelteren Akten der Tapferkeit trieb.

Doch wie so oft kam jemandes Ego dazwischen. Seit sie aus dem Palast entkommen war, war Arsinoë mit ihrem General, Achillas, unglücklich gewesen. Sie ließ ihn töten und ernannte an seiner Stelle seinen Mörder zum General: ihren Lehrer, den Eunuch Ganymedes. Arsinoë selbst behielt den Oberbefehl.

Ganymedes war ein kluger Mensch. Kaum hatte er sein Amt angetreten, da brachte er einen Plan auf den Weg, der verheerende Folgen haben sollte (obwohl wir nicht wissen, ob er selbst oder Arsinoë darauf gekommen war). Er verunreinigte Caesars Trinkwasser. Da Alexandria zwischen der Wüste und dem Meer eingekeilt war, musste es sich zur Trinkwasserversorgung auf den Nil verlassen, und die Stadt war stolz auf ihr ausgeklügeltes unterirdisches Netz von Rohrleitungen, Tanks und Filteranlagen. Der Hauptkanal und seine Abzweigungen lagen in den Händen der Ägypter, und wie Caesar erklärt, bediente sich Ganymedes dieser Tatsache, so gut er konnte:

> Er blockierte die Wasserkanäle, isolierte diejenigen Teile der Stadt, die er selbst kontrollierte, und dann pumpte er mit Hilfe von Wasserrädern und anderen Maschinen große Mengen von Meerwasser hinein, so dass dieses unaufhaltsam hinabfloss in Caesars Teil der Stadt. Deshalb wurde das Wasser, das man in den dortigen Häusern schöpfte, binnen kurzer Zeit salziger als üblich … Es dauerte nicht lange, bis man das Wasser dort nicht mehr trinken konnte, während das von noch weiter unterhalb noch verseuchter und salziger war. So gab

es keine Zweifel mehr, und alle Soldaten wurden von einer solchen Angst gepackt, dass sie sich alle in äußerster Gefahr wähnten.[22]

Das war nur allzu verständlich. Selbst im November ist es in Alexandria heiß, und ohne Wasser konnten die belagerten Römer nicht lange überleben. Caesar wusste, dass sie sich eventuell Wasser von anderswo schicken lassen konnten, aber das war nicht der Punkt. Die Moral ist eine sprunghafte Angelegenheit. Vielleicht würde es nicht mehr lange dauern, bis die Disziplin nachließ und die Legionäre eine übereilte, ungeordnete und politisch blamable Evakuierung verlangten. Caesar hielt eine bewegende Rede und befahl seinen Männern (zweifellos mit einem aufrichtigen Stoßgebet an die Siegesgöttin), Brunnen zu graben. „Jedes Gebiet an der Küste", so erklärte er ihnen leichthin, „enthält von Natur aus Süßwasseradern." Zu seinem Glück hielt sich sein Küstenabschnitt daran, und so gruben sie, während ihr General sicherlich mit gutem Beispiel voranging, die ganze Nacht („begeistert", wie es in Caesars Bericht heißt), bis sie „eine große Menge Süßwasser" fanden.

Während man sich noch darüber freute, erreichte den Palast nur zwei Tage später eine weitere gute Nachricht: Hilfe war auf dem Weg. Die 37. Legion, einst ein Teil von Pompeius' Armee und jetzt Caesar treu ergeben, war einige Meilen östlich gelandet, und mit ihnen kamen Lebensmittel und Waffen, Geschosse und schwere Artillerie. Die Gebete der belagerten Römer waren erhört worden. Doch es gab ein Problem: Die spätherbstlichen Passatwinde, die Caesar daran gehindert hatten, Alexandria zu verlassen, vereitelten nun die Versuche der 37. Legion, ihn zu erreichen.

Zumindest behauptete Caesar das.[23] Seine weiteren Aktionen deuten jedoch darauf hin, dass dies nicht der einzige Grund (bzw. der wahre Grund) dafür war, dass sie ein Stück weit weg von Alexandria vor Anker gegangen waren. Caesars wie stets ungestüme Reaktion war, seine gesamte Flotte zu bemannen und aus dem Hafen heraus zu leiten (während seine Legionäre an Land blieben, um den Palast und den Leuchtturm zu bewachen). Dann hielt er Kurs auf die 37. Legion. Vielleicht wollte Pompeius' alte Legion keine Stadt betreten, die bereits belagert wurde. Wären die Passatwinde tatsächlich ein so großes Problem gewesen, hätte Caesar sicherlich nicht den Hafen verlassen, denn dann hätte er ja selbst nicht mehr zurückkehren können. Für die Römer, die in Alexandria blieben, wäre dies tödlich gewesen – von Kleopatra ganz zu schweigen. In seiner Darstellung der Episode scheint aber noch etwas anderes verschwiegen worden zu sein. Die Tatsache, dass er mit leeren Schiffe lossegelte und nicht direkt Kurs auf die 37. Legion machte, sondern wertvolle Zeit vor Anker an der Küste verbrachte, während seine Männer an Land gingen, um Trinkwasser zu finden, legt nahe, dass sein Erfolg beim Brunnengraben doch nicht ganz so spektakulär war, wie seine Berichte es behaupten: Ein wichtiger Grund für seine Reise wird es gewesen sein, Wasser zu besorgen.

An diesem Punkt begann Caesars Plan fehlzuschlagen. Die unbewaffneten und schutzlosen Männer, die am Ufer mit dem Füllen der schwerfälligen Wasserschläuche beschäftigt waren, wurden von den Alexandrinern überfallen und gefoltert. Schnell erfuhren die Angreifer, dass Caesar an Bord seiner Schiffe keine Soldaten hatte. Die Alexandriner konnten ihr Glück kaum fassen. Als Caesar mit seiner eigenen Flotte, nunmehr verstärkt durch die Kriegs- und Handelsschiffe der 37. Legion, zurück in Richtung Hafen fuhr, erblickte er vor der hoch aufragenden Silhouette des Leuchtturms und gegen die Abendsonne die alexandrinischen Schiffe. Obgleich er so viele von ihnen zerstört hatte, besaßen die Ägypter immer noch eine gewaltige Flotte, und die wartete nun darauf, dass die Schlacht begann.

Die Nacht brach an, und Caesar zögerte, zum Schlag auszuholen. Er befahl seinen Schiffen, die Anker zu werfen. Eines seiner kleineren Schiffe jedoch, das ein wenig entfernt von den übrigen lag, erschien den Alexandrinern als leichte Beute, und sie griffen an. Caesar hatte keine Wahl: Er musste dem Schiff zu Hilfe eilen, und in den Wirren der hereinbrechenden Dunkelheit kaperte seine Flotte ein Schiff, versenkte eine weiteres und fügte den anderen herbe Verluste zu. Die demoralisierte alexandrinische Flotte floh, und Caesar kehrte, um mit seinen eigenen Worten zu sprechen,

> mit seinen siegreichen Schiffen nach Alexandria zurück, einem sanften Wind entgegen, die Handelsschiffe im Schlepptau.[24]

Einmal mehr hatte Caesar eine schwierige Situation, die er (im Nachhinein) niemals hätte zulassen dürfen, in einen Sieg umgemünzt. Und Kleopatra hatte schon wieder aus erster Hand eine nützliche Lektion in Sachen militärisches Kommando gelernt.

Aber die Alexandriner waren noch lange nicht geschlagen. Auch wenn sich Caesar neue Vorräte verschafft hatte, so hatte er nun auch wesentlich mehr hungrige Mäuler zu stopfen. Darüber hinaus wurden er und Kleopatra effektiv immer noch belagert, und die Alexandriner rechneten sich aus, dass sie mit einer größeren Flotte die Blockade ausbauen und ihn aushungern könnten. Also organisierten sie so viele Schiffe, wie sie auftreiben konnten, darunter die Zollboote, die die Mündungen des Nil-Deltas patrouillierten, reparierten stillgelegte Schiffe und rüsteten sie aus. Holz war teuer im baumarmen Ägypten, und so demontierten sie die Sparren von Säulengängen und öffentlichen Gebäuden, um daraus Ruder zu bauen. Innerhalb einer erstaunlich kurzen Zeit versammelten sie 27 Kriegsschiffe sowie eine Reihe kleinerer Boote und testeten ihre neue Flotte im westlichen Hafen aus.

Im Palast wurde Caesar immer ungeduldiger. Er hatte das Gefühl, als liefe alles auf den Showdown zu. An einem frühen Wintermorgen ruderten seine Schiffe aus der Einfahrt des königlichen Hafens hinaus und um die Spitze der Insel Pharos herum, um ihre Positionen einnehmen. Als wäre es ein eingespieltes Ritual, näherte sich vom westlichen Hafen aus bald auch die frisch renovierte alexandrinische Flotte. Einen langen, unruhigen Moment lang standen sich beide Seiten gegenüber, unbeweglich, keiner bereit, den ersten Schritt zu wagen, aus Angst, auf die Untiefen, die sich vor der Insel erstreckten, aufzulaufen. Schließlich, auf ein Nicken Caesars hin, stießen vier seiner Schiffe vor. Die Schlacht hatte begonnen.

Caesars Darstellung ist sehr lebendig: Sie erzählt von geschickten Steuermännern, die die römischen Schiffe auf Kollisionskurs mit den alexandrinischen hielten und dabei stets versuchten, sie ganz eng zu schneiden und ihre Ruderreihen anzugreifen. Sie erzählt von lodernden Geschossen, von in der schmalen Meerenge ineinander verkeilten Galeeren, von erbitterten und blutigen Kämpfen an Deck. Sie erzählt davon, wie alle Dächer der Stadt vollgestopft waren mit Menschen, Römern wie Alexandrinern, die sich mühten, etwas zu erkennen; unter ihnen sicher auch (obgleich er sie nicht namentlich erwähnt) Kleopatra. Am Ende war Caesars Flotte siegreich. Die Alexandriner drehten ab und ruderten verzweifelt zurück in ihren sicheren Hafen, während ihre Kameraden von der Küste aus salvenweise Geschosse auf die sie verfolgenden Römer abfeuerten.

Doch genau wie zuvor, als er die alexandrinische Flotte in Brand gesteckt hatte, konnte Caesar es nicht dabei belassen. Vielmehr wusste er, dass es jetzt an der Zeit war, seinen momentanen Vorteil zu nutzen. Auch wenn er den Leuchtturm kontrollierte, war doch der Rest der Insel Pharos, zusammen mit dem Heptastadion, dem Damm, der sie mit dem Festland verband, in der Hand des Feindes. Gab es eine bessere Zeit als jetzt, um diese Gebiete zu erobern – jetzt, wo sich die Alexandriner in einem Zustand äußerster Verwirrung befanden? Also ruderte er mit ein paar kleinen Barken und Jollen auf die Insel zu, um sie von der Hafenseite aus anzugreifen, während seine Flotte dies vom Meer aus tat. Für eine Weile hielten die Inselbewohner dagegen und beschossen sie von den Dächern der Häuser und von den vielen Türmen aus, die um die Siedlung verstreut lagen und an die zehn Meter hoch waren. Aber dann ergriff sie doch noch die Panik. Viele sprangen ins Meer und versuchten, durch den Hafen zu schwimmen, um sich in der Stadt in Sicherheit zu bringen.

Einige schafften es, die meisten aber nicht. Bei Einbruch der Nacht konnte Caesar behaupten, er habe rund 6000 Gefangene gemacht.[25] Als es dunkel war, besah man sich seine Beute, und die Kämpfe hörten auf. Aber als der Morgen graute, erschien Caesar wieder, in voller Rüstung, seinen Purpurumhang um die Schultern, an der Spitze einer Flottille aus kleinen Booten, die auf das Heptastadion zuhielt und auf jenen Teil der Insel Pharos, der dem Damm am nächsten lag und der immer noch von den Alexandrinern kontrolliert wurde. Ein wilder Hagel von Pfeilen schlug die Insulaner in die Flucht, und während einige der römischen Soldaten an Land sprangen, um die verbleibenden Widerstandsnester auszuheben, liefen andere das Heptastadion hinunter, bis zu dem Punkt, wo sie es am besten verbarrikadieren konnten. Sie errichteten schnell einen Wall auf

Caesar, den Kopf mit Lorbeer gekrönt, als *„dictator perpetuus"* („auf Lebenszeit"). Silberdenar, Rom, 44 v. Chr. Durchmesser 2 cm. British Museum, 1843,0116.170.

dem Damm; dahinter mühten sie sich ab, die Torbögen, durch die Boote von einem Hafen in den anderen fahren konnten, mit Steinen aufzufüllen und so zu blockieren.

Eine Zeitlang lief alles nach Plan. Aber dann erschienen wie aus dem Nichts hinter den Römern auf dem Damm, zwischen der Barrikade und der Insel Pharos die Alexandriner. Sie wurden immer mehr, und nun gerieten die Römer (darunter einige der Ruderer, die ihre Boote verlassen hatten, um den anderen zu helfen), in Panik. Verwirrt sprangen sie vom Damm aus in die kleinen Boote; einige versuchten, die Laufplanken einzuholen, während andere sich noch verzweifelt bemühten, an Bord zu kommen. An der Barrikade versuchte Caesar vergeblich, seine Truppen zu sammeln, und am Ende musste er sich eingestehen, dass die Sache verloren war. Er versuchte, so viel an Ordnung aufrechtzuhalten, wie er nur konnte, und zog sich auf sein Boot zurück, aber auch hier war er nicht sicher. Da immer mehr Menschen daraufsprangen, sank es allmählich gefährlich tief ins Wasser ein. Caesar wusste, was passieren würde, und so nahm er seinen purpurnen Umhang von den Schultern, sprang ins Wasser und schwamm quer durch den Hafen, bis dahin, wo seine Kriegsschiffe vor Anker lagen. Viele seiner Männer hatten weniger Glück. Hektische Hände rissen an den Seiten der Boote, verängstigte Menschen versuchten, sich an Bord zu ziehen, und durch den Ansturm sank ein Boot nach dem anderen. Die siegreichen Alexandriner liefen über das Heptastadion und zurück auf die Insel, überrannten und befestigten sie, installierten ballistische Geschosse und übernahmen die Kontrolle über die Hafeneinfahrt.

Wie immer gab es aber vielleicht mehr über diese Episode zu berichten, als Caesar später zugab. Als seine Boote rings um ihn herum zu sinken beginnen, hören wir von einem kuriosen Detail:

> Caesar sprang vom Damm aus in ein kleines Boot, um sich selbst zu retten und seinen Männern zu helfen. Aber die Ägypter kamen von allen Seiten auf ihn zu, und so sprang er ins Meer und rettete sich schwimmend, wenn auch unter Schwierigkeiten. Es heißt, er habe er in einer Hand zahlreiche Papiere gehalten, die er nicht loslassen wollte und die ganze Zeit über aus dem Wasser hielt, so dass er nur mit einer Hand schwimmen konnte, obwohl er ständig unter Beschuss war. Sein kleines Boot sank kurz darauf.[26]

Was waren das für Papiere, die Caesar so verzweifelt zu retten versuchte? Hatte er sie aus dem sinkenden Boot gerettet, oder hatte er sie die ganze Zeit über bei sich? Was für Folgen hätte ihr Verlust gehabt? Bestimmt waren sie äußerst wichtig, wenn Caesar bereit war (wie aus seinen späteren Berichten deutlich wird), dafür sein Leben zu riskieren. Doch wie so vieles in dieser Geschichte, dient auch diese Episode letztlich nur dazu, uns aufzuzeigen, wie lückenhaft unser Wissen ist, und uns davor zu bewahren, allzu selbstgefällig damit umzugehen.

Es war eine Pattsituation entstanden. In den Straßen Alexandrias rumpelten noch immer jeden Tag die zehn Stockwerke hohen Rädertürme über die Boulevards, auf der Suche nach Schwachstellen in Caesars Verteidigungsanlagen, während im Palast der ungewohnte Geruch der ungewaschenen römischen Soldateska, der sich immer weiter ausbreitete, die Gemüter der königlichen Hausangestellten langsam aber sicher zum Überkochen brachte.

Wie sich der zu Wutanfällen neigende junge Ptolemaios XIII. verhielt, der machtlos auf seinem juwelenbesetzten Thron saß, als königliche Geisel, ist nicht überliefert. Aber in den Wochen nach dem Debakel am Heptastadion scheint Caesar spürbar erleichtert gewesen sein, als eine Delegation der Alexandriner eintraf, die verlangte, dass ihr König ausgeliefert würde. Sie hätten genug von „der strengen Diktatur des Ganymedes", klagten sie.

Caesar, der sich (in seinen eigenen Worten) „nicht von Großzügigkeit" leiten ließ, „sondern von knallhartem Kalkül", hörte sich ihren Appell bereitwillig an. Später schrieb er, dass er vermutete, dass hinter den Forderungen der Delegation mehr steckte, als diese zugab, denn „er war sich durchaus bewusst, dass es ein Volk von Betrügern war, das stets seine wirklichen Absichten verbarg". Wenn das stimmte, dann hatten die Ägypter ihren Meister gefunden, denn Caesar wusste, dass die Alexandriner mit Ptolemaios XIII. in ihrem eigenen Lager bald zu unfreiwilligen Zeugen einer spektakulären Geschwisterrivalität und eines erbitterten Machtkampfes werden würden. Arsinoë würde sich kaum über die Ankunft ihres launischen kleinen Bruders freuen. Wie Kleopatra darauf reagierte, dass Caesar ihn entließ, darüber können wir nur spekulieren. Sicherlich entbehrte die Situation, als der Junge den Palast verließ, nicht der Dramatik. Vielleicht war Kleopatra an Caesars Seite, als dieser

> ihn bei der Hand nahm, um den Jungen zu entlassen, der beinahe ein Erwachsener war. Aber der König war geschickt in der Kunst der Täuschung (darin wich er wenig vom Rest seines Volkes ab), er begann zu weinen und zu betteln, dass Caesar ihn nicht fortschicke: Nicht einmal sein eigenes Reich, sagte er, sei ihm lieber als Caesars Anblick. Caesar war tief bewegt, und nachdem er dem Jungen die Tränen getrocknet hatte, versicherte er ihm, wenn er dies tatsächliche denke, dann würden sie bald wieder vereint sein.

Dabei hatte der König in der Tat ganz andere Gedanken. Im nächsten Satz schreibt Caesar:

> [Ptolemaios], wie ein aus dem Kerker in die Freiheit Entlassener, begann so heftig gegen Caesar Krieg zu führen, dass es schien, als seien die Tränen, die er bei ihrer Trennung vergossen hatte, Freudentränen gewesen waren.[27]

Und so hätte sich die Situation noch länger hinziehen können. Aber inzwischen, im Jahre 47 v. Chr., war Hilfe für die belagerte römische Armee unterwegs. Der Frühling war angebrochen, und Mithridates von Pergamon nahte zu ihrer Rettung. Zugleich fuhren mit Hilfsgütern beladene römische Schiffe entlang der syrischen Küste langsam nach Süden und würden bald Ägypten erreichen. Die Alexandriner waren bestürzt. Sie stationierten Kriegsschiffe vor der Stadt des heiligen Vergnügens, Kanopos, um die römische Flotte abzufangen. Caesar schickte seine eigenen Schiffe, um sie anzugreifen; sie wurden abgewehrt.

Doch bald erreichte Alexandria die Nachricht, dass Mithridates und seine Männer Pelusion erreicht hatten, die Grenzstadt, das östliche Tor nach Ägypten, dass er sie überrannt hatte und dass er in der Nähe des Delta sein Lager aufgeschlagen habe. In aller Eile stellte sich die alexandrinische Armee am Ufer des Mareotis-Sees auf und begann, die dortigen Flussboote und Barken zu bemannen. Als die Ruder die glasige Oberfläche des flachen Sees durchpflügten, führte Ptolemaios XIII., mit Ganymedes und vielleicht auch Arsinoë an seiner Seite, die Ägypter hinaus in das Netz von Kanälen und Flüssen und dann weiter auf den Nil und ins östliche Delta.

Das war der Moment, auf den Caesar gewartet hatte. Die langen Monate beengter Straßenkämpfe und unentschlossener Scharmützel waren vorüber. Endlich würde es zu einer richtigen Schlacht kommen. Er ließ nur wenige Männer zurück, um den Palast zu bewachen, und segelte mit seinen Truppen aus dem Hafen hinaus, ließ den großen Serapis-Tempel von Kanopos ebenso rechts hinter sich wie Herakleion und erreichte den Nil.

Als Caesars Truppen Ptolemaios endlich fanden, hatte er bereits eine gute Nachricht erhalten. Zweifellos wollte Ptolemaios in die Schlacht ziehen, bevor Caesar eintraf, und so hatte seine Vorhut Mithridates' Lager angegriffen. Aber um ihre Disziplin war es nicht zum Besten bestellt, und sie waren schnell von Mithridates' Männern besiegt worden. Nun hatte sich der ägyptische König auf einem gut zu verteidigenden Hügel aufgestellt, auf der einen Seite geschützt durch einen Sumpf, auf der anderen durch den Nil. Doch anstatt zu warten, bis er angegriffen wurde, entsandte Ptolemaios seine gesamte Kavallerie sowie einen Teil der leichten Infanterie, um Caesar abzufangen, der noch über 10 km entfernt war. Den Römern, die so lange in Alexandria eingesperrt gewesen waren, muss das Ganze wie ein Geschenk der Götter vorgekommen sein. Ihre unterdrückte Frustration explodierte in einem wahren Blutrausch gegenüber den ägyptischen Truppen. Caesars Männer erschlugen alles, was sich ihnen in den Weg stellte, und rückten immer weiter vor, bis zu Ptolemaios' Lager.

Anstatt noch am selben Tag anzugreifen, bestand Caesar darauf, dass sich seine Truppen ausruhten, doch mit der Morgendämmerung kam die letzte Schlacht. Während noch Langstreckengeschosse auf das ägyptische Lager niederregneten, erkämpften die Römer sich ihren Weg hinein. Als Ptolemaios' Männer zum Festungswall liefen, um diesen zu verteidigen, sah Caesar, dass sie die Hügelkuppe beinahe ungeschützt zurückgelassen hatten. Er schickte eine Kohorte hinauf, um sie einzunehmen. Nun wurden die Alexandriner zugleich von unten und von oben angegriffen, und

> erschreckt durch den Kampfeslärm von beiden Seiten, begannen sie, ziellos durch ihr eigenes Lager zu laufen. Durch diese Panik angespornt, betraten unsere [d. h. Caesars] Männer das Lager fast zur gleichen Zeit von allen Seiten; diejenigen, die von oben herunterliefen, töteten eine große Zahl der Feinde im Lager. Viele Alexandriner versuchten der Gefahr zu entgehen und warfen sich kopfüber vom Wall in den Teil des Flusses, der daran vorbeifloss … Fest steht, dass der König selbst aus dem Lager entkommen konnte und an Bord eines Schiffs genommen wurde; aber aufgrund der großen Zahl von Männern, die schwimmend das nächstliegende Schiff zu erreichen suchten, lief sein Schiff voll Wasser und er ertrank.[28]

Caesar gab den Befehl, die Leiche zu bergen. Es war wichtig, dass niemand glaubte, der König lebe noch. Doch alles, was man fand, war die goldene Rüstung des Jungen. Er selbst war im Nil verschwunden.

Der Krieg war vorbei. Als sich der siegreiche Caesar Alexandria näherte, fand er sich umringt von Bürgern, viele davon gekleidet in rituellen Gebetsroben, darunter Priester mit rasierten Köpfen, die ihm die heiligsten Objekte aus den Tempeln der Stadt darboten; all dies Gesten, mit denen sich die Bürger die Gnade des Feldherrn erbaten. Mit einer theatralischen Geste der Großherzigkeit nahm er ihre Unterwerfung an, und unter dem überwältigenden Jubel seiner eigenen Truppen bahnte er sich den Weg durch die Stadt zurück zum Palast – und zu Kleopatra.

Mag sein, dass in Ägypten nun Frieden eingekehrt war, aber anderswo gab es immer noch solche, die Pompeius unterstützt hatten, im ganzen Römischen Reich. Weitere kriegerische Auseinandersetzungen warteten auf ihn, in Afrika und Spanien. Doch Caesar beeilte sich nicht, dorthin aufzubrechen. Eine Zeitlang konnte er sicherlich behaupten, dass er seinen Leuten eine Kampfpause gönnen musste. Die Belagerung war dicht auf Pharsalos gefolgt und auf die Schlachten, die Pharsalos vorausgegangen waren; insgesamt war man ganz offensichtlich erschöpft. Es konnte

„Ein verführerisches Versprechen unendlicher Fruchtbarkeit": Der Nil fließt nördlich von Assuan vorbei an den Bergen der westlichen Wüste.

nicht schaden, eine Pause einzulegen, vielleicht von einer Woche oder so. Aber aus einer Woche wurde ein Monat, und bald war allen klar, dass Caesar andere Pläne haben musste.

Für einen Mann des Geistes wie ihn muss das Museion eine gewisse Anziehungskraft gehabt haben. Auch die Bibliothek, vorausgesetzt, dass nicht alle Bücher vom Ruß des Feuers geschwärzt waren, bot einzigartige Möglichkeiten, frühe Ausgaben der Philosophen und Dichter zu lesen. Desweiteren gab es Wissenschaftler und Architekten, Astronomen und Techniker, deren Know-how er, zurück in Rom, mit Gewinn würde nutzen können. Vor allem aber war da Kleopatra, die nunmehr die unbestrittene Königin von Ägypten war und die, was für Caesar natürlich genauso wichtig war, bald die Mutter seines Kinds sein würde.

Kleopatra hatte ihre eigenen Pläne für Caesar. Seit Generationen gehörten ein Besuch bei den heiligen Krokodilen und eine schnelle Fahrt auf dem Nil zum Pflichtprogramm für berühmte ausländische Besucher. Doch jetzt, wo sie den mächtigsten Mann der römischen Welt zu unterhalten hatte, ordnete Kleopatra eine Kreuzfahrt an, die ehrgeiziger und verschwenderischer sein sollte als jede, die das alte Ägypten je gesehen hatte. Die schriftlichen Zeugnisse zu dieser Kreuzfahrt sind äußerst knapp, Caesar selbst erwähnt sie nicht einmal, was darauf hindeuten mag, dass sie, auch wenn er gerne mitfuhr, nicht zu seinem eigenen Masterplan gehörte. Der Historiker Appian berichtet darüber in einem einzigen, missbilligenden Satz:

> Er fuhr mit 400 Schiffen den Nil hinauf, um in der Gesellschaft von Kleopatra das Land zu erkunden, und auch auf andere Weise fand er Gefallen an ihr.[29]

Moderne Autoren haben viel mehr daraus gemacht. Gewiss, bedenkt man Kleopatras ptolemäischen Stammbaum (sowie ihre späteren spektakulären Inszenierungen), dürfte sie sichergestellt haben, dass dies eine Reise war, die Caesar nicht so schnell vergessen würde. Und nicht nur Caesar, sondern auch ihre Untertanen, die Ägypter. Und es war auch nicht einfach nur eine Vergnügungsreise, sondern zugleich eine ganz nüchterne Darstellung ihrer Autorität.

Wenn Kleopatra in ihrer Jugend die Symbolkraft der Reise mit dem Buchis-Stier nach Hermonthis geschätzt hatte, dann wusste die nunmehr erwachsene Königin, bei der man bereits die Anzeichen der Schwangerschaft sah, erst recht um die große Bedeutung dieser Reise. Jetzt war es kein heiliger Stier, mit dem sie das Schiff teilte, sondern Caesar höchstpersönlich. All die göttliche und metaphysische Kraft, von der man glaubte, dass sie dem Stier von Hermonthis innewohnte, war nichts im Vergleich zur schieren Macht Roms und der Autorität ihres menschlichen Repräsentanten. Die Nachricht von Ptolemaios' Niederlage und Tod muss mit ihr flussaufwärts gereist sein. Wenn irgendeiner von Kleopatras Untertanen immer noch glaubte, ihr widerstehen zu können, so musste

Ägypten trifft Rom: Die Überreste eines Isis-Tempels aus römischer Zeit (vorne) werden von den Pyramiden von Gizeh in den Schatten gestellt.

ihn der Anblick von Caesar und den Kähnen mit Caesars Soldaten eines Besseren belehren.

Doch die Reise war mehr als eine bloße Machtdemonstration. Während sich die Flottille ihren Weg nach Süden brachte, entfaltete sich die atemberaubende, unendliche Fruchtbarkeit Ägyptens mit all ihren verlockenden Verheißungen. Die Pyramiden, der Tempel von Luxor, das Tal der Könige – all das war für Caesar, der stets an Roms hungrige Mäuler dachte, nur schmückendes Beiwerk, verglichen mit dem reichen, fruchtbaren Boden und dem üppig bewachsenen Ufer. Als sie so nach Süden segelten, legte Kleopatra Caesar schamlos ihr eigenes Land zu Füßen, nackt und ungeschützt. Er verfügte (wie er schon gezeigt hatte) über die Macht, sich mit Gewalt alles zu nehmen, was er wollte. Wie viel nützlicher war es jedoch, wenn man das Ganze in eine Partnerschaft verpacken konnte. wenn Rom kaufte, was es sich mit Gewalt hätte nehmen können.

Im Juni kam Achet, die Zeit des jährlichen Nilhochwassers, und als das Wasser stieg, kehrten die Boote nach Alexandria zurück. Der Handel war besiegelt. Caesar bestätigte Kleopatra als Königin von Ägypten. Sie war ihm (wie er später schrieb) „treu und blieb unter seinem Protektorat".[30] Natürlich musste sie ihren jüngeren Bruder, Ptolemaios XIV., heiraten; aber dieser war erst dreizehn und nicht mehr als eine bloße Symbolfigur. Für Arsinoë hatte Caesar jedoch andere Pläne. Schließlich hatte sie nicht nur gegen ihn gekämpft, sondern gegen Rom, und so ließ er sie später in die Hauptstadt des Reichs schicken – in Ketten.

Momentan hatte Caesar jedoch ganz andere Sorgen. Ein Krieg im Osten stand bevor, es war an der Zeit, aufzubrechen. Er ließ zwei Legionen in Alexandria zurück, verabschiedete sich von Kleopatra, die wenige Wochen vor ihrer Niederkunft stand, und mit seiner Flotte hinter sich segelte er zum letzten Mal am Leuchtturm Pharos vorbei. Das nächste Treffen mit Kleopatra würde in Rom stattfinden.

Der Gott Sobek, in Form eines Krokodils mit Atefkrone. Bronzestatuette, hergestellt in Ägypten um 600 v. Chr. Höhe 12,5 cm, Länge 10 cm. British Museum, 1902,1013.4.

# KAPITEL 4

# Stunden der Verzweiflung

ROM: SEPTEMBER/OKTOBER 46 V. CHR.

Kleopatras jüngere Schwester mag als Erste in Rom eingetroffen sein, doch die Umstände ihrer Ankunft unterschieden sich sehr von denen, als Kleopatra nach Rom kam. Arsinoë, die ein paar Monate lang als Königin von Ägypten regiert hatte, wurde als Gefangene nach Rom gebracht, und Kleopatra als Ehrengast des mächtigsten Mannes der Stadt, des Vaters ihres kleinen Sohns, des siegreichen Feldherrn Julius Caesar.

Im Gegensatz zum geometrisch durchgeplanten Alexandria war Rom ein schmutziger Wirrwarr aus verwinkelten Gassen, wo reiche Villen neben Tempeln standen, zwischen Gebäuden eingepferchte Aquädukte zu überfüllten Plätzen führten, wo Geschäfte, Bars und Slums wahllos über die siegen Hügel verteilt waren. Als das königlich-ägyptische Gefolge eingetroffen war, residierte es jenseits des Tiber und der eigentlichen Stadt in Trastevere, in einer der begrünten Villen Caesars. Caesar selbst wohnte anderswo, mit seiner Ehefrau, und die Wohnung, die er für seine Gäste ausgewählt hatte, war abgelegen genug, um ihn vor einem Skandal zu bewahren, aber nahe genug an der Stadt, um unkomplizierte Treffen zu ermöglichen.

Es könnte sein, dass Kleopatra gar nicht zum ersten Mal in der Hauptstadt des Römischen Reichs war. Neun Jahre zuvor, im 55 v. Chr., begleitete sie eventuell ihren Vater, den „Flötenspieler", als er ins Exil nach Rom ging. Wenn dem so ist, dann hätte sie, ironischerweise, in der (bekanntlich mit den Schnäbeln von gekaperten Kriegsschiffen geschmückten) Villa des Pompeius, des Patrons ihres Vaters, gewohnt – des größten Rivalen ihres Geliebten Caesar.

Jetzt, im Jahr 46 v. Chr., wurde Kleopatra nicht nur von ihrem jungen Ehemann/Bruder, Ptolemaios XIV., begleitet, sondern sie hatte auch ihren kleinen Sohn dabei (der später den Namen Caesar Ptolemaios erhielt, aber momentan von den Alexandrinern „Kaisarion" genannt wurde). Mit ihr kam auch eine große Menagerie von Höflingen und Dienern, Priestern und Beratern, Eunuchen, Ankleidern, Zugehfrauen, daneben vielleicht einige schlaue Köpfe aus dem Museion und (zweifellos) eine hochkarätige Handelsdelegation.

Ägypten war nach Rom gekommen, aber um die genaue Beziehung zwischen den beiden Supermächten zu definieren, bedurfte es geschickter Verhandlungen, wenn nicht Gratwanderungen. Sueton berichtet, dass

**GEGENÜBER**
Kaiserliche Hauptstadt: das Forum Romanum, von der Via Sacra unterhalb des Kapitols aus nach Osten hin gesehen, in Richtung des (späteren) Kolosseum.

Elefanten ziehen einen Wagen, auf dem ein siegreicher Jupiter fährt, gekrönt durch eine geflügelte Victoria. Silberdenar, Rom, 125 v. Chr. Durchmesser 1,65 cm. British Museum, 1904,0204.36.

Caesar Kleopatra nach Rom bestellte, aber er sagt nicht, warum.[31] Es wird kaum aus rein sentimentalen Gründen gewesen sein. Obwohl Caesar keinen anderen Sohn hatte und offen bekannte, der Vater von Kleopatras Kind zu sein, ließ es das römische Recht nicht zu, dass er Kaisarion zu seinem Erben machte. Und auch politisch war es nicht gerade opportun, seine Beziehung mit der ägyptischen Königin allzu offen zur Schau zu stellen.

Es könnte eher so sein, dass Caesar Kleopatras Kompliment, das nun 18 Monate zurücklag, zurückgeben wollte. Damals hatte man ihm den Reichtum Ägyptens gezeigt. Jetzt zeigte er Kleopatra die Macht Roms. Kleopatras erster Besuch im Herzen des Römischen Reichs als ägyptische Königin war so getimt, dass er mit der vielleicht größten Demonstration purer Kraft zusammenfiel, die die Stadt und ihr führender Bürger jemals erleben sollten: vier Triumphzüge innerhalb weniger Tage, vier Prozessionen durch die Straßen Roms nach vier Siegen über vier der mächtigsten Völker der Antike. Was das Ganze für Kleopatra zur einer eher zweischneidigen Angelegenheit machte, war, dass eines dieser Völker die Ägypter waren.

Falls jemand vom alexandrinischen Gefolge, das jenseits des Tiber hauste, nicht wusste, was ein römischer Triumphzug war, dann hätten Caesars Haussklaven ihn ohne Zweifel gerne aufgeklärt. Es war, wie er dann erfahren hätte, eine uralte, aber sich ständig verändernde Institution, die, wie einige glaubten, seit Gründung der Stadt existierte. Ein Triumphzug feierte zugleich den Sieg über ein unterjochtes Volk und den Feldherrn, der diesen Sieg errungen hatte. Dabei wurden Gefangene und Kriegsbeute ins Herz von Rom gebracht und vorgeführt, vor dem Wagen, auf dem der Feldherr paradierte, und der Klang der genagelten Stiefel auf dem Pflaster erklang, als hinter ihm seine stolzen Legionen stolzierten.

Während die Prozession sich zum Kapitol, dem religiösen Zentrum des Reichs, hinaufschlängelte, wo der Tempel des Jupiter Optimus Maximus („der Größte und Beste") über der Stadt aufragte, war der Straßenrand von Zuschauern gesäumt, einige beobachten ihn von eigens gezimmerten Tribünen, und die Leute bestaunten diese überdeutliche Demonstration der unanfechtbaren Macht Roms. Was die Triumphzüge Caesars so besonders machte, war, dass es so viele von ihnen gab und dass sie seine Vorherrschaft über drei Kontinente markierten: Europa, Asien und Afrika.

Der erste dieser Triumphzüge, am 21. September 46 v. Chr., feierte Caesars Eroberung Galliens und seine Siege in Großbritannien. Zwar hatte der Feldherr auf diesen Tag sechs Jahre gewartet, aber ebenso ein besiegter gallischer Stammesfürst, der imposante Vercingetorix, der jetzt in Ketten vor Caesars Wagen laufen musste. Als seine Festung bei Alesia kurz vorm Hungertod stand, hatte sich Vercingetorix den ihn belagernden Römern im Jahre 52 v. Chr. ergeben müssen. Seitdem hatte er im Kerker auf diese seine letzten Stunden gewartet.

Trotz der rituellen Demütigung, die Vercingetorix zu erleiden hatte, muss er wenigstens einen kurzen Moment ironischer Befriedigung erlebt haben. Während der Prozession

> erlitt Caesar ein schlechtes Omen. Als er den Fortunatempel erreichte, brach die Achse seines Triumphwagens, und er musste den Rest des Zuges auf einem anderen Fahrzeug zurücklegen.[32]

Für die äußerst abergläubischen Römer war dies ein ernster Vorfall. 15 Jahre zuvor war auch Pompeius gezwungen gewesen, den Triumphwagen zu wechseln. Zugegeben, damals hatte der Veranstalter seine Hausaufgaben nicht gemacht. Um größtmögliche Wirkung zu erzielen, hatte Pompeius angeordnet, dass sein Wagen von Elefanten gezogen würde. Und als die Elefanten beim Versuch, einen Torbogen zu passieren, stecken blieben, musste Pompeius auf ein konventionelleres Verkehrsmittel umsteigen. Das zumindest sprach für menschliches Versagen. Ein Achsenbruch gegenüber dem Tempel der Schicksalsgöttin ließ hingegen vermuten, dass eine göttliche Hand im Spiel war.

Der Rest des Triumphzugs ging reibungslos über die Bühne. Von seinem neuen, intakten Wagen aus, der von vier Schimmeln gezogen wurde, konnte Caesar vor sich die Reihen der Gefangenen sehen; viele konnten nicht selbst laufen und kauerten sich in ihren Ketten auf Bahren zusammen, die in Schulterhöhe getragen wurden, damit die Menschenmenge sie sehen konnte. Dazwischen wurden Wagen gezogen mit Darstellungen der Orte, die er eingenommen hatte, der Festungen, die er zerstört hatte – eventuell Modelle, vielleicht auch Gemälde. Massive Plakate ragten in die Höhe und zeigten die Namen von eroberten Städten und die düsteren Statistiken des Kriegs: eine Million Gallier getötet, eine weitere Million versklavt. Während der siegreiche Feldherr von seinem Wagen herabstieg und in einer rituellen Verbeugung auf den Knien die Stufen des Kapitoltempels erklomm, wurde Vercingetorix weggeführt und erwürgt.

Ob Kleopatra den Triumph mit eigenen Augen sah oder sich von Leuten, die dabei gewesen waren, nur darüber berichten ließ, wissen wir nicht. Auch können wir uns nicht wirklich vorstellen, was in ihr vorging, als ein paar Tage später die zweite Prozession stattfand. Diese wurde zu Ehren von Caesars Triumph über Ägypten abgehalten, es war seine Siegesfeier für den Krieg in Alexandria. Für das einheimische Publikum in Rom muss dieser Sieg etwas ganz Besonderes gewesen sein. Hier konnten sie einmal die exotischen Wunder eines weit entfernten Landes ganz aus der Nähe betrachten. Dieser Triumphzug rechtfertigte die langen Monate, die Caesar am Nil verbracht hatte. Aber für die Alexandriner und vor allem für Kleopatra sahen die Dinge ganz anders aus. Caesar hatte, so könnten sie argumentiert haben, auf einer Seite eines ägyptischen Bürgerkriegs gekämpft. Er hatte den Anspruch der legitimen Herrscherin, Kleopatra, auf ihren Thron bestätigt. Er war von ihr unterhalten worden und hatte großzügige Gastfreundschaft erfahren. Ägypten blieb, zumindest dem Namen nach, eine unabhängige Nation. Vielleicht ist das der Grund dafür, dass der Historiker Appian diese Prozession als „eine *Art* Triumph“ bezeichnet.

Was führte man dann aber bei dieser Gelegenheit durch die Straßen? Sicherlich keine Beutestücke. Es ist unwahrscheinlich, dass Caesar den königlichen Palast oder das Museion oder die Bibliothek von Alexandria oder eine der antiken Stätten Ägyptens ihrer Reichtümer beraubt hätte. Vielleicht war das Geld, das man durch die Straßen karrte, das zurückgezahlte Darlehen an Ptolemaios, den „Flötenspieler“, auch wenn es keine Aufzeichnungen darüber gibt, dass dies gezeigt wurde. Stattdessen hören wir von Wagen, die eine Statue des Nil als Flussgott trugen und ein Modell des Leuchtturms Pharos, komplett mit echtem Feuer – Gegenstände, die nahelegen könnten, dass Caesar diesen Triumph verwendete, um den Einfallsreichtum der Erfinder zu demonstrieren, die im Museion wirkten; Gegenstücke viel weiterreichender Innovationen, die er auch jetzt noch von Alexandria aus in Rom einführen wollte.

Aber die Menschen und Häftlinge spielten auch eine Rolle. Die Trompeten schmetterten und die Menschenmassen bejubelten die Bildnisse des toten Achillas und des abgeschlachteten Pothinos, während vor Caesars vier weißen Hengsten Ganymedes paradiert haben mag, der besiegte Führer der Alexandriner, der einst versucht hatte, das Trinkwasser des Palastes zu verunreinigen.[33] Doch es war nicht der Eunuch, der die Blicke der Menschen auf sich zog. Es war Arsinoë. Und die Anwesenheit dieser Frau, des Spiegelbilds der rätselhaften und verführerischen Kleopatra, verstörte sie.

> Der Anblick von Arsinoë, einer Frau, die wie eine Königin verehrt wurde, in Ketten, weckte enormes Mitleid – so etwas hatte man noch nie gesehen, zumal in Rom.[34]

Das war nicht die Reaktion, die Caesar erwartet hatte. Die ausgelassenen Verse seiner siegreichen Legionen, die ihre frechen Lieder von Caesars Liebe zu Kleopatra sangen, vergaß Rom bald, aber der schale Beigeschmack des Anblicks der gefangenen Königin verschwand nicht so schnell aus dem kollektiven Gedächtnis. Nach dem Triumphzug wurden Arsinoë die Ketten abgenommen, und man schickte sie nach Ephesos, wo sie im berühmten Tempel der Artemis diente (wie der Leuchtturm ihrer Heimatstadt Alexandria eines der Sieben Weltwunder der Antike). Doch auch hier bekam man ihre Präsenz zu spüren, ihre Rivalität mit Kleopatra sollte niemals enden.

Bis zum 2. Oktober war das Quartett der Triumphzüge abgeschlossen. Beim dritten, der seinen schnellen Sieg im Krieg über Pontus feierte, den Caesar nach dem Verlassen Alexandrias im Jahre 48 v. Chr. errungen hatte, erlangte der Spruch auf einem Plakat große Berühmtheit. Er rühmte den schnellen Erfolg in drei kurzen Worten: *veni, vidi, vici* („Ich kam, sah und siegte.“). Beim vierten Triumphzug, für seine späteren Kriege in

Afrika, wo er viele der verbliebenen Anhänger des Pompeius zur Strecke gebracht hatte (47/46 v. Chr.), präsentierte er nicht nur den kleinen Sohn des feindlichen Königs Juba, sondern

> verschiedene Bilder, die zeigten, was geschehen war, sowie die daran beteiligten Personen. Nur Pompeius fehlte. Er hatte beschlossen, ihn nicht zu zeigen, da manche Menschen immer noch um ihn trauerten. Obwohl sie eingeschüchtert waren, stöhnten die Leute auf bei den Katastrophen, die ihre eigenen Landsmänner erlitten hatten, und vor allem, als sie [Bilder davon] sahen, wie Befehlshaber Lucius Scipio sich in die Brust stach und ins Meer stürzte, wie Petreius beim Bankett Selbstmord beging und wie Cato sich selbst zerriss wie eine wilde Bestie.[35]

Doch nicht nur Paraden prägten diese außergewöhnlichen elf Tage im Frühherbst 46 v. Chr. Üppige Bankette wurden abgehalten, wobei an die Armen in der Stadt Lebensmittel verteilt wurden, während die Reichen Neunaugen verspeisten und mit feinstem Wein hinunterspülten.[36] Theateraufführungen in einer Vielzahl von Sprachen fanden statt, pseudoantike trojanische Spiele wurden inszeniert, und man verteilte großzügige Geldgeschenke an Veteranen und Zivilisten. Wie der Caesar-Biograph Sueton schreibt, der Zugang zum kaiserlichen Aktenarchiv hatte:

> Tierhetzen fanden statt an fünf Tagen in Folge und als Letztes ein Kampf zwischen zwei Schlachtreihen mit je 500 Infanteristen, 20 Elefanten und 30 Kavalleristen. Damit genug Platz war, wurden die Wendemarken im Circus entfernt und zwei Lager einander gegenüber eingerichtet. Drei Tage lang fanden sportliche Wettkämpfe statt in einem Stadion, das eigens dafür auf dem Marsfeld errichtet wurde. Auf einem künstlichen See ... wurde eine Seeschlacht inszeniert, zwischen stark bemannten tyrischen und ägyptischen Schiffen mit zwei, drei oder vier Ruderreihen. So viele Besucher strömten zu diesen Spektakeln von überallher, dass viele gezwungen waren, in Zelten zu schlafen, die sie auf den Straßen oder am Wegesrand aufschlugen, und oft war der Andrang so groß, dass Menschen einfach totgequetscht wurden.[37]

Zahllose Häftlinge und Gefangene wurden in der Arena getötet, Tiere geopfert und bei den Spielen gejagt – die Tage von Caesars Triumphzügen waren eine regelrechte Orgie des Todes. Und doch endeten sie damit, dass er der Venus Genetrix (der „Erzeugerin“), der Göttin, von der seine Familie behauptete, abzustammen, auf seinem eigenen glänzenden neuen Forum einen Tempel weihte.

> Nach dem Abendessen am letzten Tag [der Triumphe] betrat Caesar sein eigenes Forum in Hausschuhen und mit allen möglichen

Der Tempel der Venus Genetrix auf dem Caesarforum (46 v. Chr. geweiht) enthielt eine Statue, von der viele glaubten, sie stelle Kleopatra dar.

> Blumen bekränzt. Von dort aus kehrte er zu seinem Haus zurück, eskortiert von beinahe der gesamten Bevölkerung, mit vielen Elefanten dabei, die Fackeln trugen ... Nachdem also sein neues Forum und der Tempel der Venus, der Gründerin seiner Familie, vollendet war, weihte er sie und eröffnete zu ihren Ehren viele Wettbewerbe aller Art.[38]

Im Inneren des Tempels ließ er eine Statue errichten, um die bald eine Kontroverse entstand. Wie ein Historiker des 2. Jahrhunderts n. Chr. kommentierte: „Neben der Statue der Venus stellte er eine schöne Statue der Kleopatra auf, die heute noch dort steht." Ein anderer schrieb: „[Kleopatras] Edelsteine sind nun in unseren Tempeln geweiht, und eine goldene Statue der Königin selbst kann im Tempel der Venus betrachtet werden."[39] Wahrscheinlich war es aber gar keine Kleopatra-Statue, sondern eine der ägyptischen Göttin Isis, die die Römer mit Venus in Verbindung brachten, doch die Tatsache, dass Kleopatra sich selbst gerne als Verkörperung der Isis porträtieren ließ, führte zu einiger Verwirrung. Aber nicht einmal Caesar hätte die Frechheit gehabt, einer lebenden ausländischen Frau in einem Tempel im Herzen von Rom göttlichen Status zuzusprechen. Einen römischen Tempel mit ägyptischen Göttern zu bevölkern war schon revolutionär genug. Und dennoch hatte Kleopatras Erscheinung offenbar einen großen Einfluss in Rom – auf die Modewelt. Viele wohlhabende römische Damen ließen sich die Haare nach ihrem Vorbild richten.

Doch hatte Caesar nicht nur Opfertiere, Gefangene und Statuen für seinen Tempel aus Alexandria nach Rom gebracht, das nach wie vor ziemlich altmodisch war. Er hatte auch Ideen mitgebracht, und bald arbeitete er fieberhaft daran, sie in die Tat umzusetzen, wobei er den konservativen römischen Senat mit all der Energie, die seine monomanischen Feldzüge gekennzeichnet hatte, umgehen oder ignorieren musste.

Das Jahr 46 v. Chr. selbst war Anlass einer Reform. Es sollte 445 Tage dauern. Roms Kalender war in geradezu spektakulärem Maß aus dem Lot gelaufen. Seit Jahrhunderten beruhte er auf einem Mondzyklus von 355 Tagen, und immer wieder hatte man einen extra Monat eingeschoben, damit man sich einigermaßen an die Jahreszeiten hielt. Jetzt war das Problem, dass während der Wirren der letzten Bürgerkriege sich niemand um diesen zusätzlichen Monat gekümmert hatte, so dass der Kalender um etwa 80 Tage verschoben war. Caesar nutzte die Gelegenheit, um die Dinge ein für alle Mal zu ändern. Mit Hilfe des Astronomen Sosigenes, eines Experten aus dem alexandrinischen Museion, der Teil von Kleopatras ägyptischer Delegation war, legte Caesar Rom einen neuen Kalender mit 365 ¼ Tagen fest, genau wie er heute gebräuchlich ist. Darüber hinaus, auch dies mit nachhaltiger Wirkung, benannte er seinen Geburtsmonat in „Juli" um.

„When in Rome …": ein Marmorporträt, wahrscheinlich aus Italien, ca. 50–30 v. Chr., zeigt Kleopatra VII. in explizit römischem Stil. Höhe 27 cm. Staatliche Museen zu Berlin, Antikensammlung, Berlin, 1976,10.

Aber er versuchte auch auf andere Weise, ägyptischen Einfluss nach Rom zu bringen. Vielleicht hatte er noch immer den Geruch der brennenden Handschriften in der Nase, der aus den Lagerhäusern Alexandrias zu ihm herübergeweht war – auf jeden Fall hatte er bereits bei seiner Rückkehr den Bau „der größtmöglichen öffentlichen Bibliotheken" angeordnet, „mit griechischen und lateinischen Büchern, unter Aufsicht des Marcus Varro, der sie beschaffen und verzeichnen sollte".[40] Rom besaß keine breiten, schattigen und attraktiven Boulevards, aber bald würde es wenigstens Bücher besitzen.

Man begann außerdem, Kanäle zu graben. In Ägypten muss Caesar voller Bewunderung das Netzwerk von Menschenhand geschaffener Gewässer betrachtet haben, das sich vom Nil her wie ein Spinnennetz über das Land ausbreitete. Zurück in Italien schlug er vor, dass ein Kanal zum Tiber gebaut würde, der die Pontinischen Sümpfe, ein malariaverseuchtes Marschland südlich von Rom, trockenlegen und das Land landwirtschaftlich nutzbar machen würde. Für Griechenland waren seine Pläne noch ehrgeiziger: Ein Kanal durch die felsige Landenge nahe Korinth sollte den Seeweg nach Athen und darüber hinaus erleichtern.

Für viele Römer war das zu verwirrend. Das Tempo des Wandels war viel zu schnell. Eine Zeitlang jedoch waren weder Caesar noch Kleopatra vor Ort, so dass sie Zeuge der Unzufriedenheit hätten werden können, die durch die Reformen entstand. Ende November 46 v. Chr. befand sich Caesar schon wieder auf einem neuen Feldzug, in Spanien, auf dem Weg zur letzten Bastion von Pompeius' Sympathisanten. Und zu diesem Zeitpunkt wird auch Kleopatra mit ihrem großen ägyptischen Gefolge Rom wieder verlassen haben, um mit den winterlichen Winden im Rücken zurück nach Alexandria zu segeln.

Viel hatte sich in den zwei Jahren verändert, seit sie sich in jener Nacht in einem Sack in den Palast von Alexandria hatte schmuggeln lassen. Damals hatte Kleopatra nur wenig Einfluss besessen, um es gelinde auszudrücken. Jetzt hatte sie die Macht fest im Griff. In den wenigen Monaten seit dem Ende des Alexandrinischen Kriegs hatte sie nicht nur Menschen, denen sie vertrauen konnte, auf die wichtigsten Posten gesetzt, sie muss zugleich ganz skrupellos jede Form von Opposition unterdrückt haben. Wäre Ägypten nicht so sicher gewesen, hätte sie niemals riskieren können, so viele entscheidende Monate im fernen Rom zu verbringen.

Und nicht nur das politische Antlitz von Alexandria änderte sich. Als die königliche Flotte mit viel Pomp und Zeremonien in den großen Hafen einfuhr und die Festlichkeiten für die triumphale Rückkehr der Königin aus Rom einläutete, mag Kleopatra über den Hafen geschaut haben, um ungeduldig festzustellen, welche Fortschritte ihr umfangreiches Neubauprojekt gemacht hatte. Denn bevor Caesar auf seinen Feldzug aufgebrochen war, hatte er (laut dem byzantinischen Chronisten Malalas) höchstpersönlich die Arbeiten an einem riesigen neuen Komplex in die Wege geleitet, der bald die Skyline von Alexandria dominieren sollte. Das Kaisareion war von

Isis stillt den kleinen Horus, eine Szene, derer sich Kleopatra gerne bediente, um ihr eigenes Image nach der Geburt des Kaisarion aufzubessern. Terrakotta, 1. Jahrhundert v. Chr. Höhe 7,4 cm. British Museum, 1938,0314.1, Schenkung von George Davis Hornblower.

> großer und wundersamer Schönheit, gegenüber dem besten aller Häfen gelegen; so etwas sieht man in keiner anderen Stadt, so voll von Opfergaben, Bildern und Statuen, rundum mit Silber und Gold ausgeschmückt. Es umfasst ein riesiges Areal, das geschmückt ist mit Säulengängen, Bibliotheken, offenen Terrassen, Hainen, Torbauten, geräumigen Höfen, Wohnbereichen im Freien und allem anderen, was noch zur sinnvollen Verwendung oder zur Verschönerung beiträgt – eine Hoffnung und Verheißung von Sicherheit für alle, die den Hafen verlassen oder dort eintreffen.[41]

Seine Lage zwischen dem Theater und dem Museion könnte bedeuten, dass das Kaisareion aus den Überresten jener Bauten erschaffen wurde, die im spätherbstlichen Feuersturm zwei Jahre zuvor niedergebrannt waren. Es war zwar noch von Baugerüsten umgeben, doch das Statement, das es verkörperte, war schon jetzt nur allzu deutlich: Dies war eine marmorne Demonstration der Vereinigung von Kleopatra, Ägyptens Königin, und Caesar, dem Ersten Mann Roms. Ein Symbol für ihre Bindung, ebenso eindeutig wie ihr Sohn Kaisarion, der bereits 18 Monate alt war und seine ersten Worte sprach.

Kleopatra als Trendsetterin? Kopf einer Frau aus Kalkstein, der Kleopatra ähnelt. Hergestellt in Italien, ca. 50–40 v. Chr. Höhe 28 cm. British Museum, 1879,0712.15.

In der Tat wurde Kaisarion, der bald den Titel „der vom Vater Geliebte" erhielt, bereits aufs Beste von seiner Mutter Kleopatra dazu benutzt, um ihr Image weiter aufzubessern. Jetzt, mit einem Säugling an ihrer Brust, konnte die Königin wirklich ihren Platz im Herzen Ägyptens einnehmen, als menschliche Inkarnation der Muttergöttin Isis, die so oft beim Stillen abgebildet wurde oder wie sie ihren Sohn, den unsterblichen Horus auf den Knien schaukelt. So wie in Rom die Isis-Statue den Charakter von Kleopatra annahm, rückten in Ägypten Kleopatra und die Göttin enger zusammen.

Später wurden im oberägyptischen Dendera große Reliefs von Kleopatra und Kaisarion in den Schrein der Göttin Hathor, der Amme des Horus, gemeißelt, während etwas weiter südlich im großen Kultzentrum von Hermonthis, wo die weiß gekleideten Priester immer noch die goldenen Hörner des Buchis-Stiers polierten, ein eleganter Geburts-Tempel entstand, der sich im Wasser des Nil spiegelte. Um es mit folgender Beschreibung zu sagen:

> Sie setzte sich selbst mit Isis gleich, die ihr Kind, Horus, stillt … Eines dieser Reliefs nun zeigt die kniende Kleopatra, umgeben von Göttinnen, und darüber steht in Hieroglyphen ihr neuer Name, „Mutter des Ra" (des Sonnengottes). Über dem neugeborenen Kind aber erkennt der Betrachter den heiligen Skarabäus, welcher den Sonnengott symbolisiert, was heißt, daß das Kind als Gott der aufgehenden Sonne identifiziert wird. Auf einem daneben stehenden Ruhebett sitzen zwei kuhköpfige Göttinnen, die zwei Kinder säugen: Die eine stillt Horus, die andere den jungen Kaisar.[42]

Nicht nur jetzt, im Jahre 46 v. Chr., sondern auch in den folgenden turbulenten Jahren investierte Kleopatra einiges in ihren kleinen Sohn. Für ihr Volk, die Ägypter, war er einer der Ihren, der kindliche Gott Horus, der zusammen mit Isis und Osiris ihre heilige Dreifaltigkeit bildete. Für die Römer war er der geliebte Sohn Caesars, des Feldherrn, der Kleopatra einst gerettet hatte, dessen Truppen gewährleisteten, dass sie fest auf ihrem Thron saß, und der, wie sie selbst gehofft haben muss, dafür sorgen würde, dass sie dies auch weiterhin konnte. Die Königin hatte ihre Wahl getroffen, und zwar in aller Öffentlichkeit. Sie war nun auf Gedeih und Verderb mit Caesar verbunden.

Innerhalb eines Jahres arrangierte sie einen weiteren Besuch in Rom. Sie kommunizierten mit ziemlicher Sicherheit durch Briefe, die von langsamen Schiffen auf der langwierigen Fahrt zwischen Spanien (wo Caesars Feldzug stattfand) und Ägypten hin und her gingen. Auch dieser neue Besuch war kaum ein rein freundschaftlicher. Denn nun, wo die letzten verbliebenen Unterstützer von Pompeius beseitigt waren, plante Caesar bereits einen neuen Feldzug im Osten, nach Parthien, um die Legionsadler zurückzuholen, die sein einstiger Kollege Crassus verloren hatte. Für ein solches Unterfangen war eine zuverlässige Versorgung äußerst wichtig, und gab es eine bessere Quelle für Getreide, Schiffe, Soldaten und Geld als das nahegelegene Ägypten?

In Rom jedoch brodelte bereits die Gerüchteküche. Man zerriss sich bei den schicken, selbstzufriedenen Zusammenkünften der feinen Gesellschaft die Münder und produzierte immer phantastischeren Klatsch. Selbst der unglaubliche Prunk und Protz des Triumphzugs Caesars für seine Siege in Spanien im Oktober 45 v. Chr. lief Gefahr, von Spekulation überschattet zu werden, die die einmal mehr jenseits des Tiber residierende exotische Gesellschaft vom ägyptischen Hof betrafen. Seit seiner Rückkehr aus dem Osten etwa ein Jahr zuvor schien Caesar Rom auf Teufel komm raus nach dem Vorbild Alexandrias neu erschaffen zu wollen. Jetzt, wo Kleopatra anscheinend zur festen Größe in Rom geworden war, zumindest immer dann, wenn Caesar in der Stadt war, fingen seine Kritiker an, die Vermutung zu streuen, er dächte daran, die Hauptstadt seines Reichs nach Ägypten zu verlegen. Oder vielleicht nach Troja. Genaues wusste niemand.

Nichts von alledem hielt zahlreiche Mitglieder der römischen *haute volée* davon ab, ihre besten Sänften zu besteigen und sich von ihren Sklaven über den Fluss tragen zu lassen, zu einer Audienz mit der ägyptischen Königin. Einer von ihnen war Cicero, der aufgeblasene Anwalt/Politiker, der denen, die unvorsichtig genug waren, ihm zuzuhören, immer noch gern erzählte, wie er 17 Jahre zuvor Rom im Alleingang vor der Diktatur bewahrt hatte. Vielleicht langweilte er auch Kleopatra mit dieser oder einer ähnlichen Geschichte. Auf jeden Fall hinterließ er nicht den Eindruck, den er zu hinterlassen gehofft hatte. Später schreibt er:

> Ich kann mich nur ärgern, wenn ich mich an die Hochmut jener Königin erinnere, als sie in den Gärten jenseits des Tiber wohnte.[43]

Auch andere ärgerten sich, und bald erzählte man, dass Caesar Kleopatra heiraten und dazu einen Gesetzesvorschlag einbringen werde, der es ihm erlaubte, um Kinder zu zeugen, so viele Frauen zu heiraten, wie er wolle.[44] Beide Gerüchte waren komplett absurd, aber sie veranschaulichen gut die aufgewühlte Stimmung jener Zeit.

Nicht weniger verbreitet, aber wesentlich düsterer war die Spekulation, Caesar habe vor, sich selbst zum König auszurufen. Dies war ein Gedanke, der viele erschrecken musste. Man rühmte sich der Tatsache, dass seit der heroische Lucius Iunius Brutus im Jahre 509 v. Chr. Tarquinius Superbus aus Rom vertrieben hatte, nun schon über 450 Jahre lang kein König mehr die Stadt regiert hatte. Stattdessen gab es die Republik – ein komplexes System, bei der die Macht nicht nur in den Händen der Senats lag, sondern zum Teil auch bei den Volkstribunen, mit einer Regierung, der zwei Konsuln vorstanden. Jetzt fürchtete man, dass dieses ausbalancierte System gefährdet war. Caesars autokratisches und ungeduldiges Gehabe hatte auf dem Schlachtfeld durchaus seinen Platz, aber in der Innenpolitik könnte es sich als fatal erweisen.

Als die Vorbereitungen für den Feldzug im Osten, in Parthien, langsam in Schwung kamen, gab es wieder neue Gerüchte. Einige wiesen auf Caesars Neigung hin, sich ständig im Purpurgewand des siegreichen Feldherrn zu präsentieren, auf dem Kopf der Lorbeerkranz. Andere wurden nicht müde, zu erwähnen, wie er im Senatshaus inzwischen auf einem goldenen Thron saß; wie seine Statue einträchtig neben denen der alten Könige stand; wie bei feierlichen Handlungen ein Zeremonienwagen Caesars Bildnis rund um die Pferderennbahn trug. Es schien, als wähnte er sich selbst als König des Ostens – geradezu als Ptolemäer – und es half wenig, dass dabei eine ptolemäische Königin an seiner Seite stand.

Als der Tag seiner Abreise zum Partherkrieg näherrückte, wurden die kritischen Stimmen immer lauter. Auf der Straße begann man, Caesar mit „König" anzusprechen. Seiner Statue setzte man einen Lorbeerkranz auf, in den Bänder im königlichen Weiß eingeflochten waren, und an den Sockel des Standbilds kritzelte jemand die Verse:

> Brutus, der die Könige vertrieb, wurde der erste Konsul; dieser Mann, der die Konsuln vertrieb, ist endlich König.[45]

Doch kamen diese Verse zu früh. Es gab durchaus noch Konsuln. Caesar war einer von ihnen. Aber anstatt dass sein Kollege im Amt ihn herausforderte, schien er Caesar nicht nur in seinen Ambitionen zu unterstützen, sondern er übte sogar regelrecht Druck auf ihn aus, König zu werden. Besonders deutlich wurde dies an den Luperkalien, einem jährlichen Fruchtbarkeitsfest Mitte Februar:

> Als der Konsul mehrmals versuchte, ihm eine Krone aufzusetzen, während er von den Rostra [der Rednertribüne auf dem Forum Romanum] aus sprach, legte er sie beiseite und sandte sie schließlich zum Kapitol zum Jupiter Optimus Maximus .[46]

Während all dies vor sich ging, etwas mehr als einem Monat vor Caesars Abreise nach Parthien, wurde man in Rom Zeuge vieler verschiedener Aktivitäten, die die letzten Vorbereitungen für den Feldzug markierten.

Auch jenseits des Tibers machte man sich daran, die Habseligkeiten in Kisten zu packen, als der ägyptische Hof sich auf seine Heimreise nach Alexandria vorbereitete, denn wenn Caesar fort war, gab es für Kleopatra nichts mehr, was sie in Rom hielt. Zweifellos würde sie mit Caesar zusammen aufbrechen.

In der Zwischenzeit wurde die Stimmung bei vielen der römischen Senatoren zunehmend angespannter. Die Spekulationen wurden immer wilder, dass jemand aus ihrer Reihe eine äußerst passende Prophezeiung (dass Parthien nur von einem König erobert werden könnte) dazu verwenden würde, Caesars Inthronisierung zu beschleunigen. Die Tage gingen ins Land, und man sah sich konfrontiert mit einem schrecklichen Dilemma: Entweder riskierte man, dass Caesar seinen Ruhm sich in Parthien noch vergrößern würde (wo er allerdings ebenso gut eine schmähliche Niederlage erleiden konnte, wie der unglückliche Crassus) oder man nahm die Dinge selbst in die Hand und setzte dem Ganzen ein Ende, noch bevor Caesar die Stadt verließ. Man entschied sich für Letzteres.

Am 15. März 44 v. Chr., drei Tage bevor der Feldzug beginnen sollte, besuchte Caesar eine Senatssitzung, die allerdings nicht im Senatshaus stattfand, sondern in einer weitläufigen Anlage mit Freizeiteinrichtungen und Geschäften, die sein einstiger Rivale hatte errichten lassen und die nach ihm „Pompeius-Theater" genannt wurde. Später erinnerten sich die Menschen nur allzu gern an diverse Vorzeichen der folgenden Katastrophe, und sogar an jenem Tag gab es welche, die versuchten, Caesar daran zu hindern, an der Sitzung teilzunehmen. Dennoch: am Vormittag betrat Caesar den Versammlungsraum.

> Sobald Caesar Platz nahm, stellten sich die Verschwörer um ihn herum, so als wollten sie ihm ihre Ehre erweisen, und sogleich trat Tillius Cimber, der die Führungsrolle übernommen hatte, heran, als wolle er ihn um etwas bitten, und als Caesar Cimber signalisierte, damit zu warten, ergriff Cimber ihn an beiden Schultern seiner Toga. Dann rief Caesar: „Das ist ja Gewalt!", und in diesem Augenblick verwundete ihn einer der Casca-Brüder etwas oberhalb der Kehle. Caesar griff Cascas Arm und stach seinen Stift hinein, und als er aufzuspringen versuchte, traf ihn ein zweiter Stich. Als er sah, dass sie von allen Seiten näherkamen, bedeckte er sein Gesicht mit der Toga und zog zugleich mit der linken Hand den unteren Teil der Toga hinab, damit der untere Teil seines Körpers schamvoll bedeckt war, wenn er stürbe. Und in dieser Haltung wurde er von 23 Stichen verwundet, aber er gab kein Wort von sich, nur einen Seufzer beim ersten Stich, auch wenn überliefert ist, er habe, als er sah, dass Marcus Brutus ihn angriff, auf Griechisch ausgerufen: „Auch du, mein Sohn?" Als er schließlich tot war, blieb er eine Zeitlang dort liegen, während die Senatoren sich entfernten …[47]

Die Moralisten konnten nicht umhin, auf die perfekte Symmetrie dieses Bildes des sterbenden Caesar hinzuweisen – ausgestreckt auf dem Boden einer leeren Halle eines Gebäudes, das sein größter Rivale gebaut hatte,

> gegen den Sockel einer Statue des Pompeius gelehnt, der so sehr mit Caesars Blut bespritzt war, dass man sich vorstellen mochte, Pompeius selbst habe den Vorsitz geführt über diesen Akt der Rache an seinem Feind, der nun zu seinen Füßen lag und aus mehreren Wunden blutend den Tod erwartete.[48]

Als sich die Nachricht der Vorkommnisse im Pompeius-Theater verbreiteten, legte sich eine gespenstische Stille über die Stadt. Niemand wusste, wer den Messern der Attentäter als Nächster zum Opfer fallen würde. Den ganzen folgenden Tag und die folgende Nacht lang versteckten sich alle, die zu Caesars engerem Kreis gehört hatten, hinter den verbarrikadierten Türen ihrer Häuser und lauschten auf Geräusche, die eine drohende Gefahr ankündigen könnten.

„Iden des März": Goldener Aureus von Marcus Iunius Brutus, der Caesars Ermordung im Jahre 44 v. Chr. verherrlicht. Geprägt 43–42 v. Chr. in einer mobilen Prägestätte des Brutus. British Museum, Leihgabe von Michael L. J. Winckless.

Die Ägypter fanden sich auf einmal gefangen in der Villa des Toten in Trastevere – hin- und hergerissen zwischen dem Drang, im Haus zu bleiben, wo sie sich in Sicherheit wähnten, und der dringenden Notwendigkeit, die Stadt zu verlassen. Es müssen lange, verzweifelte Stunden gewesen sein. Alles, wofür Kleopatra gekämpft hatte und was sie sich aufgebaut hatte, war durch ein paar schnelle Dolchstöße eingestürzt. Als sie morgens aufgewacht war, hatte sie sich noch unter dem Schutz des mächtigsten Mannes Roms gewusst. Jetzt, mit seinem plötzlichen Ableben, waren ihre Zukunft und die Zukunft Ägyptens plötzlich gefährdet. Denn wer konnte mit Sicherheit sagen, wie Caesars Feinde seinen einstigen Freunde behandeln würden? Wer konnte wissen, was die Mörder Caesars mit seinem einzigen Sohn anstellen würden? Aus Rom zu entfliehen und schnell nach Ägypten zurückzukehren war jetzt das Wichtigste.

Doch noch während die ptolemäische Delegation aus der Stadt entkam und ohne Widerstand die Schiffe bestieg, die sie nach Hause bringen sollten, muss sie die Nachricht erreicht haben, dass Caesars Mitkonsul bereits das Szepter in die Hand nahm, dass er das römische Volk davon zu überzeugen versuchte, nicht alles aufzugeben, wofür Caesar einst gestanden hatte. Vielleicht war doch noch nicht alles verloren! Vielleicht war dieser Konsul ein Verbündeter! Wenn es auf der Heimfahrt, als man über diesen Konsul diskutierte, in Kleopatras Gefolge Menschen gab, die sich nicht an den Namen des Konsuls erinnern konnten – bald würden sie damit keine Schwierigkeiten mehr haben. Es war Marcus Antonius.

# KAPITEL 5

# Der Konflikt

ALEXANDRIA: SPÄTES FRÜHJAHR 44 V. CHR.

Alexandria liebte das Spektakel, und so muss die Rückkehr der königlich-ägyptischen Flotte aus Rom ein willkommener Anlass für ein Volksfest gewesen sein. Gerade einmal 18 Monate zuvor war die Königin genauso mit ihren Galeeren in den königlichen Hafen eingefahren, und damals hatte sie ihrem Volk in aller Aufrichtigkeit mitteilen können, dass alles zum Besten stand. Jetzt, wo das Frühjahr 44 v. Chr. in einen frühen Sommer überging, musste Kleopatra genau aufpassen, wie sie ihre Karten ausspielte. Trotz ihrer eigenen Ängste und Befürchtungen war es wichtig, dass sie ihr Volk beschwichtigte, dass sie Alexandria ein ruhiges und gelassenes Antlitz präsentierte und dass sie die Gerüchte auf der Straße im Keim erstickte – dass es ein Fehler gewesen sei, sich allzu sehr auf den nunmehr toten Caesar zu verlassen.

Wenigstens lebte sie. Es mag Momente gegeben haben zwischen Caesars Tod und Kleopatras Ankunft zu Hause in Alexandria, in denen ihr eigenes Schicksal in der Schwebe hing. In Rom war mittlerweile Cicero erfreut zu hören, dass mit Kleopatra nicht alles zum Besten stand. Am 11. Mai schrieb er hämisch an einen Freund: „Ich hoffe, die Neuigkeiten über die Königin und diesen Caesar [d. h. Kaisarion] stimmen.“[49] Dummerweise erwähnt er nicht, was diese Neuigkeiten besagten. Nur wenige Tage später (am 17. Mai) ließ sich Cicero schon wieder über Kleopatra aus und stellte fest, dass „das Gerücht über die Königin langsam abstirbt“, doch eine Woche später (am 24. Mai) hoffte er immer noch, „dass das über die Königin wahr ist“.[50] Auch hier sagt er nicht, was das Gerücht besagte. Sein fröhlicher Tonfall legt nahe, dass er hoffte, sie habe den Tod gefunden, vielleicht im Kindbett oder bei einem Schiffbruch.

Wenn Gerüchte wie diese schon Rom erreicht hatten, müssen sie erst recht in Alexandria verbreitet gewesen sein. Umso wichtiger war es der Königin, eine selbstbewusste Rückkehr zu inszenieren. Doch hinter den Kulissen muss sie sorgenvoll auf Neuigkeiten aus Rom gewartet haben, entschlossen, ihre Rolle in der neugeordneten Welt so konstruktiv zu spielen, wie sie nur konnte.

Sie wird sicherlich einiges an Hoffnung in Antonius gesetzt haben. Während der Konsul nach Caesars Ermordung immer stärker in den Fokus seiner Mitmenschen rückte, muss sich Kleopatra daran erinnert haben, wie Antonius als junger und schneidiger Kavallerieoffizier dafür

**GEGENÜBER**
Der Geist Caesars lebt fort: Teil einer Basalt-Statue, die möglicherweise Kaisarion zeigt, ca. 35–30 v. Chr. Vermutlich aus Karnak. Ägyptisches Museum, Kairo, 13/3/15/3.

gesorgt hatte, dass die Rückkehr ihres Vaters, des „Flötenspieles“, aus dem Exil mit maximaler Sicherheit und minimalem Blutvergießen einherging (siehe unten). Damals, elf Jahre zuvor (55 v. Chr.), hatte man sich auf ihn verlassen können. Und nun schien er erneut der richtige Mann für den Job zu sein.

Vielleicht war Kleopatra sogar noch in der Villa jenseits des Tiber verbarrikadiert, voller Angst vor dem Trubel und den Gefahren in Rom, als Antonius drei Tage nach Caesars Ermordung und der unruhigen Pattsituation danach eine Sitzung des Senats einberief (am 17. März). Dabei schlug er vor, statt Vergeltung suchen, eine Übereinkunft mit den Mördern zu erreichen, um einen dauerhaften Frieden einzurichten. Und nicht nur das: Es gelang ihm auch, die Senatoren alle Handlungen und Entscheidungen des toten Caesar ratifizieren zu lassen, einschließlich derjenigen, die noch nicht umgesetzt worden waren. Dieser Schritt muss der listigen Kleopatra Bewunderung abverlangt haben. Weil Antonius im Besitz aller Papiere Caesars war, besaß er effektiv die Kontrolle über die Gesetzgebung.

Drei Tage später konnte er seine charismatische Energie schon wieder zur Schau stellen, diesmal vor einem breiteren Publikum (am 20. März 44 v. Chr.). Für diesen Tag hatte man Caesars öffentliche Beisetzung angesetzt, und Antonius nutzte sie für sich, so gut er konnte. Seit Jahrhunderten war der Tod eines führenden Politikers von aufwendigen Trauerfeierlichkeiten und Ritualen begleitet: Prozessionen und Ansprachen lobten die Leistungen des Verstorbenen und verorteten ihn in der Reihe der römischen Helden. Historiker verfolgen diese Tradition 400 Jahre zurück, bis zur Zeremonie, die (ironischerweise) zu Ehren von Lucius Iunius Brutus, Gründer der Republik und Vorfahr eines der Caesarmörder, abgehalten wurde.[51]

Auch wenn einige (gleichwohl immer noch deutlich gedämpfte) Stimmen aus den Reihen der Attentäter laut wurden, die Antonius widersprachen, dass man Caesar mit einem öffentlichen Begräbnis ehren sollte, zählte ausgerechnet Brutus nicht dazu. Vielmehr unterstützte er Antonius, als dieser darauf bestand,

> dass [Caesars] Testament in der Öffentlichkeit verlesen würde und dass der Körper nicht heimlich oder ohne entsprechenden Ehren begraben werden solle, da dies die Menschen in Aufruhr versetzen könne.[52]

Also hieß es: Bühne frei für Antonius' kreativen Instinkt. Und mit einem sicheren Auge für das Spektakuläre (der einem alexandrinischen Impresario würdig gewesen wäre) tat er sein Bestes, damit Caesars Bestattung nicht nur die Gemüter bewegen würde, sondern eine geradezu theatralische Präsentation nüchterner, knallharter politischer Propaganda, eingepackt in einen Kokon glänzend choreographierter Massentrauer.

Die Inszenierung war kunstvoll vorbereitet. Während in der ganzen Stadt Tragödien aufgeführt wurden, die sorgfältig dazu ausgewählt waren, „Mitleid und Empörung für seinen Mord zu wecken", stellte man ein vergoldetes Modell von Caesars Tempel der Venus Genetrix (siehe S. 64)

> vor den Rostra [Rednertribüne] auf; in seinem Inneren befand sich eine elfenbeinerne Liege, mit Purpur und Goldbrokat drapiert. Am Kopfende stand ein Siegeszeichen mit dem [blutbefleckten] Gewand daran, in dem er getötet worden war.[53]

In der Zwischenzeit schritt eine feierliche Prozession vom Westen her, vom Marsfeld außerhalb der Stadtmauern, in Richtung Forum Romanum. Den Kern der Prozession bildeten die höchsten Magistrate von Rom, den Kopf in ritueller Trauer verhüllt, auf ihren Schultern die Bahre, auf der Caesars verstümmelte Leiche lag. Rings umher ließen Musiker Melodien der Trauer und des Klagens ertönen.

Als man das Herz der Stadt erreicht hatte, stellte man die Bahre mit dem Leichnam auf der Rednertribüne ab, die das Forum überragte, das so weit, wie man nur schauen konnte, von einem Meer unzähliger Gesichter bedeckt war – erwartungsvoll, nervös, konzentriert, bis endlich in die immer größer werdende Spannung hinein Antonius auftauchte, um seinen Platz einzunehmen. Genau aufs Stichwort, mitten auf der Bühne.

Niemand hat seine genauen Worte festgehalten. Viele haben versucht, sie später nachzubilden. Wenn seine Rede der Konvention folgte (was wahrscheinlich ist), dann hat er Caesars zahlreiche Erfolge aufgelistet und ausgeführt, wie er sich für das Gemeinwohl einsetze, wie sehr er seine Mitmenschen liebte. Mit bezeichnend theatralischer Wortwahl beschreibt ein späterer Bericht, wie Antonius,

> als er so gesprochen hatte, sein Gewand aufnahm, wie ein Enthusiasmierter, es mit einem Gürtel befestigte, damit seine Hände frei waren, seine Position vor der Bahre einnahm, wie in einem Theaterstück, sich hinunterbückte und wieder erhob und ihn dann mit Gesang pries wie einen Gott, seine Hände zum Himmel erhob, zum Zeugnis der göttlichen Geburt Caesars, während er zur gleichen Zeit mit schnell aufeinanderfolgenden Worten seine Kriege, seine Schlachten und seine Siege auflistete sowie die Nationen, die er unter römische Herrschaft gebracht hatte, und die Beutestücke, die er heimgeschickt hatte.[54]

Die Wirkung auf die Zuschauer war spürbar. Antonius hatte sie bereits in der Hand. Und als der geborene Populist, der er war, konnte er sich kaum bremsen, ihre Emotionen noch weiter anzustacheln:

> Er ließ sich von seiner extremen Leidenschaft dazu verleiten, Caesars Leichnam zu entkleiden und das Gewand, das durch die Dolchstöße zerrissen war und befleckt mit dem Blut des Diktators, auf eine Lanze zu spießen, es hochzuheben und hin und her zu

> schwenken. Dazu klagte das Volk, wie ein Chor in einer Tragödie, zusammen mit ihm auf ganz jammervolle Art und Weise, und die Trauer ging langsam wieder in Wut über. Nach der Grabrede wurden erneut Klagelieder über den Toten gesungen, vom Chor, gemäß römischer Tradition; dabei zählte man erneut seine Taten auf und beklagte sein trauriges Schicksal.

Aber auch das war lediglich die Ouvertüre. Der wahre, explosive *coup de théâtre* stand noch aus – der Höhepunkt der gesamten extravaganten Inszenierung, eine Szene, die Antonius sich von den Konventionen der griechischen Tragödie abgeschaut hatte:

> Als die Menge dermaßen emotional aufgewühlt war und kurz davor, gewalttätig zu werden, hob jemand über die Bahre eine Figur von Caesar, die aus Wachs gefertigt war; der eigentliche Leichnam lag auf der Bahre und war nicht zu sehen. Das Bildnis wurde mithilfe eines mechanischen Geräts immer wieder herumgedreht, so dass man alle 23 Wunden sehen konnte, am Körper und im Gesicht, die ihm auf so entsetzliche Weise zugefügt worden waren.

Dieser mechanische Apparat war auf der Bühne altbekannt und wurde oft verwendet. Viele griechische Tragödien endeten damit, dass ein Held oder ein Gott hoch über dem Publikum hing, eine Technik, die man *deus ex machina* nannte und die im Stück manchmal Konflikt löste, manchmal aber auch düstere Prognosen für die Zukunft abgab. Der hier von Antonius verwendete Apparat war allerdings noch raffinierter – ein Nachfolger jener cleveren hydraulischen Mechanismen, die bei den Prozessionen in den Straßen Alexandrias eine so signifikante Wirkung zeigten. Vielleicht ließ er ihn sich sogar von jenen ägyptischen Experten entwerfen, die Caesar als Teil von Kleopatras Entourage nach Rom eingeladen hatte.

Inzwischen kochten die Emotionen dermaßen hoch, dass nicht einmal mehr Antonius die Menge zu kontrollieren vermochte:

> Das war das Ende des geordneten Ablaufs. Manche Leute schrien, man solle die Mörder töten, andere … schleppten Bänke und Tische aus den Geschäften herbei, stapelten sie auf und schufen so einen riesigen Scheiterhaufen; oben auf legten sie Caesars Körper, und so, umgeben von so vielen geheiligten und unverletzlichen Schreinen, verbrannten sie ihn.[55]

Der kaiserzeitliche Biograph Sueton fügt hinzu:

> Danach legten die Flötenspieler und Klageweiber ihre Gewänder ab, die sie zuvor bei Caesars Triumphzügen getragen hatten, zerrissen sie und warfen sie ins Feuer, und Caesars Veteranen warfen ihre zeremoniellen Rüstungen hinein, die sie anlässlich der Beerdigung

trugen; und viele verheiratete Frauen taten das Gleich mit dem Schmuck, den sie trugen, und mit den *bullae* [von kleinen Kindern getragene Amulette] und Tuniken ihrer Kinder. Und auch eine große Menge Ausländer war dabei, und alle klagten so, wie es ihrer Sitte entsprach.[56]

Während all dies auf dem Forum vor sich ging, entlud sich die aufgestaute Spannung der Woche seit Caesars Tod an anderer Stelle auf den Straßen in nackter Gewalt. Ganze Banden von Männern liefen durch die Gassen und suchten die Häuser derer, von denen man wusste, dass sie bei der Verschwörung mit dabei gewesen waren. Diese Häuser aber waren verlassen. Brutus, Cassius und die Übrigen hatten so etwas geahnt und waren geflohen.

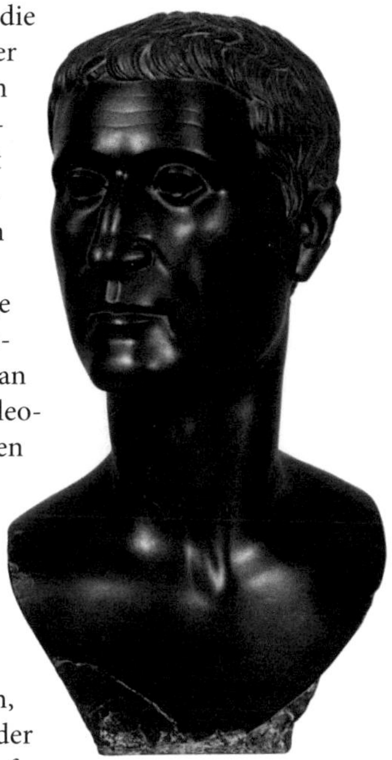

Charismatisch und kreativ: (wahrscheinlich) Marcus Antonius als grüne Basalt-Büste, ca. 40 –30 v. Chr. Vermutlich aus Kanopos in der Nähe von Alexandria. Höhe 42 cm. The National Trust, Kingston Lacy, The Bankes Collection.

Doch auch Antonius hatte seine Vorahnungen. Ein paar Tage vor der Beerdigung hatte er Caesars Testament verlesen. Vieles davon kam nicht wirklich unerwartet: Es sollte Spenden an die Bürger geben; die Gärten seiner Villa in Trastevere, wo Kleopatra und ihr Hofstaat gewohnt hatten, wurden dem römischen Volk vermacht. Aber eine Überraschung gab es doch, und ihre Folgen sollten jahrhundertelang spürbar bleiben: Caesar hatte nicht Antonius als seinen Alleinerben eingesetzt, wie man vielleicht hätte erwarten können, ja nicht einmal seinen eigenen kleinen Sohn Kaisarion, was ja auch rechtswidrig gewesen wäre, da seine Mutter Ägypterin war. Stattdessen wurde diese Ehre seinem Neffen zuteil – einem schwächlichen, kränkelnden jungen Burschen von gerade einmal 19 Jahren, der keine nennenswerten politischen oder militärischen Erfolge aufzuweisen hatte, der sich noch in der Ausbildung befand, in Apollonia (im heutigen Albanien), dessen einzige wirkliche Erfahrung mit dem öffentlichen Leben war, dass er zwei Jahre zuvor die pseudo-antiken Spiele organisiert hatte: Octavius.

Was Octavius an Reife und Erfahrung fehlte, das machte er jedoch durch Rücksichtslosigkeit, Entschlossenheit und Selbstvertrauen wett. Kaum hatte er von Caesars Tod gehört und vom Inhalt seines letzten Willens, da kam er schon eilends zurück nach Rom, um sein Erbe anzutreten. In der Zwischenzeit hatte sich die Stadt bis zur Unkenntlichkeit verändert. Caesar war tot und die Mörder verschwunden, und so hatte Antonius de facto die Regierungsmacht inne. Octavius und er mochten beide in einer engen Beziehung zu Caesar gestanden haben, als dieser noch lebte, aber nun war er tot und sie merkten schnell, dass sie wenig verband. Ganz im Gegenteil.

Von Anfang an war Antonius das komplette Gegenteil von Octavius. Antonius war (wie Kleopatra) in eine alte Adelsfamilie hineingeboren, die einen Berg Schulden hatte, und doch hatte er seit seiner frühen Jugend so verschwenderisch gelebt, dass er seinen Gläubigern bald den schwindelerregenden Betrag von 250 Talenten schuldete.[57] In einem Versuch, diesen Schulden zu entgehen, war er nach Griechenland geflohen, wo er

> einige Zeit mit der militärischen Ausbildung und dem Studium der Rhetorik verbrachte, bei welcher er den sogenannten asiatischen Stil bevorzugte, der damals auf dem Höhepunkt seiner Beliebtheit stand und viel mit seinem eigenen Leben gemein hatte, denn er selbst war verwegen und prahlerisch, voll von eitler Selbstüberhöhung und verdrehtem Ehrgeiz.[58]

Bereits hier lernte er ganz eifrig die Lektionen, die er in seiner Grabrede für Caesar zur Anwendung brachte.

In Athen fiel Antonius General Aulus Gabinius ins Auge, und dieser lud ihn ein, unter ihm auf seiner Expedition nach Syrien und Ägypten im Jahr 55 v. Chr. zu dienen – ihre Mission war, Kleopatras Vater, Ptolemaios, den „Flötenspieler", wieder auf den Thron zu setzen. In der daraus entstehenden Schlacht wurde nicht nur Antonius' Tapferkeit, sondern auch sein Mitgefühl zur Legende:

> Sobald Ptolemaios Pelusion betrat, wurde er blind vor Wut und Hass, so dass er im Begriff war, ein Massaker unter den Ägyptern anzurichten, aber Antonius griff ein und hielt ihn davon ab. In den folgenden hart umkämpften Schlachten zeichnete sich Antonius durch mehrere Akte der Tapferkeit und der geistreichen Führung aus … So verschaffte er sich bei den Alexandrinern einen glänzenden Ruf, während die an der Expedition teilhabenden Römer ihn für einen herausragenden Mann hielten.

Und zwar in einem solchen Maße, dass er bald von Caesar höchstpersönlich herbeigerufen wurde, um unter ihm zu dienen (54 v. Chr.). Er tat dies mit großem Elan, zuerst in militärischer Rolle in Gallien und dann in der römischen Politik, wo er den Auftrag erhielt, Caesars Interessen im Senat zu verteidigen und durchzusetzen. Als der Bürgerkrieg ausbrach, hatte er zugleich das regionale Kommando über Italien und war einer der Befehlshaber in der entscheidenden Schlacht von Pharsalos, in der Pompeius besiegt wurde – als Anführer von Caesars entscheidendem rechten Flügel (48 v. Chr.).

Während Antonius sich durch den Krieg auf einen der ersten Ränge im Staat vorgearbeitet hatte, erwies sich der Frieden für ihn als weniger ertragreich. Caesar war noch auf seinem Feldzug in Afrika (47 v. Chr.), als Antonius erneut das Oberkommando über Italien erhielt. Und das wurde zur Katastrophe.

> Seine sorglose Art führte dazu, dass er diejenigen ignorierte, denen ein Unrecht zugefügt worden war; er hörte voll Zorn denen zu, die

> eine Unterredung mit ihm wünschten, und er hatte einen schlechten Ruf aufgrund seiner Beziehungen zu den Ehefrauen anderer Männer.

Das Band zwischen Antonius und Caesar war bis zum Zerreißen gespannt. Es zerriss schließlich, als sie sich über ein großes Haus in Rom stritten, das Antonius sich als Teil der Kriegsbeute angeeignet hatte. Caesar bestand darauf, dass er den üblichen Marktpreis dafür zahlte, und sie stritten sich so heftig, dass Antonius am Ende aller öffentlichen Ämter enthoben wurde. Im Nachhinein ist der Gegenstand ihres Disputs geradezu bezeichnend, denn das fragliche Haus hatte einst Pompeius gehört. Und es war dieselbe mit den Schnäbeln gekaperter Kriegsschiffe geschmückte Villa, in der der „Flötenspieler" Ptolemaios, vielleicht mit seiner Tochter Kleopatra, während seiner Verbannung aus Ägypten gewohnt hatte.

Nach dem Streit mit Caesar war Antonius während seiner Jahre in der politischen Wildnis in mehr als einen Skandal verwickelt. Der Moralist Plutarch, der vier Generationen danach über Antonius schrieb und sich dabei zweifellos wenig freundlich gesonnener Berichte bediente, hält fest, wie Antonius' Mitbürger

> angewidert waren ob seiner unzeitigen Trunkenheit, seiner Verschwendungssucht, seiner Ausschweifungen mit Frauen; ob der Tage, die er schlafend oder mit schwerem Kopf umherirrend verbrachte, der Nächte bei Orgien oder bei Aufführungen oder beim Hochzeitsfest irgendeines Mimen oder Komödianten.

Plutarch erzählt davon, wie Antonius sich nach einer durchzechten Nacht eines Morgens auf dem Forum erbrach, „in seine Toga hinein, die ihm einer seiner Freunde hinhielt"; wie er ganz offen durch Italien reiste zusammen mit einer der berüchtigtsten Schauspielerinnen Roms; wie er sich in jedem möglichen Exzess erging. Was die strengen, moralistischen Römer vor allem schockierte, war Antonius' Liebe zur *luxuria* – ein Begriff, der nach östlicher Dekadenz roch, Verruchtheit und nach einer verderblichen Verführungskraft, die, wenn sie entfesselt würde, alles untergraben konnte, wofür die Republik stand. Anders betrachtet, war diese *luxuria* der Inbegriff der hedonistischen Schattenseite Alexandrias. Betrachtet man es ganz nüchtern, weisen Antonius' Ausschweifungen seltsame Ähnlichkeiten auf mit denen von Ptolemaios II. Philadelphos 200 Jahre zuvor (siehe S. 17):

> Die Leute empörten sich über den Anblick der goldenen Becher, die er auf seinen Ausflügen aufs Land dabeihatte, als wäre es eine heilige Prozession; über das Aufschlagen von Zelten, wenn er reiste; über die teuren Bankette nahe Hainen oder Flüssen; über von Löwen gezogene Wagen; über die Verwendung der Häuser ehrlicher

Männer und Frauen als Quartier für Huren und Sambuca-Spielerinnen.[59]

Es schien, als habe Antonius etwas von Dionysos an sich, dem Gott, den die östliche Monarchie so liebte.

Mit der Zeit jedoch versöhnten sich Caesar und Antonius wieder, und am 1. Januar 44 v. Chr. traten beide Männer ihr gemeinsames Konsulat an. Gerade einmal 73 Tage später war Caesar tot. Seither streitet man sich, ob Antonius im Vorfeld vom Attentat wusste oder nicht. Sicherlich brachte man ihn aus dem Raum, bevor die Messer gezogen wurden, aber ob dies geschah, um zu verhindern, dass er Caesar rettete, oder um sicherzustellen, dass er nicht in die Angelegenheit verwickelt wurde, darüber wird man weiterhin nur spekulieren können.

Eins ist sicher: Die Welt hatte sich dramatisch verändert. Nur vier Jahre nach dem Ende des blutigen Bürgerkriegs schien sich ein weiterer anzukündigen. Für Kleopatra, die gierig alle neuen Geheimdienstberichte aus Rom oder Griechenland oder Asien verschlang, müssen die Wochen und Monate nach ihrer Rückkehr nach Alexandria schrecklich gewesen sein. Sie hatte am eigenen Leib erfahren, wie ein römischer Bürgerkrieg nach Ägypten überschwappen konnte. Sie hatte bereits davon gehört, mit welch lüsternen Augen man das Schauspiel des Ägypten-Triumphzugs begafft hatte. In Rom war sie selbst Zeugin geworden, welch großes Interesse die unersättlichen, reichen Spekulanten dort an Ägyptens Ernte hatten. Sie musste jetzt alles tun, was sie konnte, um ihre eigene Macht zu festigen.

Im August starb ihr Bruder, der Mitregent und potenzielle Rivale, Ptolemaios XIV. Auch wenn man heute nicht mehr weiß, woran der 15-Jährige starb, so spielte zumindest der Zeitpunkt seines Ablebens Kleopatra ganz prächtig in die Hände – so sehr, dass es vielen schwerfiel, nicht zu glauben, dass sie etwas damit zu tun hatte. Denn nun, wo ihr Bruder fort war, war der ptolemäische Königsthron leer, und das einzige überlebende männliche Mitglied der Dynastie war Kaisarion. Am 2. September 44 v. Chr. wurde das gemeinsame Kind von Caesar und Kleopatra, erst drei Jahre alt, zum König von Ägypten ernannt.

Es existieren keine Aufzeichnungen über den Pomp anlässlich seiner Krönung, aber zweifellos waren die Wasserstraßen, die sich von Alexandria aus in Richtung der aufgehenden Sonne bis nach Herakleion erstreckten, voll mit Gratulanten, während König und Königin auf einem duftenden, mit Blumen übersäten Weg in Richtung der Tempel schritten, in denen seit vielen Generationen die Ptolemäer gekrönt wurden. Sicherlich erhoben sich auch entlang des Nil, in den Tempeln, die nach Süden hin von Memphis über Theben bis nach Hermonthis und Philae wie Juwelen an einer Schnur aufgereiht waren, von süßlichem Weihrauch begleitete Gebete für die Regentschaft des Kindkönigs in den Himmel.

Mag es nun Zufall oder Absicht gewesen sein: Endlich war Kleopatra effektiv die alleinige Herrscherin über ihr Reich. Doch selbst jetzt, wo sie immer mehr Statuen und Skulpturen von sich im gesamten friedlichen, fruchtbaren Land aufstellen ließ, nach dem Bild der Göttin Isis, die ihren kleinen Sohn Horus an der Brust trägt, muss ihr nur allzu bewusst gewesen sein, dass selbst dann, wenn die Länder innerhalb ihrer Grenzen sicher waren, Ereignisse an anderer Stelle ganz schnell alles zerstören konnten, wofür sie gearbeitet hatte.

Als zu Beginn des Frühlings 43 v. Chr. die Seewege wieder geöffnet wurden, so müssen ihr die Nachrichten, die aus Rom und Italien in Alexandria eintrafen, auch tatsächlich Grund zur Sorge gegeben haben. Bereits jetzt hatten sich die feinen Risse, die durch Caesars Tod entstanden waren, zu regelrechten Abgründen geweitet. Während Ägypten Kaisarions Krönung feierte, hatte in Rom Antonius' erbitterter Rivale, der heuchlerische und kriecherische Cicero, eine Kampagne von ätzender Schärfe gegen ihn begonnen. Als Antonius eine Armee gegen einen der Attentäter anführte, der sich ungesetzlicherweise geweigert hatte, seine Kontrolle über eine römische Provinz aufzugeben, überschlugen sich in Rom die Ereignisse.

Die Atmosphäre war schon gefährlich genug, aber was alles noch schlimmer machte, war die Anwesenheit des Erben Caesars, Octavius. Denn dieser Knabe hatte alle Zweifler Lügen gestraft. Er mochte kränklich gewesen sein, aber er war alle andere als dumm. Er bewies ein brillantes Verständnis der römischen Politik, hatte den Senat für sich gewonnen, und jetzt war ihm, mittels Unterstützung durch Cicero, das militärische Oberkommando, das *imperium*, gewährt worden. Zur selben Zeit hatten Antonius' Gegner nach heimlichen Absprachen und Versprechungen ein Edikt erlassen, das ihn zum Staatsfeind erklärte. Und nun verließ Octavian (wie er sich mittlerweile nennen ließ) Rom, die volle Härte des Gesetzes hinter sich und an der Spitze seiner gesammelten Truppen. Seine Mission: nicht etwa den Caesarmörder zur Strecke zu bringen, der immer noch an seiner Provinz festhielt, sondern Antonius.

Der junge, kaltherzige und skrupellose Octavian positioniert sich als Erbe Caesars. Marmorner Kopf einer Statue, wahrscheinlich ca. 30–25 v. Chr. Höhe 35,5 cm. British Museum, 1888,1012.1, Schenkung von John Greville Chester.

Als der Frühling dem glühend heißen ägyptischen Sommer wich, muss die Vorstellung der Menschen in Alexandria von dem, was im fernen Italien los war, immer diffuser geworden sein. In den Hafen einlaufende Schiffe, die jeweils mit ein paar Tagen Verzögerung ihren Hafen im Westen verlassen hatten, konnten Neuigkeiten mitbringen, die einander komplett widersprachen. Wem sollte man glauben? Alles geschah so schnell, dass die Wahrheit einem genauso unstet erscheinen musste wie der Treibsand der Wüste, die nur wenige Meilen hinter dem Ptolemäer-Palast begann.

Kleopatras Berater prüften die Berichte, und sie werden festgestellt haben, dass sich die Armeen von Octavian und Antonius im April 43 v. Chr. in Norditalien zwei erbitterte Schlachten geliefert hatten, einmal bei Forum Gallorum und dann bei Mutina (heute Modena), und beide Male war der weitaus erfahrenere Antonius besiegt worden. Jetzt war Antonius über die Alpen geflohen, und es schien, als seien seine Tage

Personifizierung der Libertas (Freiheit): Goldener Aureus von Gaius Cassius Longinus. Römisch, geprägt 43–42 v. Chr. Durchmesser 2,1 cm. British Museum, 1855,0512.39.

gezählt. Aber so wie die alexandrinischen Elite-Diplomaten Antonius bereits der Geschichte überantworteten und sich überlegten, wenn auch wohl nicht allzu hastig, wie sie ihr Glückwunschschreiben an Octavian formulieren sollten, drehte sich das Rad der römischen Politik schon wieder.

Nun hieß es auf einmal, dass zwei von Caesars Mördern, Marcus Iunius Brutus und Gaius Cassius, eine Armee um sich sammelten. Ihr Vorhaben: ein Marsch auf Rom. Zweifellos wird der alexandrinische Hof das Nahen des Herbstes verflucht haben, als das Meer immer unruhiger wurde und die Nachrichten spärlicher wurden, denn die Agenten berichteten, dass sich die Dinge in Italien schon wieder in eine neue, unerwartete Richtung entwickelten. Im November 43 v. Chr. passierte das Undenkbare: Zusammen mit einem Dritten, Marcus Lepidus, hatten sich die Feinde Octavian und Antonius auf einer Flussinsel im Po bei Bologna getroffen, und während ihre Heere an beiden Ufern aufgestellt waren, einigten sie sich.

Das sogenannte „Zweite Triumvirat" mag eine genauso instabile Allianz gewesen sein wie die frühere zwischen Caesar, Pompeius und Crassus, aber dieses Mal bestand sie immerhin ganz offiziell. Sie nannten sich *triumviri rei publicae constituendae consulari potestate* (Dreimänner mit konsularischer Macht zur Rettung der Republik), doch tatsächlich besaßen die drei Männer eine diktatorische Form von Autorität. Und sie nutzten sie sofort.

Nun, da klar war, dass die Kampflinie zwischen den Triumvirn und den Caesarmördern verlief (deren erklärtes Ziel es natürlich genauso war, die sterbende Republik zu retten), nun, da die römische Welt im Begriff war, schon wieder in einem kostspieligen Bürgerkrieg zu versinken, kratzten beide Seiten hektisch ihre finanziellen Mittel zusammen. Für die Triumvirn war die Lösung klar; sie offenbarte eine erschreckende Skrupellosigkeit und trug ganz deutlich die Handschrift Octavians: Proskriptionslisten wurden erstellt mit den Namen aller reichen Römer, die in irgendeiner Weise mit den Triumvirn verfeindet waren. Tatsächlich waren einige nicht einmal Feinde. Was zählte, war, dass sie reich waren, denn alle diese sollten getötet werden und ihr Vermögen beschlagnahmt.

Todesschwadronen suchten die feudalen Villen Roms und die begrünten Alleen der reichen italienischen Landgüter heim; dabei mag zumindest die Nachricht über das Schicksal eines Mannes Kleopatra ein Lächeln auf die Lippen gezaubert haben: Cicero, der rachsüchtige Briefschreiber, der aufgeblasene Redner, war abgefangen worden, als er noch darüber sinnierte, ob er fliehen sollte. In einem heroischen Akt, der gar nicht zu ihm passte, hatte er seinen Hals der Klinge seines Mörders dargeboten. Man schickte seinen Kopf nach Rom, wo man genüsslich Nadeln in seine schimpfliche Zunge bohrte; seinen abgetrennten, blutleeren Hände wurden an die großen Türen des Senatshauses genagelt. Innerhalb weniger Wochen voll brutaler Gewalt war die Kasse der Triumvirn prall gefüllt, hatte Octavian das Geld, das er brauchte, um den Krieg zu finanzieren, und auch Antonius' persönliche finanzielle Problemen hatten ein Ende.

Zur selben Zeit befanden sich die Armeen der Caesarmörder Brutus und Cassius im östlichen Mittelmeer, ein wenig näher an Alexandria gelegen, und auch sie brauchten Geld. Natürlich wandten sie ihren Blick bald in Richtung des fruchtbaren Ägypten. Und nun drohte die Situation, die Kleopatra am meisten gefürchtet hatte, Wirklichkeit zu werden: ein Unwetter braute sich zusammen, ein römischer Bürgerkrieg zeichnete sich ab; wieder wurde Ägypten unfreiwillig mit hineingezogen, und wurde war seine Unabhängigkeit bedroht.

Auf wessen Seite sollte sich Kleopatra stellen? Rein geographisch gesehen, ergab es mehr Sinn, sich mit Brutus und Cassius gut zu stellen, deren Truppen sich in unbehaglicher Nähe zu Kleopatras Territorien befanden. Andererseits waren dies die Männer, die ihrem Sohn den Vater genommen hatten. Sicherlich konnte sie wenig Zuneigung für sie empfinden. Was Octavian, den Erben Caesars, anging: Konnte sie Hoffnung haben, dass er seinen Cousin, den kleinen Kaisarion, den wahren Sohn Caesars, mit offenen Armen in seine Familie aufnahm? Das sicherlich kaum. Über Lepidus wussten die Alexandriner nicht viel, also musste man sich, wenn überhaupt auf jemanden, auf Antonius verlassen, den Offizier, der einst ihr Land vor einem rachsüchtigen Blutvergießen bewahrt hatte. Doch konnte dessen jüngste Erfolgsbilanz niemanden überzeugen. In seinen beiden letzten Schlachten (gegen Octavian) hatte er den Kürzeren gezogen. Vielleicht sollte man sich noch nicht für eine der beiden Seiten ent-

Kleopatra und Kaisarion (dritte und vierter von links) bringen an der Südwand des Tempels von Hathor in Dendera den Göttern Opfer dar. 50–40 v. Chr.

scheiden. Vielleicht war es momentan besser, zwischen den Stühlen zu sitzen.

Aber das war nicht wirklich eine Option. Der Attentäter Cassius hatte bereits Syrien besetzt, und Kleopatra schickte vier Legionen gegen ihn. Aber anstatt zu kämpfen, ergaben sie sich, so dass Syrien komplett Cassius in die Hände fiel und Kleopatra sich den Vorwurf gefallen lassen musste, einen der Mörder Caesars zu unterstützen. Hastig versuchte sie, sich von diesem Makel reinzuwaschen. Als Cassius Gesandte zu ihr schickte, die Nahrungsmittel und Geld forderten, suchte Kleopatra nach Ausflüchten und berief sich auf die schlechte Ernte. Umgehend ließ sie Segel setzen und fuhr an der Spitze der ägyptischen Flotte nach Norden, in Richtung Griechenland, um die riesige Armee zu unterstützen, die Octavian und Antonius dort versammelt hatten. Sie hatte von Caesar gelernt, wie wichtig es war, dass ein Anführer persönlich an der Spitze seiner Truppen stand. Jetzt konnte sie das Gelernte in die Tat umsetzen.

Zumindest hatte sie es sich so vorgestellt. Doch das Wetter machte ihr einen Strich durch die Rechnung. Kleopatra und ihre Schiffe mussten zurückfahren nach Alexandria, und der Krieg ging ohne sie weiter. Sie machte keine weiteren Anstalten, noch einmal die Segel zu setzen. Stattdessen übten sie und ihre Höflinge sich in diesem langen, heißen, qualvollen Sommer 42 v. Chr. in Geduld. Sie suchten den Horizont ab nach Schiffen, die Neuigkeiten aus Griechenland bringen könnten, während sie immerzu hofften, dass sie aus Pelusion nicht die Nachricht erreichte, dass Cassius' Armee in Ägypten einmarschiert sei. Mindestens eine Schrecksekunde gab es: Kleopatras Mann auf Zypern hatte sich solidarisch mit den Mördern erklärt, und man munkelte, er sei geheimen Verhandlungen mit Arsinoë, ihrer Schwester, die sich immer noch im Exil in Ephesos befand (siehe S. 62). Es hieß, er spreche sie als „Königin" an – dies konnte nur bedeuten, dass Kleopatra und Kaisarion, wenn die Attentäter gewannen, schnell und rücksichtslos vom Thron entfernt würden.

Zu Beginn des Herbstes brodelte an den Kais von Alexandria erneut die Gerüchteküche. Man hatte aus Nordgriechenland vernommen, dass beide Seiten endlich aufeinandertreffen würden. Die Ebene von Philippi war geradezu übersät mit bewaffneten Soldaten – an die 95 000 Legionäre und 13 000 Kavalleristen unter Octavian und Antonius standen 85 000 Legionären und 20 000 Kavalleristen unter Brutus und Cassius gegenüber; über 200 000 Soldaten, an deren Leben oder Tod nicht nur das Schicksal der römischen Welt hing, sondern auch das von Ägypten.

Nun konnte man in Alexandria nur noch abwarten. Seit Tagen gab es keine Neuigkeiten. Zumindest keine schlüssigen. Es war zu kleineren Scharmützeln gekommen, aber sonst war kaum etwas passiert. Octavian war krank. Angeblich wurden Belagerungsanlagen gebaut und Gräben ausgehoben.

Endlich, am 3. Oktober 42 v. Chr., kam es zu ersten, schweren Kämpfen; es gab ein Patt; Cassius brachte sich um. Etwa zwei Wochen lang gab es keine weitere Nachricht, das Meer wurde immer unruhiger. Doch gerade, als es schien, dass nichts entschieden würde, müssen auch in Alexandria die Berichte von der entscheidenden Schlacht eingetroffen sein. Am 23. Oktober waren beide Seiten aufeinanderprallt. Die Gesamtzahl der Kämpfer war dermaßen groß, dass die Begegnung sich in ein chaotisches Durcheinander verwandelt hatte:

> Sie hatten wenig Verwendung für Pfeile, Steine oder Wurfspieße, wie sie im Krieg üblich sind, da sie nicht auf die üblichen Manöver und Taktiken zurückgreifen konnten; stattdessen kam es zum Nahkampf mit dem nackten Schwert, und viele wurden getötet und abgeschlachtet beim Versuch, die feindlichen Reihen zu durchbrechen. … Schließlich drängten die Soldaten Octavians … die feindliche Linie zurück, so als ob sie eine schwere Maschine bedienten. Schritt für Schritt wurde der Feind zurückgedrängt, erst ganz langsam … Bald jedoch brach die Reihe ein und zog sich schneller zurück und dann zog sich die zweite und dritte Schlachtreihe mit ihr zurück, und es entstand eine große Unordnung unter ihnen, verstärkt durch den Feind, der weiterhin nach vorne preschte, bis ihr Rückzug zur Flucht wurde.[60]

Am folgenden Tag war auch Brutus tot. Der Krieg war vorbei, die Triumvirn hatten gewonnen, und Kleopatra konnte wieder neue Pläne machen.

Nach Caesars Ermordung waren die Ereignisse mit einer unglaublichen Geschwindigkeit über sie hereingebrochen. Jetzt, zweieinhalb Jahre später, war es an der Zeit, Bilanz zu ziehen. Octavian, Antonius und Lepidus hatten die Welt bereits untereinander aufgeteilt. Octavian sollte den Westen kontrollieren, Lepidus Sizilien und Afrika, während Antonius den Osten erhielt. Er entschied sich, zunächst in Athen zu bleiben; dort, in einer der ältesten Hauptstädte seines neuen Herrschaftsgebiets, wo er bereits als junger Student der Rhetorik so viele angenehme Monate verbracht hatte, wollte er den ersten Winter dieses hart erkämpften Friedens verbringen. Dort, im Schatten des Parthenon, bezauberte er die Griechen mit seiner Urbanität und seiner geistreichen Art, auch wenn er dabei die ganze Zeit Pläne schmiedete.

Es gab viel zu tun. Zu den noch unerledigten Aufgaben gehörte der Verbleib von Crassus' Adlerstandarten, die bei dessen Niederlage in Parthien (siehe S. 34) so schmählich verloren gegangen waren. Um der Ehre Roms willen musste man sie zurückgewinnen, und um sie zurückzugewinnen, musste Antonius einen Feldzug in den Osten unternehmen. Zunächst aber galt es, sicherzustellen, dass seine neuen Provinzen ihm gegenüber loyal waren, und um das zu tun, musste er der Reihe nach alle größeren Städte besuchen und dabei versuchen, so viele wie möglich durch seine Großzügigkeit und seinen Charme für sich zu gewinnen. Diejenigen, die sich ihm verweigerten, bestrafte er.

Im Frühjahr 41 v. Chr. begann Antonius seine Reise durch die Provinzen, zuerst nach Osten bis Kleinasien und dann südlich entlang der

Küste zu den atemberaubend wohlhabenden Städten, deren Namen im Laufe der Jahrhunderte zum Synonym für Luxus geworden waren. Ein Mann, der sein Leben am Fuße eines lähmenden Schuldenbergs begonnen hatte, muss sich wie im Traum vorgekommen sein, und als Selbstdarsteller, der er war, beschloss Antonius, ganz stilvoll zu reisen. Er war sich der Macht bewusst, die man dem Gott Dionysos bei den Völkern des Ostens zusprach, und zweifellos wusste er von ihren Prozessionen für diesen Gott – Prozessionen wie jener, die Ptolemaios II. Philadelphos etwa zwei Jahrhunderte zuvor im Hippodrom von Alexandria inszeniert hatte.

Nun setzte Antonius noch eins drauf: Er selbst spielte den Dionysos. Aber Dionysos war ein komplexer Gott. Hinter seinem lächelnden, hedonistischen und freundlichen Äußeren schlug ein grausames, böswilliges Herz. Wie jeder Grieche oder Römer wusste, der jemals einer Aufführung der *Bakchen* von Euripides beigewohnt hatte, war Dionysos ebenso rachsüchtig, wie er liebenswürdig schien. Und auch Roms alte Feinde, die Parther, wussten dies – immerhin hatte Crassus' abgeschlagenes Haupt bei einer Inszenierung dieser Tragödie eine wahrlich tragende Rolle gespielt (siehe S. 35). Und nun spielte Antonius den Dionysos – mit Bravour:

> Ganz Asien war in Weihrauch eingehüllt … Als Antonius in Ephesos Einzug hielt, verkleideten sich die Frauen als Bacchantinnen, und Männer und Jungen, die sich als Satyrn und als Pan auftraten, führten den Zug vor ihm an; die Stadt war mit Efeu und Thyrsoi geschmückt, und laut erklang die Musik von Psaltern und Syringen und Flöten, während die Leute ihm als Dionysos, dem Wohltäter, dem Freudenbringer, zujubelten. So hieß er für manche, aber für die meisten war er Dionysos, der Blutgierige, der Wilde, denn er nahm das Eigentum hochgeborener Männer und schenkte es Schmeichlern und Halunken …[61]

Und tatsächlich rächte er sich an denen, die in irgendeiner Weise Brutus, Cassius und der feindlichen Sache geholfen hatten, und als er immer weiter nach Süden zog, war es unvermeidlich, dass er dabei irgendwann auch an die Königin von Ägypten dachte. Denn was hatte Kleopatra im Krieg getan? Waren die Legionen, die sie ausgesandt hatte, um gegen Crassus zu kämpfen, wirklich desertiert? Oder war es vielleicht genau das, was Kleopatra die ganze Zeit über vorgehabt hatte? Und wie stand es mit der Flotte, von der sie behauptete, sie losgeschickt zu haben, um Octavian und Antonius zu helfen? War es wirklich ein Sturm, der sie umkehren ließ, oder hatte sie gar nicht erst in Griechenland ankommen wollen? Dies waren eindeutige Fragen, die einer Antwort bedurften, um ihre Loyalitäten beurteilen zu können. Also schickte Antonius seinen vertrauten Untergebenen Dellius nach Alexandria, mit einer Vorladung für die Königin von Ägypten; sie wurde nach Tarsos zitiert, zu einer Unterredung.

Kleopatras erste Reaktion auf diesen herrischen Befehl ist nicht überliefert. Ihre anschließende Reaktion aber hat Geschichte geschrieben. Mit

Dionysos, mit Weinbecher und Thyrsos, lehnt sich an einen die Lyra spielenden Silen an. Wandmalerei aus einer Villa in Boscoreale in der Nähe von Pompeji, ca. 30 v. Chr. Höhe 76 cm. British Museum, 1899,0215.1.

all dem, was sie über Antonius wusste – den Künstler, den Impresario, den Playboy, den Verführer –, trieb sie ganz Alexandria zum schnellen, aber zielgerichteten Handeln an. Schließlich ging es um eine Begegnung, die nicht nur ihrer eigenen Weisheit und ihres Charismas bedurfte, sondern der gebündelten Kompetenz des Hofstaats und des Einfallsreichtums der Mitarbeiter des Museion. Denn es war von größter Wichtigkeit, dass dieses erste Treffen zwischen der Königin und dem so mächtig gewordenen General einen deutlichen Eindruck hinterließ.

Schließlich brach Königin Kleopatra irgendwann im Sommer 41 v. Chr. unter dem Quietschen und Knarren zahlreicher Ruder von Alexandria aus in Richtung Norden auf, ließ das trübe Wasser des Deltas und den heißen Wüstenwind hinter sich und hielt Kurs auf die üppigen, bewässerten Wiesen, die die reiche Metropole Tarsos umgaben, zu ihrem ersten entscheidenden Gespräch mit Antonius.

KAPITEL 6

# Love Story

TARSOS: SOMMER 41 V. CHR.

Antonius befand sich gerade auf dem Marktplatz im Zentrum von Tarsos, als ihn die Nachricht erreichte. Er saß auf dem Tribunal, der erhöhten Plattform, die als Open-air-Amtsstelle diente, und war mit irgendwelchen Staatsangelegenheiten beschäftigt.

Tarsos war eine geschäftige Provinzhauptstadt, die wichtigste Stadt im reichen und fruchtbaren Kilikien, dessen Ebenen ein Flickenteppich aus goldenen Hirsefeldern, gelben Sesamblüten und silbergrauen Olivenbäumen waren, die in Reih und Glied ihre dunklen, gewundenen Stämme der Morgensonne entgegenreckten, während im Osten die waldreichen Berge im Dunst verschwanden. In Tarsos hatte Antonius das Gefühl, endlich komplett am Ruder zu sitzen. Nicht nur, weil er einer der drei mächtigsten Männer des Imperiums war: Kilikien, Tarsos und damit auch der Marktplatz, auf dem er saß, waren erst 60 Jahre zuvor (103 v. Chr.) dem Römischen Reich hinzugefügt worden – von Antonius' eigenen Großvater.

Und doch kamen ihm an diesem Morgen die Menschenmassen, die zu seinen Füßen unter dem Tribunal herumwuselten, seltsam aufgewühlt vor; es herrschte eine fast tumultartige Aufregung, eine Gerücht machte die Runde, und die Menschen begannen, den Markt zu verlassen, zunächst in kleinen Gruppen, dann als wahrer Menschenstrom. Der verwirrte Antonius auf dem Tribunal blieb beinahe allein zurück, bis er endlich herausfand, was los war: „Aphrodite", sagte man ihm, „ist gekommen, um sich mit Dionysos zu messen, zum Wohle Asiens."[62] Plutarch, der all dies berichtet, sagt uns nicht, was Antonius als Nächstes tat. Es ist aber unwahrscheinlich, dass er der Versuchung widerstehen konnte, sich der Menge anzuschließen, um mit eigenen Augen zu sehen, was da vor sich ging. Just in diesem Moment wurde das klare Wasser des Kydnos, in dessen breiter, mit Schilf bewachsener Uferzone Purpurhühner, Streifenprinien und Braunliesten hausten, von Rudern aufgewühlt, während einer der dramatischsten Auftritte stattfand, die die damalige Welt je gesehen hatte. Die Königin von Ägypten, Kleopatra, traf ein – ganz und gar stilvoll:

> Sie fuhr den Kydnos hinauf, in einem Schiff mit vergoldetem Heck und purpurnen Segeln, eine Melodie von Flöten, Syringen und

**GEGENÜBER**
Halb Gott, halb Schlange, verflechten Dionysos und Isis, ägyptische Kronen auf dem Kopf, ihre Schwänze. Stele aus Sandstein, Ägypten, 1. Jahrhundert v. Chr. Höhe 41 cm. British Museum, 1911,0617.22.

*Die Ausschiffung der Kleopatra in Tarsus* von Claude Lorrain (1600–1682). 1643–82. Feder und braune Tinte auf Papier, 199 × 263 cm. British Museum, 1957,1214.69.

Lyren begleitete im Takt den Schlag der silbernen Ruder. Die Königin selbst lag unter einer mit Gold verzierten Markise, so ausgestattet, wie man Aphrodite von Bildern her kennt, während neben ihr (wiederum wie auf Bildern) Knaben standen, die ihr, als Eroten verkleidet, Luft zufächelten. Außerdem befanden sich überall an Deck die schönsten ihrer Sklavinnen, als Nereiden und Grazien kostümiert, manche am Ruder, andere mit dem Tauwerk beschäftigt, und ein herrlicher Duft erhob sich von den unzähligen Weihrauchtellern und breitete sich über dem Fluss aus.[63]

Hinsichtlich Konzept und Ausführung funktionierte dieser Auftritt der Königin perfekt. Sechs Jahre zuvor war Kleopatra mit Caesar den Nil hinaufgefahren und hatte ihm die wunderbare Fruchtbarkeit Ägyptens gezeigt; damals war sie 21 Jahre alt gewesen. Jetzt, „in einem Alter, in dem eine Frau am schönsten ist und ihr Geist besonders wach",[64] wie Plutarch es (freilich etwas chauvinistisch) ausdrückt, hatte sie sich noch einmal aufs Wasser begeben. Doch diesmal war die verlockende Aussicht, die sie dem römischen Feldherrn darbot, nicht ihr Land, diesmal war sie es selbst.

Alles an ihrem Kommen war darauf ausgerichtet, Marcus Antonius zu umgarnen, vom Überschwang des Spektakels bis zu den Verheißungen von Kleopatras Kostüm. Sie war die ägyptische Isis, gekleidet als Aphrodite, ihr griechisches Gegenstück; sie war eine Fleisch gewordene Göttin, gekommen, um sich den Mann, der sich selbst als Inkarnation des Gottes Dionysos gab, zum göttlichen Gemahl zu machen; die Königin des reichsten Landes des Ostens bot dem größten Feldherr Roms symbolisch eine fruchtbare Verbindung an.

Dass Kleopatra eigentlich nach Tarsos zitiert worden war, um über ihr Verhalten in den römischen Bürgerkriegen Rechenschaft abzulegen, musste bereits jetzt, wo Antonius sie erblickte, ziemlich irrelevant erscheinen; noch bevor sie von Bord ging, war klar, dass die Königin ganz im Sinne ihres Mentors Caesar alles auf eine Karte gesetzt hatte, um selbst die Regeln zu bestimmen, nach denen dieses letzte und wichtigste Spiel gespielt würde.

Von Anfang an hatte sie die Fäden in der Hand. Antonius schickte eine Einladung zum Essen. Kleopatra lehnte ab. Als Königin von Ägypten stand sie höher als ein römischer Triumvir, und die Etikette verlangte, dass Kleopatra Antonius einlud. Er fügte sich, und genau das hatte sie erreichen wollen. Denn es sollte kein gewöhnliches Abendessen werden, sondern eine regelrechte Tour de Force. Als Antonius eintraf,

> fand er Arrangements vor, die sich kaum beschreiben ließen, aber vor allem beeindruckte ihn die schiere Anzahl der Lampen. Es heißt, dass sie in großer Zahl vom Dach hingen und von allen Seiten erstrahlten und in solch raffinierten Mustern angeordnet waren, im Rechteck oder im Kreis, dass man sich kaum einen schöneren Anblick vorstellen konnte.

Wenn schon die flackernden Lichter die Vorstellungskraft zu übersteigen schienen, dann erst recht die Stoffe, Teller und Pokale, deren Glanz durch den Schein der Lampen noch unterstrichen wurde:

> Alles war aus massivem Gold, die Schalen aufwendig verarbeitet und mit Edelsteinen verziert, und die Wände, wie es heißt, mit purpurnen, golddurchwirkten Wandteppichen behangen.[65]

Antonius fühlte sich von alledem magisch angezogen, wie eine Motte vom Licht. Als Kleopatra „leise lächelte" und ihm sagte, dass alles, was er sah (ganz getreu alexandrinischer Sitte), als Geschenk „nur für ihn" gedacht sei – da war er wirklich gefesselt. Als die Veranstaltung ihrem Ende entgegenging, lud sie Antonius ein, am folgenden Abend wiederzukommen. Tags darauf

> gab sie einen Empfang, der noch viel herrlicher als der erste war, so dass er die Dekorationen des Vortags geradezu unbedeutend

erscheinen ließ, und wieder schenkte sie all dies am Ende Antonius. Außerdem ließ sie jeden seiner Stabsoffiziere das Sofa behalten, auf dem er gelagert hatte, und sogar die Becherhalter. Als sie gingen, standen für die Höherrangigen Sänften bereit, die Mehrheit der Besucher aber erhielt Pferde mit silbernem Geschirr, und allen stellte sie äthiopische Sklaven als Lampenträger zur Seite. Am vierten Tag kaufte sie Rosen im Wert eines Talents und ließ das Stockwerk mit den Esszimmern eine Elle hoch [= ca. 40 cm] damit bestreuen.

Als Antonius sich zu revanchieren versuchte und Kleopatra und ihren Hofstaat einlud, mit ihm zu speisen, war es ein bitterer Reinfall. Zum Glück aber war Antonius kein Mensch, der sich selbst allzu ernst nahm. Doch selbst seine Versuche, über seine Unzulänglichkeiten hinwegzutäuschen, wurden von der Königin genau beobachtet, denn sie hatte es sich zur Aufgabe gemacht, so viel über ihn zu erfahren, wie sie nur konnte, und ihr Verhalten dem seinen anzupassen. Wie Plutarch schrieb:

> Antonius wiederum lud sie für den folgenden Abend ein und gab sich alle Mühe, sie an Prunk und Eleganz zu übertreffen, aber es gelang ihm nicht, und er war der Erste, der über seine eigenen armseligen und rustikalen Arrangements spottete. Kleopatra beobachtete, dass Antonius' Humor der eines Soldaten und einfachen Mannes war, und so bemühte sie sich ganz skrupellos, ihm gegenüber den gleichen Tonfall anzuschlagen.[66]

Zu irgendeinem Zeitpunkt in diesen unruhigen Tagen muss Antonius sich daran erinnert haben, warum er Kleopatra zu sich gerufen hatte. Der Historiker Appian (der keiner der beiden Parteien besonders freundlich gegenüberstand) schreibt, Antonius habe sie „zur Rede gestellt, warum sie sich nicht am Feldzug beteiligt habe, um Caesar zu rächen", doch Kleopatra habe ihn „nicht um Entschuldigung gebeten", sondern ihm (wahrheitsgemäß) erklärt, sie habe genau dies tun wollen, doch die Umstände hätten es nicht zugelassen (siehe S. 84).[67] Mittlerweile jedoch war es wahrscheinlich ohnehin ziemlich gleich, was sie zu ihm sagte. Bereits Plutarch stellte unverblümt fest: „Antonius wurde vergewaltigt."[68] Oder wie Appian es ausdrückte:

> Antonius war von ihr so eingenommen, als wäre er ein junger Mann, obwohl er 40 Jahre alt war.[69]

Kleopatra hatte zumindest ihr erstes Etappenziel erreicht. Jetzt näherte sich der Winter, und sie musste versuchen, auf ihrem Erfolg aufzubauen. Zweifellos mit kühler Berechnung schlug sie Antonius vor, statt in Asien oder Griechenland, wie er es zweifellos beabsichtigt hatte, doch lieber bei ihr in Alexandria zu überwintern. Es wird wohl niemanden mehr überrascht haben, dass er einwilligte.

Zunächst jedoch musste sich Kleopatra um eine noch ausstehende Familienangelegenheit kümmern. In den vergangenen fünf Jahren hatte ihre Schwester Arsinoë, die einst bei Caesars Triumphzug als Gefangene durch die Straßen Roms geführt worden war, im Tempel-Komplex von Ephesos gelebt, als Priesterin der Göttin Artemis. Doch ganz aus den Augen hatte man sie nicht verloren, denn Kleopatras Feinde hatten Arsinoë stets auf der Rechnung gehabt. Gerade einmal ein Jahr zuvor (42 v. Chr.) hatten die Unzufriedenen begonnen, sie mit „Königin" anzureden. Solange sie lebte, würde sie eine Rivalin um den ägyptischen Thron sein. Es war endlich an der Zeit, dass sie starb. Antonius erfüllte der Königin diesen Wunsch; es war eine der ersten Taten, mit denen er Kleopatra gegenüber seine Zuneigung zum Ausdruck brachte. In Ephesos holte eine Spezialeinheit seiner Soldaten Arsinoë aus dem weihrauchgeschwängerten Tempel, und auf den Marmorstufen, die zu seiner kunstvoll aus Elfenbein geschnitzten Tür emporführten, ermordeten sie sie.

Luxus, Reichtum und Stil: ein Paar goldene Ohrringe in Form von Luchsköpfen und Amphoren. Ca. 100–50 v. Chr. Länge 4,8 cm. British Museum, 1872,0604.1105.

An anderen Stellen in den Provinzen Asiens gab es noch weitere Todesfälle. Mit nur einer Ausnahme (der Hohepriester von Ephesos) wurden alle Personen, die als Unterstützer oder Sympathisanten der Schwester Kleopatras bekannt waren, aufgespürt und getötet. Und so schleppte man auch auf der Insel Arados (Arwad) vor der Küste Syriens einen jungen Mann von einem Altar fort. Dieser behauptete, er sei der König von Ägypten, Ptolemaios XIII. – Kleopatras Bruder, dessen Armee sechs Jahre zuvor von Caesar im Alexandrinischen Krieg besiegt worden war und dessen Leichnam man niemals hatte bergen können (siehe S. 55). Antonius' Soldaten sorgten jetzt, in Arados, dafür, dass die Leiche des Ermordeten so vielen Menschen wie möglich präsentiert wurde. Die Botschaft war klar: Kleopatra VII., die Königin von Ägypten, die den Vater liebende Göttin, hatte keine überlebenden Geschwister mehr.

Die gesamte Aktion verlief erfolgreich, und so kehrte Kleopatra nach Alexandria zurück. Der Herbst mit seinen Sturmböen machte dem Winter Platz, und nun traf auch Antonius ein. Er kannte die Stadt gut und verband schöne Erinnerungen mit ihr. Vielleicht hatte er bereits (als Romantiker, der er war) der Königin mitteilen lassen, er habe sich

> bereits lange zuvor, als junger Reiterei-Offizier unter Gabinius in Alexandria, zu ihr hingezogen gefühlt, als er sie zum ersten Mal sah und sie noch ein junges Mädchen war.[70]

Tatsächlich schien es, als wolle der Triumvir alles nachholen, was er damals verpasst hatte – er erkundete sämtliche hedonistischen Vergnügungen, die die Stadt zu bieten hatte, tauchte ein in die (um mit den kritischen Worten des Moralisten Plutarch zu sprechen) „Freizeitbeschäftigungen und Amüsements der sorglosen Jugend".[71] Während Alexandria für Caesars rastlosen Geist eine ständige Quelle der Inspiration und Ideen gewesen war, war dieselbe Stadt für den Genussmenschen Antonius eine ständige Quelle der Dekadenz, und Kleopatra unterstützte ihn nach Kräften:

> Sie fand immer wieder ein neues Vergnügen, um ihn zu erfreuen, ob er nun gerade ernst war oder heiter gestimmt, und sie band ihn immer mehr an sich, indem sie niemals, ob Tag oder Nacht, von seiner Seite wich. Sie würfelte mit ihm, betrank sich mit ihm, ging mit ihm jagen, sah ihm zu, wie er sich an der Waffe übte. Nachts, wenn er durch die Stadt schlenderte und an den Fenstern und Türen der Bürger vorbeiging und diejenigen verspottete, die sich darin befanden, begleitete sie ihn, im Gewand einer Sklavin, und auch er im Gewand eines Sklaven. Die Alexandriner aber erfreuten sich an seinen Scherzen und zahlten sie ihm auf geistreiche Art und Weise heim.[72]

Als komme er der Bitte nach, die auf dem Grabstein der Taimhotep stand und an ihren Mann, den Hohepriester Pasherenptah, gerichtet war, der bei der Krönung von Kleopatras Vater, dem „Flötenspieler", sein Amt inne gehabt hatte:

> Oh mein Bruder, mein Ehemann, Freund, Hohepriester! Höre nicht auf, zu trinken, zu essen, dich zu berauschen und Sex zu haben! Nimm Urlaub! Folge deinem Herzen Tag und Nacht! Lass keine Sorge hinein, denn zu was sonst sind deine Jahre auf Erden nütze?

Um die Sprache des Theaters zu benutzen, die einem irgendwie immer in den Sinn kommt, wenn von Antonius die Rede ist: In Alexandria erzählten sich die Menschen angeblich, Antonius „setze für die Römer seine tragische Maske auf, behalte für sie aber die komische auf".[73] In jenem Winter hatte jeder irgendeine Geschichte über Antonius zu erzählen. Die meisten rankten sich um eine Art Club, den Kleopatra eingerichtet hatte und dessen Name vielleicht am besten mit *Gemeinschaft ebenbürtiger Bonvivants* wiedergegeben werden kann.[74] Beschränkt auf den intimsten Kreis wohlhabender Freunde, war der Zweck dieses Clubs, dass im Rotationsverfahren täglich eines der Mitglieder ein Bankett „von schier unglaublicher Extravaganz"[75] für die anderen veranstaltete. Auch Plutarch, der mehrere Generationen später schrieb, gibt einen Bericht über einen solchen Abend wieder, den sein Großvater Lamprias aus erster Hand von einem Freund gehört hatte, dem Arzt Philotas, der damals gerade in Alexandria studierte und dem es gelang, sich in die königliche Küche einzuschmuggeln, wo

Unweit des Tempels, in dem Arsinoë ermordet wurde, führt die Arkadische Straße vom Theater von Ephesos zum (heute versandeten) Hafen.

> er neben unendlich vielen anderen Dingen sah, wie acht ganze Wildschweine gebraten wurden. Als er aber verwundert fragte, ob denn so viele Gäste kämen, da lachte der Koch und sagte: „Viele Gäste sind es nicht, nur etwa zwölf. Aber alles muss zur Perfektion zubereitet und serviert werden, und selbst ein kleiner Moment kann diese Perfektion vernichten. Vielleicht möchte Antonius das Essen sofort oder ganz bald, vielleicht schiebt er es aber auch noch hinaus, wenn er stattdessen nach Wein verlangt oder sich unterhält. Da es also sehr schwer ist, den richtigen Zeitpunkt zu beurteilen, präparieren wir nicht nur ein Abendessen, sondern mehrere."[76]

Der Aufwand war zweifellos erstaunlich, wenn nicht in höchstem Maße verschwenderisch, und vor allem angesichts mehrerer schlechter Ernten, die Ägypten in den letzten Jahren geplagt hatten, konnte es nicht ewig so weitergehen. Außerdem erschien Antonius' Verhalten, glaubt man den Berichten, zunehmend exzessiv, während der Winter sich dahinzog. Knapp ein Jahrhundert später erzählte man einander immer noch Anekdoten, wie er angefangen habe, „goldene Gefäße zu verwenden, wenn er den niedersten Bedürfnissen der Natur nachkam – ein schändliches Verhalten, dessen Kleopatra sich geschämt hätte".[77] Was Kleopatra anging, mag sie eine liebenswürdige und temperamentvolle Begleiterin gewesen sein, die bereit war, Antonius auf seinem Weg in Richtung einer immer größeren Zügellosigkeit Schritt für Schritt zu folgen, aber sie blieb dabei die mächtige, zielstrebige Königin, die bekam, was sie wollte. Und am Ende scheint es Kleopatra gewesen zu sein, die entschied, dass Antonius sich nun lange genug in Alexandria aufgehalten habe. Die Art und Weise, wie sie dies tat, verrät viel über ihre Persönlichkeit. Unsere Quelle ist einmal mehr Plutarch, der eventuell auch hier noch Geschichten zum Besten gibt, die er von seinem Großvater gehört hat:

> Einmal war Antonius angeln und hatte Pech dabei, und es ärgerte ihn, weil Kleopatra anwesend war und es sah. Er befahl daher seinen Fischern, zu tauchen und heimlich an seinem Haken einige Fische zu befestigen, die diese zuvor gefangen hatten, und er holte so zwei oder drei von ihnen aus dem Wasser. Aber die Ägypterin durchschaute den Trick, und während sie so tat, als bewundere sie die Geschicklichkeit ihres Geliebten, erzählte sie ihren Freunden davon und forderte sie auf, am nächsten Tag Zuschauer zu sein. Also bestieg eine große Anzahl von ihnen die Fischerboote, und als Antonius seine Angel ausgeworfen hatte, wies sie einen ihrer eigenen Diener an, am Haken einen gesalzenen Fisch aus dem Schwarzen Meer zu befestigen. Antonius dachte, er habe etwas gefangen, und zog den Fisch herauf, woraufhin es (wie zu erwarten) großes Gelächter gab, und Kleopatra sagte: „General, überlass deine Angelrute lieber den Fischern von Pharos und Kanopos; du angelst dir besser Städte, Reiche, Kontinente."[78]

Das Antlitz der Fulvia? Bei dieser Büste der geflügelten Victoria nimmt man an, dass sie die Gesichtszüge von Antonius' Frau trägt. Goldener Aureus, geprägt in Rom, 41 v. Chr. British Museum, R.9272.

Auch wenn sie es durch die Blume sagte, so war doch deutlich, was Kleopatra meinte. Es gab Dinge, um die Antonius sich dringender kümmern musste. Zugegeben hatte er sich auf dem Laufenden gehalten, was Nachrichten aus Italien anging, zumindest insoweit, als das Winterwetter es erlaubt hatte. Tatsache aber ist, dass er heilfroh gewesen sein muss, so weit von zuhause fort zu sein, als er mitbekam, was in Rom vor sich ging.

Denn während er und Kleopatra in Alexandria dem *dolce vita* gefrönt hatten, war nicht nur Antonius' Frau Fulvia, sondern auch sein Bruder Lucius in der Hauptstadt des Reichs öffentlich in Erscheinung getreten. Beide waren starke Individuen, aber auch wenn Lucius politische Autorität besaß – er war einer der beiden Konsuln des Jahres 41 v. Chr. –, so war es doch Fulvia, die die größere Macht ausübte. Antonius war ihr dritter Ehemann. Ihr erster war Caesars umstrittener Mann fürs Grobe gewesen, der wohlhabende, adlige und äußerst kaltherzige Clodius, dessen Schlägertrupps einst die Straßen Roms terrorisiert hatten, um den Willen ihres Herren mit allen Mitteln durchzusetzen. Ihr zweiter Ehemann war Scribonius Curio – wohlhabend, mit guten Verbindungen, einer der wichtigsten Leutnants Caesars. Er fiel bei den Kämpfen in Nordafrika (49 v. Chr.). Was Antonius angeht, so hatte er es vor allem seiner Eheschließung mit Fulvia zwei Jahre später zu verdanken, dass er finanziell wieder auf die Beine kam und dass er langsam Caesars Gunst zurückgewann und sich wieder einen Teil der Macht sicherte (siehe S. 79). Jetzt, wo Caesar tot war, spielte Fulvia eine eigene Rolle in der römischen Politik. Denn nicht nur war sie Antonius' Frau, ihre Tochter Clodia war auch noch mit Octavian verheiratet. Mehr noch als ihr Kollege Lepidus hatte Fulvia einen Platz im Herzen des Triumvirats.

Wäre Fulvia nicht als Frau zur Welt gekommen – einer Welt, wo Politik den Männern vorbehalten war –, dann wäre sie sicherlich selbst einer der ganz wichtigen Akteure im öffentlichen Leben Roms gewesen. Ganz sicher besaß sie alles, was dazu nötig war. Wie ein Kommentator schreibt, der eine Generation später lebte: „Sie hatte nichts von einer Frau außer ihrem Geschlecht." Sie war es gewesen (so behauptete man), die mit großer Schadenfreude die Zunge des toten Cicero mit ihren Haarnadeln durchstochen hatte, und Plutarch merkt an (nachdem er kurz darauf hinweist, dass Antonius auch mit Fulvia versucht habe, ihre Beziehung durch Streiche und Späße aufzuheitern):

> Sie war eine Frau, die keinen Gedanken an Spinnen oder Hauswirtschaft verschwendete, noch ließ sie sich dazu herab, sich um einen Mann zu kümmern, der in der Öffentlichkeit nichts zu sagen hatte; sie wollte einen Herrscher beherrschen, einen Kommandanten kommandieren. Deshalb verdankte Kleopatra es Fulvia, dass sie Antonius dazu erzogen hatte, sich einer Frau zu unterwerfen; sie übernahm ihn, als er bereits gezähmt war und darauf trainiert, Frauen zu gehorchen.[79]

Aber selbst Fulvia konnte sich nicht lange halten. Als Frau konnte man sie noch gerade (mit viel Geduld) ertragen; als Schwiegermutter war sie unerträglich. Im Interesse seiner Politik konnte Octavian ihr Verhalten bald nicht mehr hinnehmen:

> Er entschied, dass er sich lieber mit Fulvia entzweite als mit Antonius, und so schickte er ihr ihre Tochter zurück, mit der Bemerkung, dass sie immer noch Jungfrau sei, was er unter Eid beschwor – es war ihm egal, ob jemand glaubte, dass das Mädchen in seinem Haus aus anderen Gründen eine so lange Zeit eine Jungfrau geblieben war oder ob es schien, als habe er dies die ganze Zeit über geplant.[80]

Fulvia war wütend um ihrer Tochter willen und darüber, dass ihr Mann so weit weg war, in Ägypten. Sie verbündete sich mit Lucius, Antonius' jüngerem Bruder. Vielleicht trieb sie dazu auch, wie es an einer Stelle heißt, die „Eifersucht einer Frau", denn schließlich überwinterte Antonius bei Kleopatra; doch wahrscheinlich verfolgte sie hierbei ihre ganz eigene politische Agenda. Sie sprach sich dafür aus, das Los der italienischen Bauern zu erleichtern, die von ihren Feldern vertrieben worden waren, damit ihre Ländereien an die Veteranen des Bürgerkriegs verteilt werden konnten; im Mittelpunkt der öffentlichen Empörung sollte Octavian stehen.

Schnell rekrutierte Fulvia eine Armee aus dem Kreis der Enteigneten und besetzte für kurze Zeit die beiden Städte Perusia (Perugia) und Praeneste (Palestrina). Aber fast ebenso schnell reagierte Octavian. Bald wurden die Rebellen belagert, und während die Köche in Alexandria Mahlzeiten für Antonius kochten, die dieser niemals aß, wurde die Bevölkerung von Perusia ausgehungert, bis sie sich ergab. Während Antonius mit Kleopatra angeln ging, musste Lucius, den ein Historiker mit den Worten abkanzelt, er „teilte die Fehler seines Bruders, aber besaß keine der Tugenden, die dieser gelegentlich offenbarte", sich ergeben. Und Fulvia ebenso.

Ihr gefährlicher Versuch, sich gegen Octavian aufzulehnen, war gescheitert. Dennoch war das Ganze für die römische Welt noch einigermaßen glimpflich abgelaufen – der sogenannte Perusinische Krieg hätte leicht einen neuen Bürgerkrieg entfachen können. Octavian aber, berechnend, clever und mit einem Blick für den größeren Zusammenhang, verschonte sowohl Fulvia, die nach Griechenland floh, als auch Lucius, den er als Statthalter nach Spanien schickte. Die Bevölkerung von Perusia kam nicht so ungeschoren davon.

Was Antonius anging, so konnte er sich wahrheitsgemäß darauf berufen, von alledem nichts mitbekommen zu haben. Was hätte er auch vom fernen Ägypten aus tun können? Dort war er schon beschäftigt genug. Das Bemerkenswerteste daran ist, dass man seine Version der Ereignisse so bereitwillig akzeptierte. Dio zum Beispiel hält sie für komplett glaubwürdig. Er schreibt über Antonius' erste Jahre als Triumvir Folgendes:

> Er war so sehr Sklave seiner Leidenschaft und Trunksucht, dass er nicht einen Gedanken an seine Verbündeten oder seine Feinde verschwendete. Zwar stimmt es, dass er sich ernsthaft seinen Pflichten widmete, solange er ein Untergebener gewesen war und nach den höchsten Preisen gestrebt hatte, aber jetzt, wo er an der Macht war, achtete er nicht mehr auf diese Dinge, sondern schloss sich Kleopatra und ganz allgemein den Ägyptern an, in einem Leben in luxuriöser Leichtigkeit, bis er völlig demoralisiert war.[81]

Wie praktisch für Antonius, dass er eine so überzeugende Ausrede hatte.

Alles in allem hatte der Winter in Alexandria seinen äußerst befriedigenden Zweck erfüllt – sowohl für den Feldherr als auch für die Königin. Als sie zusah, wie Antonius' Kriegsgaleere in See stach, die Ruderblätter tief ins Wasser des königlichen Hafens eintauchten und hinter der Pharos-Insel die purpurnen Segel gesetzt wurden, durfte Kleopatra endlich wieder ihr berühmtes „stilles Lächeln" aufsetzen. Als sie den Römer kennengelernt hatte, da hatte immer noch der Verdacht bestanden, dass sie mit dem Feind kollaborierte. Jetzt konnte sie sich auf seine Allianz und Unterstützung verlassen – genau wie damals auf die von Caesar. Und es gab noch eine weitere Gemeinsamkeit mit ihrer Beziehung zu Caesar, einen weiteren Grund für sie, mit sich zufrieden zu sein, von dem selbst Antonius, als er davonsegelte, noch nichts gewusst haben mag. Es war noch relativ früh, aber Kleopatra war schwanger.

Zweifellos hatte die Königin Antonius ziemlich schnell einschätzen können, und sie wird erkannt haben, dass er kein Caesar war. Dennoch, er war einer der drei mächtigsten Männer in Rom, und einen Verbündeten in Rom zu haben, war für Kleopatra und ihr Land, Ägypten, von allergrößter Wichtigkeit. Eine starke Allianz mit einem starken Römer zu bilden war eine politische Notwendigkeit für sie, und die Umstände hatten dazu geführt, dass die Wahl auf Antonius fiel. Immerhin hatte er den Osten des Reichs unter sich; und er war äußerst leicht beeindruckbar.

Außerdem gab es viel an Antonius, das sie durchaus anziehend gefunden haben wird: sein militärisches Können und sein Charisma, die sie an Caesar erinnerten; seine Leidenschaft für Kunst und Dramatik, die sie an ihren verstorbenen Vater erinnerte. Doch ganz anders als jene beiden war er noch nicht viel älter als Kleopatra – und so viel leichter formbar.

Nun, da sie sein Kind im Bauch trug, spielte es keine Rolle mehr, dass Antonius Alexandria verlassen hatte. In der Tat war es sogar ganz wichtig, dass er fort war. Sein Platz war nicht in Ägypten, sondern in der weiten römischen Welt. Um seine Macht zu festigen und auszubauen, wie es nötig war, sollte er Kleopatra weiterhin helfen, musste Antonius sich wieder auf das konzentrieren, was er schon bisher so erfolgreich getan hatte: Feldzüge führen für Rom und seine politischen Karten gegen Octavian ausspielen. Als sein Schiff am dunstigen Horizont verschwand, mag Kleopatra gedacht haben, dass Antonius vielleicht (wie Caesar) fortfuhr und niemals wiederkäme. Und doch lag das Schicksal Ägyptens nun in seinen Händen.

Was Antonius dachte, können wir uns nicht ganz so leicht ausmalen, auch wenn spätere Ereignisse darauf hindeuten, dass Kleopatra auf Antonius einen größeren Einfluss hatte als er auf Kleopatra. Nun aber befahl er seinem Steuermann, den Kurs in Richtung Norden zu halten, zuerst nach Syrien und von dort aus nach Athen. Sicherlich würde er dort eher gezwungen sein, sich um die Angelegenheiten des Reichs und sein schwieriges Bündnis mit Octavian zu kümmern als in Alexandria.

Daran, wie schwierig diese Allianz tatsächlich war, fand Antonius sich überall erinnert, nicht zuletzt in seinen diversen Häusern. Fulvia, seine Frau, war erst vor Kurzem nach dem Debakel des Perusinischen Kriegs nach Athen gekommen – genau wie (unabhängig von ihr) seine

Mutter Julia. Beide Frauen hatten ihre eigene Geschichte zu erzählen, und Antonius konnte keine von beiden Geschichten erfreuen. Fulvias gescheiterter Aufstand in Italien war schon schlimm genug, aber wenigstens hatte er keine noch schlimmeren Ereignisse nach sich gezogen. Seine Mutter Julia jedoch hatte sich gerade mit einem Mann zusammengetan, den man gut und gerne als römischen „Staatsfeind Nr. 1“ bezeichnen konnte: Sextus Pompeius, der Sohn von Caesars Erzfeind, hatte Sizilien unter seine Kontrolle gebracht, eine der Kornkammern Roms, und versammelte eine Armee. Nun bot er Antonius durch Julia als Vermittlerin an, mit ihm zusammen gegen Octavian in den Krieg zu ziehen.

Und er war nicht allein. Überlebende des Perusinischen Kriegs schickten Nachrichten an Antonius, um ihm ihre Unterstützung zu versprechen, ihre Strategien darzulegen und ihm zu versichern, sie hätten „an verschiedenen Orten in Italien Orte zur Ausschiffung sowie Vorräte für ihn organisiert, in der Hoffnung, er werde sofort kommen“. Solange er konnte, weigerte sich Antonius, auf ihre Bitten einzugehen. Stattdessen flüchtete er sich in Ausreden und verbrachte seine Zeit lieber damit, sein Image als neuer Dionysos, der Frieden bringende Retter des römischen Ostens, zu zementieren. Athenaios beschreibt, teilweise unter Berufung auf einen Beinahe-Zeitgenossen, wie

> Antonius in Athen über dem Theater einen Pavillon errichten ließ, mit einem dichten Dach aus grünem Holz, das aussehen sollte wie eine bacchische Grotte, und darin ließ er Trommeln und Rehhäute und alle möglichen anderen dionysischen Utensilien aufhängen, und vom frühen Morgen an legte er sich dort hin, um sich mit seinen Freunden zu betrinken, während eine Gruppe von Musikern, die er aus Italien hatte kommen lassen, die ganze Zeit über spielte, zum panhellenischen Fest. Manchmal ... ging er hoch zur Akropolis, wobei Lampen auf den Dächern die ganze Stadt Athen erhellten. Und von dort aus verkündete er, es sei nunmehr in jeder Stadt bekanntzugeben, dass man ihn als Dionysus anzusprechen habe.[82]

Was Kleopatra von alledem gehalten haben mag, falls sie jemals davon erfuhr, wissen wir nicht. Einerseits hätte sie das Detail mit den Lampen sicherlich amüsiert – wie viel Antonius bereits von ihr gelernt hatte! Auf der anderen Seite müsste sie Antonius’ Verhalten jedoch mit wachsendem Unbehagen betrachtet haben. Wenn es, was immer wahrscheinlicher erschien, zu einem Krieg käme, wäre er komplett unvorbereitet.

Doch dann, endlich, handelte er. Er ließ Fulvia in Griechenland zurück, überquerte das Ionische Meer und ging im italischen Brundisium (Brindisi) vor Anker. Die Hafenbehörden aber ließen ihn nicht von Bord. Antonius seinerseits veranlasste eine Blockade der Stadt. Ein Konflikt schien unvermeidlich – immerhin wurde hier eine Stadt belagert, die Octavians direktem Befehl unterstand. Und so versammelte dieser seine Truppen und marschierte nach Osten bis Brundisium. Bald standen die Armeen beider Männer einander gegenüber. Die Spannungen wuchsen. Teile der Kavallerie gingen aufeinander los. Doch insgesamt war den in Reih und Glied stehenden Soldaten nicht danach, einander zu bekämpfen, und als Antonius und Octavian vernahmen, dass Fulvia, Ehefrau des einen und Ex-Schwiegermutter des anderen, erkrankt war und im Sterben lag, nutzten sie diese Nachricht als Vorwand dafür, Frieden zu schließen.

Schließlich war es Fulvia gewesen und nicht Antonius, die den Perusinischen Krieg angeführt hatte. Nun, da sie tot war, konnte man alle Schuld auf Fulvia schieben; ihr Tod führte dazu, dass sich die verbleibenden Spannungen lösten. Für die beiden Männer war das Ganze sozusagen eine „bequeme Unwahrheit“: Antonius’ Gemahlin wurde zum Sündenbock erklärt, Octavians Zorn traf nicht Antonius, sondern seine Frau, die ihre privilegierte Stellung an seiner Seite missbraucht hatte. Es war eine saubere Lösung – und ein Präzedenzfall.

Eheliche Harmonie: Antonius und Octavia zieren die Vorderseite eines silbernen Cistophorus, während auf der Rückseite Dionysos dominiert. Die Münze wurde in Kleinasien geprägt, ca. 39 v. Chr. Durchmesser 2,6 cm. British Museum, G.2205.

In Zuge ihrer Versöhnung veranstalteten Octavian und Antonius Bankette, dem jeweils anderen zu Ehren, „Octavian in militärisch-römischem Stil und Antonius in asiatisch-ägyptischem Stil“.[83] Hier gab es zweifellos noch mehr Lampen zu bestaunen. Man unterzeichnete einen Vertrag (September 40 v. Chr.), der Octavian alle westlichen Provinzen zusprach, alle östlichen Antonius. Außerdem erhielt Antonius, als Zeichen der großen Wertschätzung und des Vertrauens seines Kollegen, Octavians Schwester Octavia zur Frau. Octavia war zufälligerweise im gleichen Alter wie Kleopatra und wie diese eine energische, gebildete und intelligente Frau. An Lepidus, den dritten Triumvir, ging Afrika, und mit Sextus Pompeius schloss man (eine Art) Frieden.

Irgendwann während dieser seltsam aufregenden Tage, vielleicht inmitten der ersten leidenschaftlichen Phase der Ehe zwischen Antonius und Octavia, traf über die üblichen diplomatischen Kanäle eine Nachricht aus Ägypten ein, zweifellos mit großem Pomp und großer Feierlichkeit überbracht: In Alexandria hatte Kleopatra Zwillinge zur Welt gebracht, einen Jungen und ein Mädchen – die Kinder des Antonius, Halbgeschwister von Caesars Sohn Kaisarion und Erben des ägyptischen Throns.

Wie die frisch Vermählten auf diese Nachricht reagierten, darüber können wir nur spekulieren. Die Ehe von Antonius und Octavia basierte nicht auf Liebe, sondern auf politischen Erwägungen, doch gerade weil sie politisch so wichtig war, war es umso bedeutender, dass ihre Harmonie nicht gefährdet würde – immerhin hing von ihrem Erfolg die Zukunft der Allianz zwischen den beiden Triumvirn Octavian und Antonius ab. Was sie am meisten gefährdet hätte, wären freilich Anzeichen dafür, dass das Techtelmechtel zwischen Antonius und Kleopatra immer noch andauerte. Indem er seinen Amtskollegen mit seiner Schwester verheiratet hatte, wollte Octavian (mit der ihm eigenen effizienten und scharfsinnigen Berechnung) sicherstellen, dass für Antonius jede zukünftige Beziehung mit dem fruchtbaren Ägypten auf rein diplomatischer Ebene stattfinden würde.

Für Kleopatra war dies ein durchaus positives Ergebnis. Es ließ sie Ägypten ohne Einmischung regieren, im sicheren Wissen, dass ihre eigene Position mit großer Wahrscheinlichkeit unangreifbar sein würde, solange das Römische Reich sicher blieb und sich seine Außenpolitik nicht änderte. In den langen Monaten, die nun folgten, konnte sie sich im Glanz ihres Erfolgs sonnen. Vielleicht dachte sie dabei an ihren Lehrmeister und prahlte, ähnlich Caesar in Pontus habe sie in Tarsos ihr eigenes *veni-vidi-vici*-Erlebnis gehabt und einen allzu leichten Sieg errungen.

Und doch überließ Kleopatra weiterhin nichts dem Zufall. In Antonius' Haushalt befand sich ein Geheimagent, ein ägyptischer Wahrsager, der über die Wahrung der Interessen der Königin wachen sollte und sicherstellen, dass sie in Alexandria zuverlässig informiert wurde. Bedenkt man die Art der Tarnung dieses Agenten, war es kaum zu vermeiden, dass einige seiner Berichte ein wenig weltfremder schienen als andere. So erfuhr Kleopatra zum Beispiel, dass der Wahrsager

> Antonius geraten hatte, sich so gut wie möglich vom jungen Octavian fernzuhalten, indem er ihm sagte: „Dein Daimon [Schutzgeist] hat Angst vor seinem Daimon. Er ist selbstsicher und stolz, wenn er alleine ist, aber er wird demütig und feige, wenn der andere in der Nähe ist." Und in der Tat schienen einige Ereignisse diese Worte des Ägypters zu bestätigen, denn es heißt, wann immer die beiden (aus welchem Grund es auch sein mochte) das Los oder die Würfel warfen, verlor Antonius ganz unweigerlich … Antonius ärgerte sich insgeheim, wenn dies passierte, aber hörte dadurch umso genauer auf die Worte des Ägypters, und so verließ er Italien und vertraute Octavian seinen Haushalt an.[84]

Es sollte nicht das letzte Mal sein, dass die zweifelhaften Schlussfolgerungen der Geheimdienste politische Ereignisse nach sich zogen, aber dieses Mal waren sie ausnahmsweise gutartig. Als das folgende Jahr zu Ende ging, vernahm Kleopatra, dass Antonius mit seiner Frau Octavia und ihrer neugeborenen Tochter Antonia an seiner Seite nach Athen zurückgekehrt war, wo sie den Winter verbringen würden (39/38 v. Chr.).

Dieser Aufenthalt in der griechischen Hauptstadt war natürlich nicht von so ausschweifenden Eskapaden geprägt wie der in Alexandria zwei Jahre zuvor, aber dennoch sollte er Antonius, wenn auch auf andere Weise, in Erinnerung bleiben. Er freute sich über sein erneuertes Bündnis mit Octavian und hatte das Gefühl, der könne endlich ausspannen. Seine junge Frau entzückte die Athener, und Antonius selbst

> schaute sich lediglich die Berichte aus der Armee an und tauschte seine Erscheinung als Kommandant wieder gegen die des Privatmanns ein, trug quadratisch geschnittene griechische Gewänder und attische Schuhe, und vor seiner Tür sammelten sich keine Menschenmengen mehr … Er nahm seine Mahlzeiten nach der Art der Griechen ein, verbrachte seine Freizeit mit Griechen und genoss ihre Feste in Gesellschaft Octavias, in die er sehr verliebt war, so wie er von Natur aus die Frauen liebte.[85]

Auch wenn Plutarch mehr Antonius' offizielle Tätigkeiten beschreibt, malt er doch ein ähnliches Bild:

> Antonius … übernahm für die Athener die Rolle des Gymnasiarchen. Er ließ seine Feldherrnkleidung daheim und trug in der Öffentlichkeit die Gymnasiarchen-Tracht mit langem Gewand und weißen Schuhen.[86]

Aber selbst inmitten solch lobenswerter bürgerlicher Pflichten fand Antonius noch Zeit, um zwei seiner persönlichen Interessen zu verfolgen – im ganzen Osten seinen Ruf als Gott auszubauen und weiterhin sicherzustellen, dass seine eigenen Kassen gefüllt waren:

> Er nannte sich zum Beispiel den „jungen Dionysos" und beharrte darauf, so von anderen angesprochen zu werden; und als die Athener ihn deshalb mit Athene verlobten [eine allegorische Handlung, die ein religiöses Ritual mit politischer Opportunität verband], sagte er, dass er die [rein symbolische] Ehe annehme und von ihnen eine [umso handfestere] Mitgift von vier Millionen Sesterzen verlange.[87]

Alles in allem war jedoch sein winterlicher Aufenthalt in Athen eine viel nüchterne Angelegenheit, als es jener in Alexandria gewesen war. Es gibt keinen Historiker, der im Zusammenhang mit Athen Antonius' Verhalten als „verabscheuungswürdig" qualifiziert.

Doch auch wenn an diesem Verhalten wenig auszusetzen war, erwuchsen ganz andere Sorgen, als im Frühjahr 38 v. Chr. die Seewege wieder eröffnet wurden und in Alexandria auf einmal Nachrichten von ganz anderer Art eintrafen.

Aus Sizilien wird Kleopatra gehört haben, dass Sextus Pompeius Rom gegenüber nun doch wieder eine feindselige Haltung eingenommen hatte; aus Athen, wie Antonius nun doch wieder seine Uniform angelegt hatte, um gegen Sextus Pompeius zu kämpfen und auch gegen die Parther; aus Rom, wie Flotten gegen Pompeius' Schiffe geschickt worden waren, die dessen Würgegriff auf die Nahrungsmittelversorgung der Stadt ein für allemal ein Ende setzen sollten. Später im selben Jahr muss Kleopatra von verzweifelten Seeschlachten gehört haben, von Siegen des Pompeius, von Galeeren, die im Sturm untergingen, von Octavian, wie er flüchten und (wenn auch nur kurz) um sein Leben rennen musste. Sie muss davon gehört haben, wie Octavian eine Dringlichkeitssitzung in Brundisium einberaumt hatte, wie Antonius seiner Bitte nachkam, wie Octavian selbst gar nicht dort eintraf und Antonius, der sich abgewiesen fühlte, zurück in den Osten nach Griechenland fuhr. Doch trotz der Turbulenzen im Römischen Reich blieb Ägypten unangetastet. Manche müssen gedacht haben, das Land und seine Königin seien verzaubert.

Die Monate verstrichen (38/37 v. Chr.) und das Netz der verschiedenen Berichte, die die ägyptische Hauptstadt erreichten, wurde immer komplexer, aber dennoch stachen einige Schlagzeilen heraus: ein Teilerfolg eines der Leutnants des Antonius über die Parther; die erneute Festigung der Allianz zwischen Octavian und Antonius durch die Verlobung ihrer noch kleinen Kinder; Antonius' Einwilligung, Octavian mehr als hundert Schiffe zu leihen, um ihn beim weiterhin andauernden Krieg gegen Sextus Pompeius zu unterstützen. Dann traf aus Parthien die Nachricht ein, dass dort ein Bürgerkrieg ausgebrochen war. Aus Griechenland meldete man, dass Antonius diese Unordnung beim alten Feind Roms schnell nutzen wolle, indem er eine neue Expedition ins Leben rief. Stationiert werden würde sie in Antiochia. Zwar bewegten sich die Ereignisse mit großem Tempo, aber nirgendwo gab es Anzeichen für eine Bedrohung Ägyptens.

Dann, im Herbst 37 v. Chr., traf in Alexandria ein weiterer Brief ein; ganz egal, wie sehr der Hof auf diese Botschaft durch vergangene Geheimdienstberichte vorbereitet gewesen sein mag, man muss ihren Inhalt dennoch mit Bestürzung aufgenommen haben. Mit einem Schlag drohte dieser Brief das fein ausbalancierte diplomatische Gleichgewicht, an dem Kleopatra so lange und so geschickt gearbeitet hatte, in sich zusammenfallen zu lassen. Denn darin enthalten war eine Einladung. Wie sie darauf reagieren sollte, muss nicht nur den begabtesten Köpfen Alexandrias den Schlaf geraubt haben, sondern auch Kleopatra selbst. Diese Einladung zu akzeptieren, konnte in dem einen Lager zu ebenso großem Unmut führen, wie sie abzulehnen in dem anderen, und ganz unversehens könnte sich Ägypten dadurch mitten im Krieg wiederfinden.

Während die bestürzte Kleopatra im königlichen Palast die Implikationen dieses Briefs abwägte, mag sie einen Blick auf eine der Sphinx-Skulpturen aus schwarzem Basalt geworfen haben, die den breiten In-

nenhof zierten; und sie mag das Gefühl gehabt haben, dass die Entscheidung, vor der sie stand, ebenso unmöglich zu lösen war wie ein Rätsel, das diese Kreatur ihr hätte stellen können.

Denn die Nachricht kam von Antonius, und sie war ganz unverblümt: Er hatte seine Ehefrau, Octavia, die Schwester seines Kollegen Octavian, die der Garant für die Stabilität des Triumvirats gewesen war, zurück nach Hause geschickt, nach Italien. Statt mit ihr wollte Antonius die folgenden Monate in Antiochia mit Kleopatra verbringen.

Rätselhaft und tödlich: eine gelbe Sphinx aus Kalkstein, hellenistisch-römische Zeit (1. Jh. v. Chr./2. Jh. n. Chr.), aus Ägypten. Länge 41,5 cm, Höhe 25 cm. British Museum, 1875,0810.10.

KAPITEL 7

# Düsterer Sieg

ANTIOCHIA: HERBST 37 V. CHR.

Vielleicht war es die Wahl des Ortes, die Kleopatra auf die Idee brachte. Denn so wie Alexandria der Sitz des großen Ptolemäer-Reichs war, so hatte auch in Antiochia einer der Generäle Alexanders des Großen gesessen, Seleukos, der von hier aus Syrien regierte.

Und wie Alexandria war auch Antiochia für seine Pracht bekannt, seine breiten, schachbrettartig angelegten Straßen, seine üppigen, gut bewässerten Gärten, seine schimmernden Tempel, sein Theater und seinen Königspalast. Dennoch gab es Unterschiede. In Antiochia lag der Palast auf einer Insel inmitten der schnellen Wasser des Orontes, während im Süden die Wände einer hohen Zitadelle die Felswand eines Berges, des Silpios, erklommen. Mit seiner multiethnischen Bevölkerung aus Griechen, Juden und Syrern wohnten in der Stadt etwa eine halbe Million Menschen. Nur Rom und Alexandria hatten mehr Einwohner.

Doch jetzt, wo die Ebene zu beiden Seiten des Orontes mit einem Meer von Zelten und temporären Quartieren für die gewaltige Armee, die Antonius im folgenden Jahr nach Parthien führen wollte, übersät war, wuchs die Bevölkerung der Stadt noch einmal um viele tausend Menschen, ihre Sklaven und Zulieferer. Währenddessen war im Palast der ägyptische Hofstaat zu Gast.

Trotz aller anfänglichen Befürchtungen war Kleopatra zu dem Schluss gekommen, dass sie nicht anders konnte, als Antonius' Bitte, ihn zu begleiten, nachzukommen. Schließlich hatte er sie gerufen, er brauchte die Unterstützung Ägyptens für seinen bevorstehenden Feldzug, und sicherlich hätte er sie gar nicht erst eingeladen, wenn er wusste, dass er dadurch Octavians Zorn auf sich zog. Zumindest mögen das die offiziellen Argumente gewesen sein. Insgeheim jedoch, zieht man ihr eigenes Urteilsvermögen in Betracht sowie die Berichte ihres Agenten, des Wahrsagers, wird Kleopatra insgeheim klar gewesen sein, was Plutarch später umso deutlicher schreibt:

> Dieses große Übel, das so lange geschlummert hatte, nämlich seine Liebe zu Kleopatra, die eingeschlafen oder sogar ganz beseitigt zu sein schien, erwachte nun wieder, als er sich der syrischen Küste näherte, und brannte erneut.[88]

**GEGENÜBER**
Ein heroischer Antonius auf einem roten Jaspis-Intaglio für einen Ring. Römisch, ca. 40–30 v. Chr. Länge 1,4 cm. British Museum, 1867,0507.724.

Seleukos I. Nikator („der Sieger", 312–280 v. Chr.), einer der Generäle und Nachfolger Alexanders des Großen und Gründer von Antiochia, auf einer silbernen Tetradrachme, geprägt in Susa (Iran). Durchmesser 2,5 cm. British Museum, 1969,0525.1.

Wenn dies der Fall war, würde Kleopatra sicherstellen, dass sie (und Ägypten) davon profitierten – vor allem, falls sich Octavian (wie zu befürchten stand) wenig begeistert über ihre erneute Verbindung mit Antonius, dem Mann seiner Schwester, zeigte. Wenn sie schon das Risiko einging, das diese Reise nach Antiochia mit sich brachte, dann musste für sie auch entsprechend viel dabei herauskommen. Es war jetzt an der Zeit, Einzelheiten zu besprechen.

Die Historiker der folgenden Jahrhunderte berichten relativ einmütig, Antonius habe sie „mit Geschenken überhäuft". Wahrscheinlicher jedoch ist, dass Kleopatra ihrerseits mit einem Wunschzettel ankam. Auf jeden Fall konnte die ägyptische Königin binnen kurzer Zeit eine deutliche Expansion ihres Reichs verzeichnen:

> Um ihr Reich zu vergrößern … schenkte er ihr Phönizien, Koilesyrien, Zypern und einen großen Teil Kilikiens; außerdem jenen Teil von Judäa, in dem Balsam produziert wird, und den Streifen vom Arabien der Nabatäer, der sich bis zum äußeren Meer hin erstreckt.[89]

Zusammen mit diesen neuen Territorien verfügte Kleopatra nun über fast die gesamte Fläche des Ptolemäischen Reichs, wie es einst in seiner Blütezeit (3. Jahrhundert v. Chr.) existiert hatte. Nur das Kernland von Judäa und das Königreich Nabatäa bekam sie nicht. Mit Fug und Recht konnte Kleopatra zurück in Ägypten ein Edikt erlassen, dass man dieses Jahr (37/36 v. Chr.) künftig nicht mehr das „Jahr 16" ihrer Regierungszeit nennen würde, sondern „Jahr 1". Und so begann in den amtlichen Aufzeichnungen in allen ihren Territorien am 1. September 37 v. Chr. das zweite Ptolemäerreich.

Aber das war noch nicht alles: Wiederum auf Kleopatras Betreiben hin bekannte sich Antonius öffentlich zum Vater der Zwillinge, die mittlerweile drei Jahre alt waren. Bei einer Zeremonie zur Namensgebung, die möglicherweise (bedenkt man seinen Hang zum großen Auftritt) im Großen Theater von Antiochia abgehalten wurde, präsentierte Antonius dem Volk seine beiden Kinder, die fortan Alexander Helios („Sonne") und Kleopatra Selene („Mond") hießen. Die Symbolik hätte kaum deutlicher sein können. Diese Namen verbanden nicht nur das erste Ptolemäerreich mit dem zweiten und den Namen der jetzigen Königin mit dem des großen Gründers von Alexandria; noch dazu identifizierten die Epitheta „Helios" und „Selene" die Königskinder feierlich als menschliche Inkarnation der zwei großen Götter des östlichen Imperium. Wie beide Elternteile sollte man sie als göttlich ansehen.

Die Reaktionen in Rom auf Antonius' Entscheidungen konnte man bestenfalls als verhalten bezeichnen; „vor allem die verschenkten Gebiete irritierten die Römer", während die Anerkennung der Vaterschaft beider Kinder einfach „den Skandal noch verschlimmerte".[90] Zumindest konnte

Octavian sich nicht ernsthaft darüber beschweren, dass die Zwillinge mit Göttern identifiziert wurden, denn in Rom tat Octavian selbst sein Möglichstes, um an einer Verbindung zwischen sich und dem Gott Apollo zu feilen; er hielt ein Bankett ab, bei dem er (mit einer für ihn ganz untypischen Extravaganz) wie eben jener Gott gekleidet auftrat:

> Bei diesem [Bankett] erschienen die Gäste als Götter und Göttinnen gekleidet, während er selbst als Apollo angezogen war, wie ihm nicht nur die Briefe des Antonius vorhalten, der erbittert die Namen aller Teilnehmer nennt, sondern auch diese anonymen, aber äußerst bekannten Verse:
> „... Während Octavian gottlos den falschen Apollo gibt,
> Während er zum ausschweifenden Mahl der Götter lädt,
> Wenden sich alle Gottheiten von der Erde ab,
> Und selbst Jupiter flieht von seinem goldenen Thron."[91]

Die göttliche Zeugung des Octavian? Die Portlandvase könnte zeigen, wie Apollo als Seeschlange Octavians Mutter Atia schwängert. Kameoglas, aus Rom, ca. 1–25 n. Chr. Höhe 24,5 cm. British Museum, 1945,0927.1, erworben mit Hilfe des Nachlasses von James Rose Vallentin.

Die kaiserzeitliche Biograph Sueton merkt an, dass angesichts der immer wieder durch Sextus Pompeius gestörten Nahrungsmittelversorgung Roms auch der Zeitpunkt des Bankett wenig Einfühlungsvermögen offenbarte:

> Den Skandal dieses Banketts verschlimmerte noch die Tatsache, dass es zu der Zeit in der Stadt eine Teuerung und eine Hungersnot gab, und am folgenden Tag gab es einen regelrechten Aufschrei: die Götter hätten alles Getreide verspeist, Caesar sei in der Tat Apollo, aber Apollo der Peiniger, ein Beiname, unter dem dieser Gott in einem Teil der Stadt verehrt wurde.[92]

Indem er sich selbst als Apollo stilisierte, jener Gott, mit dem er sich selbst den ganzen Rest seines langen Lebens identifizieren sollte, nahm Octavian ganz bewusst eine Gegenposition zu Antonius ein. Dionysos, der Gott, in dessen Gestalt Antonius im Osten des Reichs gefeiert wurde, war ein Gott der überschwänglichen Emotionen, der Hemmungslosigkeit, Geselligkeit und Ausschweifungen. Apollo jedoch war viel ernsthafter, ein Gott der Vernunft und der Strenge, der Harmonie und jener Art von Ordnung, die durch das Befolgen von Regeln erreicht wird.

Im Osten hatte auch Apollo seine Anhänger. Etwas außerhalb von Antiochia, in der grünen Vorstadt Daphne, mit ihrem Lorbeer, ihren Eichenhainen und Wasserfällen, gab es einen berühmten Bezirk des Gottes, mit einem sagenhaft reichen Tempel und einem großen Kultbild, das vom Bildhauer Bryaxis angefertigt war, dessen Arbeiten auch das Mausoleum in Halikarnassos, weit im Nordwesten, schmückten – einem weiteren Weltwunder der Antike. Doch trotz der Präsenz des strengen Apollo-Tempels war Daphne für Antiochia, was Kanopos für Alexandria war: ein Ort des Vergnügens und der lockeren Moral. Als solche war die Stadt sicher auch für Antonius eine Attraktion. Dass keine Berichte über wilde Partys aus diesen Wintermonaten überlebt haben, bedeutet nicht, dass keine stattfanden. Mit Sicherheit ließen Antonius und Kleopatra ihre körperliche Beziehung wieder aufleben, die sie in Alexandria genossen hatten, denn gegen Ende des Winters war die Königin schon wieder schwanger.

Doch im späten Frühjahr wurde die entspannte Ruhe von Daphne empfindlich gestört (Mai 36 v. Chr.). Es musste einem vorkommen, als sei ganz Antiochia unterwegs. Die Zelte wurden eingepackt, die Quartiere abgebaut, und die Stadt muss vom Klang der Soldatenstiefel auf den marmornen Straßenplatten wiedergehallt haben, vom Schlag der Hufe, vom Rumpeln der Räder der mobilen Katapulte. Denn es war an der Zeit, gegen Parthien zu marschieren, Antonius konnte nun nicht länger warten. Kleopatra versicherte ihm, dass sie alles tun werde, um seine Flotte zu vergrößern und die Versorgung seiner Truppen sicherzustellen, und so verabschiedete er sich von der Königin, die nach Ägypten zurückreisen würde, und gab seinen Männern den Befehl, vorzurücken.

Als der Staub sich langsam legte und die Armee aus ihrem Blickfeld verschwand, konnte Kleopatra endlich Bilanz ziehen. Es hatte sich vieles verändert. Ihr Reich war über Nacht gewaltig gewachsen, und dadurch kontrollierte sie nicht nur neue Gebiete, sondern auch neue Geschäftsfelder, mit attraktiven Möglichkeiten für steigende Umsätze. Wie ein mächtiger Konzernchef nach einer erfolgreichen Fusion, fand sich Kleopatra nun an der Spitze einer multinationalen Organisation wieder, die eine sorgfältige Verwaltung und eine starke Führung benötigte.

Unter anderem kontrollierte Kleopatra jetzt die lukrativen Handelswege zwischen dem Mittelmeer im Westen und Indien und Sri Lanka im Osten, mit allen Möglichkeiten, die dies nicht nur in puncto Besteuerung mit sich brachte, sondern auch für den Aufbau diplomatischer Beziehungen. Etwas näher an ihrer Heimat gelegen waren die profitablen Produktionsstätten für Balsam und aromatische Harze, die zur Herstellung von Düften und Salben dienten. Dieser Geschäftszweig war so einträglich, dass sie Balsamstecklinge aus Jericho, wo das bisherige Monopol saß, nach Ägypten bringen ließ, wo man die Sträucher bald im industriellen Maßstab anbaute.

Zwei andere Geschäftszweige hatten noch unmittelbarere Vorteile, nicht nur für Kleopatra, sondern auch für Antonius. Die Hügel der von

Kleopatra neu annektierten Provinzen Zypern, Kilikien, Libanon und Gilead waren dicht bewaldet, und ihre Zedern, Kiefern und Eichen lieferten die Rohstoffe für Ruder und Galeeren, die man für den Bau von Antonius' neuer Flotte benötigte und für die man nicht nur Kriegsschiffe brauchte, sondern auch die lebenswichtigen Transportschiffe. Um die Rümpfe der Schiffe abzudichten, bedurfte es eines dicken Anstrichs mit Bitumen, auch über diesen Rohstoff verfügte Kleopatra nun exklusiv. Was man sonst noch für den Schiffbau benötigte, waren Leinensegel, gedrehte Seile, Know-how und Arbeitskräfte – all das besaß Ägypten ohnehin in Hülle und Fülle. Caesar war Zeuge geworden, wie schnell die Alexandriner eine Flotte bauen und bemannen konnten, die dann gegen ihn kämpfte (siehe S. 50); jetzt ließ Kleopatra eine Flotte bauen, die Antonius versorgte.

Natürlich war nicht jeder glücklich damit, dass sein Gebiet oder Geschäft von jemand anderem übernommen wurde. In Judäa versuchte der lästige König Herodes seinen Groll beiseitezuschieben und bot Kleopatra an, die Einnahmen aus der Bitumen-Konzession am Toten Meer für sie einzusammeln. Kleopatra ging auf den Vorschlag ein, wenn auch mit Vorbehalt. Der von innenpolitischen Krisen gebeutelte römische Klientelkönig verabscheute Kleopatra, nicht nur weil sie mächtiger war als er, sondern weil er ihr Verhalten als Einmischung in jüdische Angelegenheiten wahrnahm. Als Ägypterin, die fließend Hebräisch und Aramäisch sprach, hatte sie es gewagt, sich in die Kandidatur für das Amt des Hohepriesters einzuschalten, und mit Unterstützung von Antonius hatte sie dafür gesorgt, dass sich ihr Kandidat durchsetzte. Herodes war außer sich, aber er konnte nichts weiter tun, bis er ein paar Monate später verkündete, dass der neue Hohepriester leider ertrunken war. Herodes brüstete sich mit kindischer Heiterkeit, Kleopatra habe einmal versucht, ihn zu verführen (was komplett unglaubwürdig war), doch er posaunte auch heraus (was durchaus glaubwürdig war), er erwäge, die Königin töten zu lassen. Herodes war nicht gerade ein angenehmer Zeitgenosse.

In Rom wurde man hellhörig. Schließlich hatten alle Gebiete, die nun in den Händen Kleopatras lagen, unter direktem Kommando von Rom gestanden. Auch wenn es strategisch durchaus sinnvoll gewesen sein mochte, dass Antonius diese Provinzen an jemanden übertrug, dem er darin vertrauen konnte, sie ganz integer zu verwalten, so bedeutete das Ganze dennoch, dass das Römische Reich auf einen bedeutenden Teil seines Gebiets verzichtete und es an eine unabhängige ausländische Königin abtrat. Für einen patriotischen Römer war das vollkommen inakzeptabel.

Im Osten jedoch erstrahlte Kleopatras Stern immer heller. In Antiochia ließ sie neue Münzen prägen, die auf der einen Seite Antonius zeigten, auf der anderen Kleopatra, aber nicht in der Verkleidung der Isis, sondern als römische Matrone. Inzwischen hatte sie sich selbst neue Titel verliehen, nannte sich „das Vaterland liebende Göttin" und „jüngere Göttin", und sie benutzte die Bilder, die nun mit ihren Kindern assoziiert wurden, um die Wahrnehmung ihrer eigenen Göttlichkeit auszubauen. Denn mit deren neuen Namen Helios und Selene, Sonne und Mond, spielten die kleinen Zwillinge eine zunehmend wichtige Rolle in Kleopatras Propaganda.

In der gesamten griechischen Welt sah man die Sonne und den Mond als Zwillinge an, die man mit der Siegesgöttin assoziierte, während man in Ägypten seit Jahrhunderten den Mond mit Isis identifizierte, der Göttin, als deren Inkarnation Kleopatra sich immer häufiger verehren ließ. Außerdem hatten sich die ägyptischen Pharaonen 1500 Jahre lang als Verkörperung der Sonne anbeten lassen, nicht zuletzt im großen Tempel-Komplex von Heliopolis, der „Sonnenstadt", und die griechischen Philologen von Alexandria verfassten Hymnen in bewusst archaisierender Sprache, die beschrieben, wie

> Helios, der den unsterblichen Göttern gleicht, den Menschen und unsterblichen Göttern leuchtet, wenn er auf seinem Wagen fährt; er schaut durchdringend aus seinen Augen unter dem goldenen Helm hervor; helle Strahlen gehen von seiner Stirn aus und umschließen voll Anmut sein Antlitz, das man weithin sieht; ein kostbares, fein gesponnenes Gewand leuchtet am Körper, und er weht mit dem Wind …[93]

Der Sonnengott trägt einen Strahlenkranz, auf einem Silberdenar des Antonius. Geprägt in einer mobilen Prägestätte, 42 v. Chr. Durchmesser 1,85 cm. British Museum, 1868,0514.61.

Auch weiter im Osten und überhaupt im gesamten Mittelmeerraum galt die Sonne als Vorbote einer neuen Epoche des Friedens und der Harmonie, des Goldenen Zeitalters, das so viele Menschen nach den Jahrzehnten zerstörerischer Bürgerkriege ersehnten.

Doch Ägypten und die griechisch-römische Welt beteten nicht nur die Sonne an. In Parthien verkündete der neue König Phraates IV., er sei „Bruder der Sonne und des Mondes"; dennoch fühlte er sich den kleinen Kindern des Antonius ganz und gar nicht verbunden. Denn bereits im Sommer 36 v. Chr. befand sich Antonius, nun wieder in seiner Rolle als römischer Feldherr, an der Spitze seiner riesigen, schwerfälligen Armee, ihre Soldaten, Lasttiere und Wagen über mehrere Meilen verteilt hinter sich. Ihre Mission: die Parther ein für alle Mal zu schlagen.

Antonius hatte sich gut vorbereitet. Anstatt einen direkten Angriff in Richtung Osten auf Parthien zu versuchen, wie man hätte erwarten können, marschierte er zunächst nach Armenien im Nordosten, wo der augenscheinlich zuverlässige König Artavastes den Römern seine volle Unterstützung zugesagt hatte. Von hier aus sollte Parthien angegriffen werden, das nunmehr im Süden lag. So traf er also in Armenien an einem vorher festgelegten Ort seine Verbündeten. Plutarch beschreibt die enormen Ressourcen, die Antonius' Befehl unterstanden:

> An echten Römern gab es 60 000 Fußsoldaten, außerdem die Kavallerie, die als römisch angesehen wurde, namentlich 10 000 Iberer und Kelten; von anderen Völkern kamen noch einmal 30 000, gleichermaßen Reiter und Leichtbewaffnete.[94]

Auch wenn die Gesamtzahl von 100 000 Soldaten eine Übertreibung gewesen sein mag: Wenn man die Gepäck- und Versorgungszüge dazuzählte, war es ein gewaltiges Heer, viel größer als alle, die Antonius je befehligt hatte. Es war so groß, dass es (wie Plutarch in einer Hyperbel sagt), „selbst die Inder jenseits von Baktrien erschreckte und ganz Asien zittern ließ".

Doch lag in seiner Größe zugleich die größte Schwäche dieses Heers. Als der mächtige Expeditionszug in Richtung Süden polterte, machte das unwegsame Gelände es für die Wagen mit dem Gepäck schwer, vorwärtszukommen. Und auch die 300 schwerfälligen Ochsenkarren mit dem so wichtigen Belagerungsgerät (darunter ein 25 Meter langer Rammbock zum Durchbruch von Stadttoren) kamen nur langsam voran. Für den ungeduldigen Antonius war die quälende Langsamkeit, mit der sich das Heer bewegte, mehr als ärgerlich. Caesar, der Meister des blitzartigen Überfalls, so mag er gedacht haben, hätte sich niemals so viel Ballast aufgehalst. Abgesehen davon war er überzeugt davon, dass seine *shock-and-awe*-Taktik funktionieren würde und die schiere Anzahl seiner Soldaten den Parthern so viel Furcht einflößen würde, dass sie ihm ihre Kapitulation anbieten würden, bevor es überhaupt zum Kampf kam.

Also ließ Antonius seine Karren und Wagen, seine Ausrüstung und seinen Belagerungsrammbock, bewacht von einer großen Abteilung seiner Soldaten, zurück und rückte persönlich mit dem Rest seiner Armee zur reichen Stadt Phraaspa vor, die inzwischen als königliche Residenz fungierte. Wenn er erwartet hatte, dass die Bürger von Phraaspa kampflos kapitulieren würden, dann hatte er sich gründlich getäuscht. Sie schlossen ihre Tore und bereiteten sich auf die folgende Belagerung vor. Antonius' Plan war fehlgeschlagen. Jetzt, da er so dringend Belagerungsmaschinen brauchte, hatte er keine. Alles, was er tun konnte, war, seine Armee einen hohen Erdwall vor den Stadtmauern errichten zu lassen. Seine Absicht: eine Rampe zu bauen, über die seine Legionen in die Stadt eindringen konnten.

Es war eine undankbare Aufgabe – die starken Stadtmauern wurden gut verteidigt. Und als sie noch dabei waren, die Rampe aufzuschütten, kam ein Reiter in Antonius' Lager galoppiert, mit einer dringenden Nachricht von seinem Tross: er wurde vom Partherkönig Phraates angegriffen. Antonius musste ihnen schnell zu Hilfe kommen. In aller Eile versammelte er seine Männer, und sie marschierten den ganzen Weg zurück, den sie gekommen waren.

Der Anblick, der sie erwartete, war schrecklich. Über der Ebene lag eine große Stille, und man sah nichts als Leichen. Von den Soldaten und den Kutschern war keiner mehr am Leben. Es war ein einziges Blutbad, nichts und niemand war davongekommen. Die Gepäckwagen und die Belagerungsmaschinen, die Antonius so dringend brauchte, waren verschwunden. Und was genauso schlimm war: In den folgenden Tagen erfuhr er, dass sein eigentlicher Verbündeter, der armenische König Artavastes, den Schauplatz bei den ersten Anzeichen von Schwierigkeiten verlassen hatte und seine Truppen wieder nach Hause geführt hatte. Seine Intervention hätte den Tross vielleicht retten können. Dieser Verrat hatte sein Schicksal besiegelt.

Antonius hatte wohl keine andere Wahl, als seine überlebenden Truppen zurück nach Phraaspa zu führen und die Belagerung fortzusetzen. Bereits in diesen relativ frühen Tagen des großen Feldzugs gab es einige, die das Ganze für sinnlos hielten, und während die Tage sich dahinschleppten, wurden die Nahrungsmittel der römischen Armee langsam knapp. Was alles noch schlimmer machte: König Phraates traf mit seiner parthischen Armee ein und schlug in einigem Abstand sein Lager auf; dort stand es, inmitten der dunstigen Hitze der flachen Ebene, hinter Antonius' Linien, bedrohlich und still.

Phraates' Strategie war, die Römer nicht anzugreifen, sondern sie einzukreisen und auszulaugen. Tief in feindlichem Gebiet fand sich die belagernde römische Armee, eingekeilt zwischen der Stadt und den neu eingetroffenen Truppen, nun selbst als Belagerte wieder und erlitt eben jene Entbehrungen, die sie eigentlich den Parthern hatte zufügen wollen.

Der Feldzug, der auf der römischen Seite als großspuriger Kraftakt begonnen hatte, lief Gefahr, zu einem langsamen Zermürbungskrieg zu verkommen. Antonius' Truppen hatten sich in einem taktischen Sumpf festgefahren, aus dem es schwierig sein würde, sich selbst herauszuziehen. Phraates' Kataphrakten, schwer gepanzerte Reiter, galoppierten in greifbarer Nähe der römischen Linien und verspotteten den Feind. Antonius suchte verzweifelt einen Weg, die Initiative zu ergreifen und sich aus der Situation zu befreien, die sie in die Schlacht zwingen würde.

Glücklicherweise sprachen die Zahlen immer noch für ihn. Er ließ eine große Zahl Soldaten in Phraaspa zurück und wandte sich mit einer riesigen Armee den Parthern in der Ebene zu: zehn Legionen, drei Kohorten der legendären Prätorianergarde und all seiner Kavallerie. Bei Einbruch der Nacht schien es, als ob seine Strategie aufging. Plutarch erzählt, was geschah:

> Nach einem Tagesmarsch sah er, dass die Parther seine Armee von allen Seiten umzingelten und Anstalten machten, anzugreifen. Also hängte er im Lager die Kriegsflagge auf, aber er ließ die Zelte abbauen, als ob er vorhabe, nicht zu kämpfen, sondern sich zurückzuziehen, und marschierte an der halbmondförmigen feindlichen Linie vorbei. Doch er hatte befohlen, dass die Kavallerie angreifen sollte, sobald sich die ersten Reihen des Feindes in Reichweite seiner Fußsoldaten befanden.[95]

In völliger Stille und mit strengster Disziplin, als wäre es eine militärische Übung und nicht der Auftakt zu einer tatsächlichen Schlacht, begaben sich Antonius' Männer auf den langen Marsch zurück nach Phraaspa. Dann plötzlich schwenkte die Kavallerie auf das verabredete Signal hin um und verließ die langen Linien der Infanterie; sie griff die Parther an, brüllte, schrie und versuchte, ihnen Angst einzuflößen und das Überraschungsmoment zu nutzen. Die Infanterie folgte ihrem Beispiel, und für einen Augenblick schien es, als ob sich Antonius' Taktik auszahlte. Die parthischen Kataphrakten wendeten ihre Pferde und flohen, mit den Römern auf ihren Fersen. Aber obwohl die Kavallerie sie über 20 Meilen verfolgte, holte sie sie nicht ein. Die Parther waren in der Schwärze der Septembernacht verschwunden. Antonius hatte gehofft, einen Sieg zu erringen, der ihn berühmt machen würde, und herausgekommen war ein Scharmützel ohne Entscheidung.

Am folgenden Tag brachte er seine Armee, die demoralisiert war und mit Sicherheit seine Führungsqualitäten anzweifelte, zurück nach Phraaspa:

Während sie marschierten, trafen sie hin und wieder auf ein paar feindliche Soldaten, dann auf immer mehr, und dann stand vor ihnen die gesamte Armee, die die Römer herausforderte und von allen Seiten angriff, als wäre sie unbesiegt und frisch; doch schließlich erreichten sie mit Mühe und Not sicher ihr Lager. Dann wagten die Parther einen Ausfall gegen den Wall und schlugen die Verteidiger dort in die Flucht. Antonius war zornig und wandte gegen diejenigen, die sich als Feiglinge erwiesen hatten, die sogenannte Dezimierung an; das heißt, er teilte sie in Zehnergruppen auf und ließ aus jeder Gruppe einen auslosen, der dann getötet wurde.

Dabei lag das Problem gar nicht bei den römischen Truppen. Es lag bei Antonius. Trotz seines Rufs hatte Antonius nie zuvor eine dermaßen riesige Expedition angeführt. Zu Beginn seiner Laufbahn hatte er unter dem kompetenten General Gabinius gedient und unter dem begeisternden Caesar, und beide hatten gewusst, wie sie sich am besten Antonius' sehr spezieller Energien bedienen konnten; sein eigener großer Sieg bei Philippi galt als überragender Erfolg, aber dieser Sieg hatte ebenso viel mit der Unfähigkeit der gegnerischen Generäle zu tun gehabt wie mit Antonius' Führung. Jetzt, ganz auf sich allein gestellt, musste Antonius sich abstrampeln, und sein Selbstvertrauen schwand immer mehr.

Zwangsläufig wirkte sich dies negativ auf die Moral der Truppe aus. Hungrige Soldaten verließen das Lager, um nach Essbarem zu suchen, und kehrten nicht mehr zurück. Immer, wenn eine größere Zahl römischer Truppen auf der Suche nach Nahrung auszog, nutzten die Parther die Situation aus und griffen diejenigen an, die an der Stadtmauer zurückgeblieben waren, wobei sie so viel Zerstörung anrichteten, wie sie nur konnten, und alle Belagerungsmaschinen in

Antonius' Erzfeind, Phraates IV., König der Parther. Silberne Tetradrachme, geprägt in Seleukeia am Tigris, 26–25 v.Chr. Durchmesser 2,7 cm. British Museum, 1900,0706.62.

Brand setzten, die die Römer *in situ* hatten konstruieren können. Gleichzeitig ritten die parthischen Kataphrakten in der Abenddämmerung nahe des römischen Lagers auf und bedienten sich einer Art psychologischer Kriegführung: Sie priesen laut die Tapferkeit der römischen Soldaten und zogen zugleich über Antonius' schlechten Führungsstil her.

Nach der herbstlichen Tag-und-Nacht-Gleiche brachte die schwere Luft erste Anzeichen von Regen und Schnee, und sowohl Antonius als auch Phraates wussten, dass es an der Zeit war, Bedingungen für einen Rückzug der Römer auszuhandeln. Beide Seiten hatten gute Gründe dafür, die Situation sich nicht bis in den Winter hinziehen zu lassen. Allen war klar, dass die Römer nicht gewinnen konnten und dass Antonius keine besonders überzeugende Strategie hatte. Doch im Wissen um die Wichtigkeit des eigenen Auftretens sah sich Antonius immer noch gezwungen, Haltung zu bewahren und Forderungen zu stellen.

Durch Gesandte eröffnete er die Verhandlungen, und gleich zu Beginn machte er klar, dass sich seine Armee nur zurückziehen werde, wenn die Parther ihnen die Gefangenen auslieferten und die Adlerstandarten zurückgaben, die sie 17 Jahre zuvor von Crassus erbeutet hatten. Wie kaum überraschen mag, zeigte sich Phraates davon wenig beeindruckt. Er ignorierte Antonius' Forderungen und hub an zu einem ausgedehnten Vortrag, in dem er den Gesandten zweifellos ausführlich darlegte, was er von Roms Expansionspolitik hielt, von der Zeit des Crassus bis hin zu Antonius. Doch am Ende versprach er ihnen Frieden, wenn sie sofort ihr Lager auflösten und sich zurückzögen. Nun, da er keine Aussicht mehr darauf hatte, seine Ziele zu erreichen, blieb Antonius nur noch zu hoffen, dass er einen geordneten Rückzug durchführen konnte. Für einen Mann, der sich als neuer Dionysos stilisierte, als Herrscher des Ostens, war dies mehr als demütigend. Mit einem aufschlussreichen Detail beschreibt Plutarch seinen Gemütszustand:

> Auch wenn er in der Lage war, vor der versammelten Öffentlichkeit zu sprechen und besser als jeder andere seiner Zeit durch seine Beredsamkeit eine Armee zu begeistern, war er jetzt so sehr von Scham und Traurigkeit erfüllt, dass er sich nicht dazu durchringen konnte, den Truppen seine übliche Inspirationsrede zu halten.[96]

Antonius befand sich anscheinend im Griff einer lähmenden Depression, und das nicht zum letzten Mal. Ohne einen förmlichen Vertrag mit dem parthischen König abzuschließen (so scheint es zumindest), beauftragte er einen seiner Untergebenen, eine mitreißende Rede zu halten und die Auflösung des Lagers zu überwachen.

Dennoch fand sich bald jeder, der gehofft hatte, der Ärger sei nun vorbei, eines Besseren belehrt. Das Schlimmste stand ihnen noch bevor. Zwei Tage lang marschierte die römische Armee nach Norden, in Richtung Armenien, ohne auf Widerstand zu stoßen. Sie benutzten eine kürzere Route als die, auf der sie nur wenige Monate zuvor gekommen waren, und sie glaubten, dass das Gelände ihnen hier mehr Schutz bieten würde. Doch sie hatten sich geirrt. Am dritten Tag entdeckten sie, dass der Weg vor ihnen überflutet war. Die Parther hatten einen Damm zerschlagen, und als die Römer sich immer weiter vorankämpften, hörten sie den schrecklichen Donner nahender Hufe und das metallische Klappern von Rüstungen, und auf einmal galoppierten die Kataphrakten um sie herum und schossen Salve um Salve ihre Pfeile auf die Römer ab. Antonius' keltische Reiterei stellte sich ihnen entgegen, und zunächst zogen die Parther sich wieder zurück. Aber dennoch war allen klar: Sie waren weit entfernt davon, ohne Gegenwehr heimziehen zu dürfen; ihr Gegner wollte so viel Blut, wie er kriegen konnte.

Der Historiker Cassius Dio zeichnet ein beklemmend lebendiges Bild vom Rückzug:

> [Die Römer] kamen in ihnen unbekannte Regionen, wo sie sich verliefen, und außerdem besetzten die Barbaren die Pässe vor ihnen und blockierten sie mit Palisaden oder Gräben; auch machten sie es ihnen schwer, von irgendwoher Wasser zu bekommen und zerstörten die Getreidefelder; und wenn sie doch einmal das Glück hatten, durch eine angenehmere Region zu marschieren, lockte der Feind sie von dort wieder weg, indem er falsche Meldungen streute, wie zum Beispiel, dass das Gelände vor ihnen besetzt sei, und er veranlasste sie, andere Wege zu gehen, die zuvor mit Hinterhalten versehen worden waren; viele starben auf diese Weise, viele andere verhungerten. Daher desertierten zahlreiche Soldaten, und tatsächlich hätten sie sogar allesamt die Seiten gewechselt, wenn die Barbaren die Deserteure nicht vor den Augen der anderen erschossen hätten.[97]

Um Menschen und Tiere zu schützen, zogen sich die Römer in die quadratische Formation der *testudo* („Schildkröte") zurück. Auch dies beschreibt Dio detailliert:

> Lasttiere, Leichtbewaffnete und die Kavallerie befinden sich in der Mitte; die Schwerbewaffneten, die längliche, runde und zylindrische Schilde tragen, werden darum herum aufgestellt, so dass sie ein Rechteck bilden; sie blicken nach außen und umschließen die Übrigen, wobei sie ihre Waffen im Anschlag haben. Die anderen Soldaten, die mit flachen Schilden ausgerüstet sind, bilden in der Mitte einen kompakten Körper und halten ihre Schilde über ihre eigenen Köpfe und die Köpfe aller anderen, so dass man über die gesamte Formation nichts außer Schilden sieht, und durch die Dichte der Formation sind alle vor Geschossen geschützt. Sie ist sogar so stark, dass Männer auf ihr gehen und sogar Pferde und Wagen über sie hinwegfahren können, sollten sie zu einer allzu engen Schlucht kommen.[98]

Doch in einer so engen Formation durch so unwegsames Gelände zu marschieren, bedeutete, dass man nur mühsam vorankam, vor allem in einer solch schroffen Felslandschaft wie der, die nun vor ihnen lag. Immer wieder starteten die parthischen Kataphrakten ihre Angriffe und entfesselten ihren tödlichen Pfeilregen auf die Römer. Bei mindestens einer Gelegenheit veranlasste die Schande des Rückzugs Offiziere, ihre Befehle zu ignorieren und zu versuchen, den Feind anzugreifen. Die beteiligten Legionen wurden umzingelt und von den anderen abgeschnitten. Nur mit Mühe kamen die Verstärkungen zu ihnen durch, und am Ende waren dreitausend Römer tot, fünftausend weitere verwundet.

Zum größten Teil jedoch blieben sie diszipliniert. Einmal, als sie sich einen Berghang hinunterkämpften, unter heftigem Beschuss durch den Feind, bedienten sich die Römer ihres jahrelangen Trainings und führten ein glänzendes Manöver durch:

> Die Schildträger drehten sich um, um die leichter bewaffneten Soldaten in ihren Reihen einzuschließen, während sie selbst auf die Knie sanken und ihre Schilde vor sich hielten. Die zweite Reihe hielt ihre Schilde über die Köpfe der ersten, die nächste Reihe ebenfalls. Die so entstehende Formation sieht aus wie ein Dach, ein auffallendes Schauspiel und zugleich ein äußerst wirksamer Schutz vor Pfeilen, die einfach von ihr abprallten. Die Parther dachten, dass die Römer auf die Knie sanken, weil sie müde und erschöpft waren, legten ihre Bögen ab, ergriffen ihre Speere und kamen näher. Da ließen die Römer plötzlich laut ihren Schlachtruf ertönen, sprangen auf und stießen vor mit ihren Speeren; sie töteten die Schlachtreihe der Parther und schlugen die übrigen in die Flucht.[99]

Mit einer Kombination aus Taktik, Mut, Verbissenheit und Ausdauer ging Antonius' qualvoller Rückzug weiter voran. Dabei vermieden die Römer die großen Ebenen, wo (wie sie erfahren hatten) der Großteil der parthischen Armee lauerte, und hielten sich an die eisigen Bergpfade. Da kaum mehr Lebensmittel verfügbar waren, aßen die Soldaten alles, was sie finden konnten. Einmal führte der Verzehr von Gras, das mit einem giftigen Pilz befallen war, bei einigen zu Halluzinationen und Erbrechen, viele starben sogar daran. Ein anderes Mal tranken sie Brackwasser, durch das viele an der Ruhr erkrankten.

Als sie drei Wochen lang marschiert waren, ständig getrieben, heimgesucht von der Kälte, mitgenommen von Hunger und Durst, hatten einige der Soldaten genug. Unruhen brachen aus innerhalb des Lagers. Manche machten sich davon mit Gold und Silber aus den Marschbündeln ihrer Kameraden. Sogar Antonius' persönliches Gepäck wurde geplündert. Es war ein Tiefpunkt dieses ohnehin schon so kläglichen Abenteuers. Antonius dachte an Selbstmord – vielleicht nicht zum ersten Mal.

Doch am Morgen kehrte die Disziplin zurück. Die Römer wehrten einen erneuten Angriff ab und rückten langsam vor in Richtung eines schnell fließenden Flusses. Als sie übersetzten, merkten sie, dass sie nicht länger unter Beschuss waren. Die Parther hatten ihre Bögen abgespannt; sie lobten die Tapferkeit der Römer und verkündeten, dass die Armee ohne Angst den Fluss überqueren könne. Innerhalb von fünf Tagen – sie waren noch immer wachsam, wurden aber nicht mehr angegriffen –, erreichten Antonius und seine erschöpften Männer einen weiteren Fluss, den Araxes, die Grenze zu Armenien. Sie waren in Sicherheit.

Die Soldaten „küssten den Boden und umarmten einander, in den Augen Tränen des Glücks, wie Matrosen, die gerade eben Land gesichtet hatten".[100] Der Partherfeldzug war vorbei.

Das Ganze war ein absolutes Desaster. Antonius hatte keines seiner Ziele erreicht. Die Adlerstandarten, die Crassus verloren hatte, waren noch immer in den Händen der Parther und mit ihnen römische Kriegsgefangene. Darüber hinaus hatte die Offensive, anstatt Roms Ansehen bei seinen Feinden zu steigern, genau das Gegenteil erreicht: Sie hatten ganz offen Roms Schwachstellen sehen können. Bis zu einem Drittel der Soldaten, die sechs oder sieben Monate zuvor losmarschiert waren, hatten ihr Leben gelassen, entweder in den Kämpfen oder beim verhängnisvollen Rückzug.

Das Ansehen, das Antonius unter seinen Männern genoss, blieb jedoch weiterhin unerschütterlich. Als Plutarch von den Truppen erzählt, die der Feldherr anführte, betont er mehrfach

> den Respekt, den seine Soldaten für ihn als ihren Anführer empfanden, den Gehorsam und guten Willen, den Grad, zu dem sie allesamt – ob mit hohem Ansehen oder mit geringem, Offiziere und Gefreite gleichermaßen – die Ehre und den Respekt, den Antonius ihnen zuteilwerden ließ, über Leben und Sicherheit stellten.[101]

Selbst auf dieser unglückseligen Expedition

> teilte er die Mühen und Qualen derer, die kein Glück gehabt hatten, und da er diesen alles gab, was sie brauchten, machte er die Kranken und Verwundeten noch eifriger als die Gesunden und Starken.

Antonius' Feinde jedoch vertraten eine ganz andere Ansicht. In Rom gab es eine Fraktion, die nur allzu bereit war, ihn für seinen Partherfeldzug ihre Verachtung spüren zu lassen. Und unter diesen gab es immer mehr, die kritisch die Köpfe schüttelten, anklagend den Finger erhoben und murmelten, dass Antonius' ganze Expedition von Anfang an sinnlos gewesen sei, und zwar

> wegen Kleopatra. Denn er hatte es kaum abwarten können, mit ihr zu überwintern, und dann hatte er den Krieg begonnen, als es noch nicht an der Zeit dazu war, und so war alles durcheinandergekommen. Er war nicht mehr Herr seiner eigenen Fähigkeiten, sondern

Ein römisches Heer auf einem Feldzug überquert einen Fluss, auf dem Relief der Trajanssäule in Rom, 113 n. Chr. geweiht.

> wie unter dem Einfluss bestimmter Medikamente oder magischer Riten schaute er stets nach ihr und dachte mehr an seine baldige Rückkehr als an das Besiegen des Feindes.[102]

Es war ein bösartiger Vorwurf, doch Antonius tat wenig, um das Gegenteil zu beweisen: Statt im Lager in Armenien den Winter zu verbringen, hatte er bereits den langen Marsch zurück nach Westen angetreten, in Richtung der Mittelmeer-Küste. In schlimmsten Wetterverhältnissen und bitterer Kälte kämpfte der Rest des römischen Heers nun gegen die Elemente, auf der Reise zurück nach Syrien und ins Winterquartier; die ohnehin bereits müden Männer wurden immer wieder durch Schneeverwehungen aufgehalten. Achttausend weitere Soldaten starben auf diesem Marsch. Sie hatten die Parther überlebt, nur um schließlich hier, durch die winterliche Kälte und Antonius' Wunsch, sich nach Westen durchzuschlagen, sterben zu müssen.

Als sie endlich zurück in Syrien waren, verließ Antonius seine Truppen und ritt, begleitet nur von seinem engsten Gefolge, zu einem kleinen Ort mit Hafen namens Leuke Kome („weißes Dorf"). Er hatte bereits eine dringende Nachricht nach Alexandria im Süden geschickt, dass Kleopatra hierherkommen solle, um ihn zu treffen. Doch als er die Küste erreichte, war der Hafen bis auf ein paar nicht ganz intakte Fischerboote leer.

Bestürzt über seine Misserfolge, betrübt über das Leid, das auf seine Armee dank seiner Fehleinschätzungen gekommen war, niedergeschlagen und deprimiert, brauchte Antonius Kleopatra jetzt mehr denn je. Im sturmgepeitschten Dorf verschanzt, kam er an die Grenzen seiner nervlichen Belastbarkeit. Jeden Tag wartete er auf Kleopatra, aber sie kam und kam nicht.

> Er war außer sich vor Kummer und gab sich schon bald dem Trinken und dem Rausch hin, auch wenn er es niemals lang am Tisch aushielt, sondern mitten beim Trinken aufsprang, um nachzusehen, ob sie in den Hafen einlaufe.[103]

Nervös und paranoid, wie er war, muss er sich gefragt haben, was während seiner Abwesenheit passiert war; ob jetzt, da er der ägyptischen Königin so große Gebiete und so viel Macht übereignet hatte und er zugleich so spektakulär gedemütigt worden war, Kleopatra beschlossen hatte, ihn zu verlassen.

# KAPITEL 8

# Zwei gegen die Welt

LEUKE KOME: WINTER 36/35 V. CHR..

Wochenlang blickte Antonius hinaus aufs leere Meer, auf die Wellen, die sich eine nach der anderen mit kalter Gischt an der Steinmauer des Hafens brachen. Mit jedem Tag, an dem Kleopatra fort blieb, wurde seine Stimmung düsterer. Nicht nur verfolgte ihn das schreckliche Scheitern seines Feldzug nach Parthien und der katastrophale Rückzug; die Nachrichten aus Rom, die von Octavians Erfolgen kündeten, verschlimmerten nur noch sein Gefühl, persönlich versagt zu haben.

Denn im vergangenen Jahr hatten sich die tektonischen Platten der römischen Politik wieder einmal verschoben, langsam zeichnete sich das Entstehen einer neuen Weltordnung ab. Von großer Bedeutung waren dabei zwei Siege Octavians über Sextus Pompeius, der mit seiner Kontrolle über die reichen Kornfelder Siziliens die Versorgung Roms mit Nahrungsmitteln gefährdet hatte. Nun war Pompeius' Flotte, die so lange unbesiegbar schien, dank Octavians brillantem Admiral Marcus Agrippa zerschlagen worden. Sextus Pompeius befand sich auf der Flucht, und Octavian spielte sich in Rom als großer Herrscher auf.

Und das mit Recht. Er hatte nicht nur Sextus Pompeius' Macht zerstört; in den Wochen nach Agrippas Siegen hatte der dritte Triumvir, Lepidus, versucht, seine Muskeln spielen zu lassen. Ein Krieg schien unvermeidlich. Aber in einem ganz untypischen Akt der Tapferkeit ritt Octavian höchstpersönlich in Lepidus' Lager ein und drängte dessen Legionen, auf seine Seite zu wechseln. Sie taten es; der Krieg war vermieden. Lepidus wurde abgesetzt, und statt drei Machthabern hatte das Römische Reich nun nur noch zwei: Octavian und Antonius.

Es gab keinen Zweifel, wessen Stern nun immer heller strahlte. Während Antonius weit weg in Parthien einen demütigenden Verlust erlitten hatte, war Octavian nicht nur mehrmals siegreich gewesen, sondern hatte auch seine eigene Machtbasis in Rom konsolidiert. Und für die Römer stand stets Rom an erster Stelle.

Ein Erfolg in Parthien hätte Antonius zweifellos große Ehre eingebracht. Der Fehlschlag (selbst in seinen Depeschen versuchte Antonius noch, das wahre Ausmaß der Katastrophe herunterzuspielen) bot nicht nur seinen Feinden in Rom Munition gegen ihn, sondern verminderte sein Ansehen bei seinen eigenen Soldaten und seinen Anhängern im Osten. An so eine Situation war Antonius ganz einfach nicht gewöhnt.

**GEGENÜBER**
Der prunkvolle Dionysos, Antonius' Schutzgott. Kopf aus Bronzeguss, ursprünglich die Stütze eines Griffs an einem bronzenen Gefäß (Situla). Römisch, ca. 200–100 v. Chr. Höhe 21,4 cm. British Museum, 1989,0130.1, erworben unter Mithilfe des National Heritage Memorial Fund.

Silberdenar mit Antonius (Avers, oben) und Kleopatra (Revers), geprägt in einer mobilen Prägestätte, 32 v. Chr. Durchmesser 1,85 cm. British Museum, TC, p237.2. CleMA.

Doch endlich erschienen am fernen Horizont, zunächst wie eine Fata Morgana, dann immer deutlicher, die Leinensegel der ägyptischen Flotte und darunter die purpurnen Segel des königlichen Flaggschiffs. Für Antonius hatte das lange und quälende Warten endlich ein Ende. Nicht nur hatte Kleopatra dem winterlichen Wellengang getrotzt, um ihn zu treffen, sie hatte auch ausreichend Nahrung und Kleidung für seine Truppen dabei und noch dazu dringend benötigte finanzielle Mittel. Nun konnte er, auch wenn er zusätzlich zu dem, was Kleopatra mitgebracht hatte, noch auf einige seiner eigenen Ressourcen und die seiner Freunde zurückgreifen musste, endlich seine Männer belohnen und sich ihre so wichtige Loyalität zurückkaufen:

> Jeder Infanterist erhielt 400 Sesterzen, der Rest wurde anteilig bezahlt. Da aber die gesandte Geldmenge nicht ausreichte, bezahlte er den Rest aus eigenen Mitteln, und obgleich er selbst dafür aufkam, bedankte er sich dennoch bei Kleopatra für ihre Großzügigkeit; er bat auch seine Freunde um große Summen und forderte große Beträge von seinen Verbündeten ein.[104]

Doch Geld und Nahrung waren vielleicht nicht das einzige, das Kleopatra nach Leuke Kome mitbrachte. Vielleicht hatte sie auch ihren kleinen Sohn Ptolemaios dabei, der erst ein paar Monate alt war und den Antonius in Antiochia gezeugt hatte – all das musste ihm mittlerweile vorkommen, als sei es eine Ewigkeit her. Und Kleopatra vielleicht auch. Seine schwere Niederlage und Wochen exzessiver, gefühlsdusliger Trunkenheit müssen Antonius stark verändert haben. Wie Kleopatra seinen Gemütszustand wahrnahm, ist nicht überliefert, aber innerhalb weniger Wochen, wenn nicht Tage, holte sie ihn aus der Isolation des syrischen Küstenstädtchens heraus und segelte mit ihm zurück nach Ägypten. Wenn es einen Ort gab, an dem sie ihm helfen konnte, sich zu erholen und zu seinem legendären *joie de vivre* zurückzufinden, dann war es sein geliebtes Alexandria.

Sie war jedoch nicht die einzige Frau, die Antonius unterstützen wollte. Es dauerte nicht lange, bis ihn die Nachricht erreichte, seine Frau, Octavia, sei in Athen eingetroffen (Frühjahr 35 v. Chr.). Und bei sich habe sie Soldaten, Geld und Versorgungsgüter, die ihrem Mann beim Krieg gegen die Parther helfen sollten. Oder so schien es zumindest zu diesem Zeitpunkt. Ein Jahrhundert später berichtet Plutarch (natürlich durch den zeitlichen Abstand besser informiert), dies sei nur ein Trick gewesen, ein Vorwand in jener wirren Zeit, um die schwelenden Konflikte anzufachen. Ihm zufolge

> stimmen die meisten Menschen darin überein, dass der wahre Grund, warum Octavian ihr dies erlaubte, nicht war, ihr einen Gefallen zu tun, sondern einen plausiblen Vorwand für einen Krieg zu haben, sollte er sich von Antonius zurückgewiesen oder beleidigt fühlen.[105]

Im Folgenden entwirft er ein überzeugendes Bild eines Stellvertreterkriegs, in dem Octavia und Kleopatra beide für sich darum kämpfen, die Kontrolle über Antonius zu gewinnen: Octavia, die loyale römische Ehefrau, die ihrem Mann würdevolle und bedächtige Nachrichten schickt, damit er zur ihr nach Athen kommt; Kleopatra, die auf Listen, Theatralik und emotionale Erpressung zurückgreift, damit er sich weiterhin in Alexandria einnistet. Falls Plutarchs Bericht durch Propaganda getrübt ist, dann ist es eine Propaganda, die zweifellos bereits zu dieser Zeit durch Octavians Soldaten verbreitetet wurde. Plutarch erzählt (mit schamloser Übertreibung), dass Kleopatra

> so tat, als sei sie leidenschaftlich in Antonius verliebt; sie hielt ihren Körper schlank, indem sie wenig aß, sie sah Antonius voll Verzückung an, wenn er sich ihr näherte, und voll ohnmächtiger Melancholie, wenn er sie verließ. Sie arrangierte es so, dass man sie oft weinen sah, und dann wischte sie die Tränen schnell fort und versuchte, sie zu verstecken, als ob sie nicht wollte, dass Antonius es bemerkte ... Ihre Schmeichler halfen ihr und schmähten Antonius als hartherzig und gefühllos, sagten, er zerstöre seine Geliebte, die sich nur ihm allein widme. Octavia, sagten sie, habe ihn nur aus politischen Gründen geheiratet und zum Wohle ihres Bruders, und dennoch bezeichne man sie als Ehefrau, während Kleopatra, die Königin so vieler Menschen, lediglich Antonius' Geliebte genannt werde – aber sie scheue sich nicht vor dieser Bezeichnung, solange sie ihn sehen und mit ihm leben könne; wenn er sie jedoch verlasse, werde sie es nicht überleben.

Diese Version der Ereignisse, bei der ein wankelmütiger Antonius von einer intriganten Kleopatra manipuliert wird, sollte sich in der öffentlichen Meinung Roms derart verfestigen, dass es heute unmöglich ist, herauszuarbeiten, was tatsächlich stimmt und was nicht. Es gab sicherlich gute Gründe für Antonius, nicht überstürzt zu Octavia nach Athen zu reisen. Erstens hatte sie weniger Truppen von ihrem Bruder mitgebracht, als Octavian Antonius ein paar Jahre zuvor versprochen hatte; und zweitens hatte Antonius bereits Berichte über politische Unruhen in Parthien erhalten, die er zu seinem militärischen Vorteil nutzen konnte, wenn er schnell handelte.

Doch bevor er noch in eine der beiden Richtungen aufbrechen konnte, nach Norden in Richtung Athen oder nach Osten in Richtung Parthien, erreichte ihn eine dringende Meldung, die er nicht ignorieren konnte.

Der flüchtige Sextus Pompeius war in Asien gelandet und rekrutierte eine neue Armee. Es dauerte nicht lange, bis seine Gesandten in Alexandria eintrafen. Ihre Botschaft war ebenso plump wie eindeutig: Genau wie nach dem Perusinischen Krieg (siehe S. 98) bot Pompeius Antonius seine volle Unterstützung an – für einen Krieg gegen Octavian. Die Gesandten teilten Antonius mit:

> Du bist jetzt das einzige, das noch zwischen Octavian und der Alleinherrschaft steht, die dieser so sehr ersehnt. Tatsächlich hätte er dich schon angegriffen, wenn Pompeius nicht im Weg gewesen wäre. Auch wenn du dies wahrscheinlich selbst hättest erkennen sollen, bringt Pompeius es dir aus gutem Willen zur Kenntnis, denn er zieht einen ehrlichen und großmütigen Mann einem tückischen, geschickten Betrüger vor.[106]

Für den Moment mag Antonius unentschlossen gewesen sein, aber innerhalb weniger Tage trafen andere Gesandte des Sextus Pompeius im alexandrinischen Königspalast ein, diesmal mit bewaffneten Wachen an ihrer Seite. Sie waren verhaftet worden beim Versuch, Nachrichten zu schmuggeln, in denen Phraates, dem König von Parthien, Unterstützung zugesagt wurde. Pompeius hatte ein doppeltes Spiel gespielt. Wenn Antonius sich nicht mit ihm einließ, würde er sich dem erbittertsten Feind Roms anschließen.

Damit hatte Pompeius sein eigenes Schicksal besiegelt. Verzweifelt führte er sein Heer landeinwärts. Sein Ziel, so hieß es, war Armenien bzw. der Hof von König Artavasdes, der Antonius in Parthien im Jahr zuvor auf so schmähliche Weise im Stich gelassen hatte. Doch noch bevor er dort eintraf, wurde er von Antonius' Truppen aufgegriffen, in Gewahrsam genommen und zur Hafenstadt Milet gebracht, wo er auf Antonius' Befehl hingerichtet wurde. Er war der letzte überlebende rebellische General aus dem Bürgerkrieg zwischen seinem Vater, Gnaeus Pompeius, und Caesar; das lässt es umso ironischer erscheinen, dass, noch während man seinen Leichnam für die Bestattung vorbereitete, die Saat des nächsten römischen Bürgerkriegs, die schon seit so vielen Jahren keimte, nun schließlich zu sprießen begann.

Ein falscher Freund: Artavasdes II. (56–31 v. Chr.), hier auf einer Silberdrachme zu sehen, wurde von Antonius gefangen genommen und von Kleopatra hingerichtet. Die Münze wurde bei Artaxata in Armenien geprägt. Durchmesser 1,7 cm. British Museum, 1872,0709.327.

Als Sextus Pompeius tot war, da war das Jahr 35 v. Chr. bereits so weit fortgeschritten, dass an einen Feldzug nicht mehr zu denken war. Seine Frau Octavia hatte er bereits zuvor brieflich angewiesen, nach Rom zurückzukehren. Zweifellos berichtete man ihm nun, dass ihr Bruder Octavian ihr bei ihrer Ankunft befohlen hatte, sich von Antonius scheiden zu lassen und fortan in ihrem eigenen Haus zu wohnen. Aber sie weigerte sich, das Haus ihres Ehemanns zu verlassen, sie flehte Octavian sogar an, zu ignorieren, wie Antonius sie behandle, wenn er nicht aus anderen Gründen einen Krieg gegen Antonius beginnen wolle, denn es wäre eine Schande, auch nur zu erwähnen, dass die beiden mächtigsten Feldherrn die Römer in einen Bürgerkrieg gestürzt hätten, der eine aus Liebe, der andere aus Groll gegenüber einer Frau.[107]

Wieder berichtet Plutarch dies viele Jahre später, aber dennoch muss er ziemlich genau die Stimmung jener Tage erfasst haben. Denn wenn es noch irgendwelche Zweifel gab, dass ein Krieg in der Luft lag, wurden es mit jedem Monat, der verging, weniger, und da ihm seine Niederlage in Parthien immer noch nachhing, musste Antonius die Moral seiner Truppen wiederherstellen – und zwar schnell.

Also kehrte Antonius im folgenden Jahr (34 v. Chr.), sobald an einen Feldzug zu denken war, wieder zu seiner Armee zurück und marschierte los gegen einen Feind, den zu verachten er allen Grund hatte: Artavasdes, den König von Armenien. Nicht nur hatte Artavasdes Antonius in Parthien verraten, er hatte mit Sextus Pompeius gemeinsame Sache gemacht, und außerdem war er ein leichtes Ziel. Und tatsächlich war der Konflikt nach wenigen Kämpfen vorüber. Dabei wurde Artavasdes gar nicht durch Gewalt besiegt, sondern durch ein Täuschungsmanöver. Sein Reich fiel Rom zu. Was Siege angehen, war dieser nicht gerade spektakulär, aber es war immerhin ein Sieg, und für Antonius war das im Moment genug. Seine Stimmung besserte sich so sehr, dass sie beinahe ihre alten exorbitanten Höhen erreichte, und er wandte den Kopf seines Pferdes in Richtung Alexandria, wo eine glanzvolle Feier auf ihn wartete.

Es sollte eines der extravagantesten Spektakel werden, die die ptolemäische Hauptstadt je gesehen hatte: eine Siegesfeier, ein Machtbeweis, ein Volksfest – mit einem Festumzug, der viele Tage lang durch die ganze Stadt gehen würde. Bereits am frühen Morgen, als die aufgehende Sonne die Kalksteinsäulen der Kolonnaden erstrahlen ließ und die rosa und grünen Fassaden der Gebäude sich immer deutlicher abzeichneten, wimmelten die Wege entlang der Boulevards von Kanopos mit gespannten Bürgern – alle wussten, dass sie im Begriff waren, ein Schauspiel zu sehen, das römischer war als alles, was man in Alexandria bisher gesehen hatte. Sie wurden nicht enttäuscht.

Westlich vom kanopischen Tor tauchte der erste Teil der Prozession auf, und bald schlurften unzählige armenische Kriegsgefangene in Ketten trostlos über den breiten und luftigen Boulevard. Hier und da fuhren zwischen ihnen sicher auch Festwagen, einige davon beladen mit Beutestücken, andere zeigten vielleicht Modelle der armenischen Städte, aber erst dahinter kam die größte Kriegsbeute überhaupt: König Artavasdes mit seiner Familie, gefesselt mit goldenen Ketten, eine königliche Demütigung. Und dann kam Antonius, auf einem goldenen Streitwagen, „den Kopf mit Efeu bekränzt, den Körper in ein safranfarbenes Gewand aus Gold gehüllt und in seiner Hand ein Thyrsos“[108] – die Verkörperung des Dionysos, Schutzgott des gesamten Ostens.

Als er den Boulevard hinunterfuhr, klang nicht nur der Jubel der Alexandriner in seinen Ohren, sondern auch der seiner römischen Truppen, und durch die Blüten, die ihm die Gratulanten zuwarfen und die in der warmen, salzigen Luft tanzten, erblickte Antonius vor sich Königin Kleopatra, „inmitten ihres Volkes", auf einem goldenen Thron, der auf einem versilberten Podium stand. Ägypten hatte zum Sieg in Armenien seinen Beitrag geleistet; jetzt ehrte Antonius es mit der Beute.

Die Symbolik der gesamten Veranstaltung war klar. Verkleidet als Dionysos, der Gott, den Griechen und Römern den „Befreier" nannten und mit dem sich ganze Generationen früherer ptolemäischer Könige identifiziert hatten, bediente sich Antonius dieser triumphalen bacchischen Prozession, um seinen Stellenwert in den Köpfen seiner Untertanen und Verbündeten im Osten zu festigen. Gott und Ptolemäer: er war nun beides. Und da der Gründer der Stadt, Alexander, weite Teile des Ostens regiert hatte, den, wie der Mythos besagte, Dionysos einst bereiste, wollte Antonius nun demonstrieren, dass seine Herrschaft ebenso weit reichte. Selbstdarsteller, der er war, wusste Antonius genau, wie viel es ausmachte, wie man auftrat, und da sich am westlichen Horizont die Wolken eines neuen Kriegs aufzutürmen begannen, war es nun umso wichtiger, alle Erinnerungen an die Katastrophe in Parthien zu tilgen und durch eine schamlose Zurschaustellung seiner Herrschaft über den gesamten Osten auszublenden. Die Art, wie er dies tun wollte, musste selbst die Grenzen der theatralischsten Vorstellungskraft sprengen.

Das große Gymnasion von Alexandria mit seinen 200 Meter langen Kolonnaden wurde in ein gewaltiges Auditorium verwandelt. Es gab genügend Platz für viele tausend Zuschauer, Bürger, Soldaten, Höflinge, Diplomaten, und inmitten all dieser, für alle gut zu sehen, erhob sich eine hohe, mit Silber ummantelte Plattform. Darauf standen sechs Throne: zwei waren groß und aus Gold, die anderen zu Füßen dieser waren kleiner und weniger aufwendig gestaltet. Die Spannung stieg spürbar, und mit geradezu verwirrendem und dreistem Prunk betraten nun sechs Personen die Bühne, bei deren Anblick man jedem verziehen hätte, wenn er sie als die „ägyptische Königsfamilie" bezeichnet hätte.

Wie Antonius gekleidet war, wissen wir nicht. Vielleicht war er wieder als Dionysos kostümiert. An seiner Seite saß Kleopatra, in ihrer Rolle als Isis, mit schwarzem Gewand und Krone. Und um sie herum die Königskinder: der 13 Jahre alte Kaisarion, die sechs Jahre alten Zwillinge Kleopatra Selene und Alexander Helios, Letzterer in vollem medischen Ornat und gekrönt mit einer Tiara und einem hohen Turban, und Ptolemaios Philadelphos, noch nicht zwei Jahre alt, im Prachtkleid eines makedonischen Königs – in Stiefeln, kurzem Mantel und mit einem wollenen Hut auf dem Kopf, darum herum wieder ein Diadem.

Als die anderen Platz genommen hatten, hob Antonius, der Redner, in vertrauter Geste seine rechte Hand und begann zu sprechen. Die schiere Kühnheit dessen, was er sagte, musste einem geradezu die Sprache verschlagen:

**GEGENÜBER**
Alexander Helios wurde bei den „Gebietsverleihungen" von Alexandria zum Prinz von Armenien gekrönt; eventuell zeigt ihn diese Bronzestatuette, 34–30 v. Chr. Höhe 64 cm. Metropolitan Museum of Art, New York, Nr. 49.11.3.

> Zuerst erklärte er Kleopatra zur Königin von Ägypten, Zypern, Libyen und Koilesyrien, zusammen mit ihrem Mitregenten Kaisarion … Dann erklärte er seine eigenen Söhne von Kleopatra zu „Königen von Königen". Alexander sprach er Armenien, Medien und Parthien zu (das er erst noch erobern wollte), und Ptolemaios Phönizien, Syrien und Kilikien … Die Jungen umarmten ihre Eltern, und danach erhielt der eine von beiden eine Ehrengarde aus Armeniern, der andere eine Ehrengarde aus Makedoniern.[109]

In puncto Selbstdarstellung waren diese sogenannten „Gebietsverleihungen von Alexandria" konkurrenzlos. Als politische Lösung jedoch waren und sind sie immer noch rätselhaft. Nicht nur, dass bestimmte Länder (wie Parthien) noch gar nicht besiegt waren, auch die meisten anderen konnte Antonius nicht so einfach weggeben. Zwar verlieh seine Position als einer der zwei verbliebenen Triumvirn ihm enorme Macht, aber natürlich war damit die Erwartung verbunden, dass er diese Macht zum Wohle Roms nutzen würde, nicht um Roms Territorien an ägyptische Königinnen und Prinzen zu verschenken. Doch Rom war zu diesem Zeitpunkt schon nicht mehr Antonius' wichtigste Bühne. Seine Machtbasis waren die Länder des Ostens, die an die Staatsform der Monarchie gewöhnt waren. Zehn Jahre zuvor hatte Antonius Caesar die Krone angeboten; jetzt setzte er sie sich selbst auf. Wenn, wie es schien, ein Krieg mit Octavian unvermeidlich war, dann würde Antonius, als König und Dionysos, alles, was ihm an Propaganda zur Verfügung stand, nutzen, um Truppen um sich zu scharen.

In Rom sorgte die Nachricht von Antonius' „Gebietsverleihungen" für ein geteiltes Echo. Seine Freunde waren entsetzt. Zwei von ihnen, die beiden Konsuln jenes Jahres, verhinderten ganz bewusst, dass Antonius' Depeschen, die das Ereignis beschrieben, nicht in der Öffentlichkeit verlesen würden, so sehr fürchteten sie die Folgen für sich. Octavian aber war begeistert. Das war genau die Art von Verhalten, die Antonius Rom entfremden würde und ihm, Octavian, einen Vorwand zum Krieg liefern. Was war die Prozession durch die Straßen Alexandrias denn anderes als „eine Art Triumphzug"[110]? Und Triumphzüge, das wusste jeder Römer, mussten in Rom stattfinden, dem Herzen des Imperiums, dem rechtmäßigen Empfänger von Kriegsgefangenen und Beute – nicht im barbarischen Ägypten. Sicherlich war Antonius von

Kleopatra verhext worden. Nicht genug, dass er Octavia, seine rechtmäßige Ehefrau, mied; jetzt hatte er auch noch Rom die kalte Schulter gezeigt.

Im privaten Bereich aber schien sich Octavian um Antonius durchaus Sorgen zu machen, nicht nur als Mit-Triumvir, sondern auch als Schwager. Etwa ein Jahrhundert später fand der Biograph Sueton in den kaiserlichen Archiven in Rom einen Brief, der angeblich aus Antonius' Feder stammte. Der Brief ist ganz offensichtlich eine Reaktion auf eine Bitte seitens Octavians, Antonius möge sein Verhalten mäßigen, doch sein Stil ist erschreckend unverblümt und konfrontativ:

> Was hat dich verändert? Dass ich es mit der Königin treibe? Sie ist meine Ehefrau. Habe ich denn jetzt erst damit angefangen oder nicht etwa schon vor neun Jahren? Du treibst es also nur mit [Livia] Drusilla? Viel Glück weiterhin, wenn du zum Zeitpunkt, wo du dies liest, es nicht auch mit Tertulla oder Terentilla oder Rufilla oder Salvia Titisenia oder all diesen zugleich treibst. Kommt es denn darauf an, wohin oder in wen du deine Erektion steckst?[111]

„Was macht es für einen Unterschied …?" Marmorrelief mit einer erotischen Szene in einem Boot, möglicherweise eine böse Karikatur der Beziehung von Antonius und Kleopatra. Wahrscheinlich aus Italien, ca. 1. Jahrhundert v. Chr. bis 1. Jahrhundert n. Chr. Höhe 36 cm, Breite 40 cm. British Museum, 1865,1118.252.

Viele haben versucht, diesen Brief zu entschuldigen – nicht etwa den Ton, sondern den dritten Satz. Man hat versucht, ihn in eine Frage umzudrehen („Ist sie meine Ehefrau?"), aber so sehr kann man die lateinische Sprache nicht umbiegen. Andere haben die Aussage ernst genommen und versucht, eine tatsächlich bestehende Ehe zwischen Antonius und Kleopatra nachzuweisen, aber es gibt einfach keinerlei Beweise dafür, dass eine solche Zeremonie stattgefunden hat, obwohl sie starke Munition für beider Feinde gewesen wäre. In der Tat ist der Brief eine Kampfansage, und zwar nicht einfach von einem politischen Führer an einen anderen, sondern von Mensch zu Mensch, vom erfahrenen Haudegen Antonius an den von ihm verachteten Octavian. Er ist eine persönliche Beleidigung, ein geworfener Fehdehandschuh, und als solcher alles andere als subtil.

Kleopatra soll im Zuge einer Wette einen unbezahlbaren Perlenohrring wie diesen aufgelöst haben. Goldener Ohrring mit zwei Perlen und zwei Glasperlen. 3. Jahrhundert n. Chr. Höhe 3,3 cm. British Museum, 1917,0601.2672, vermacht durch Augustus Wollaston Franks.

Zur gleichen Zeit, als Octavian in der römischen Öffentlichkeit neue moralische Standards zu etablieren versuchte, taten Antonius und Kleopatra in Alexandria ihr Bestes, um ihren berüchtigten aufwendigen Lebensstil zur Schau zu stellen, während Antonius den Mitgliedern seiner persönlichen Entourage große wirtschaftliche Zugeständnisse machte. Bis nach Rom gelangten die Geschichten über ihre luxuriösen Bankette. Einmal, so erzählte man sich, habe Kleopatra mit Antonius gewettet, dass sie 10 Millionen Sesterzen für eine einzige Mahlzeit ausgeben könne – sie gewann, als sie eine sündhaft teure Perle von einem ihrer Ohrringe in starkem Essig auflöste und trank.

> Als Kleopatra auch noch die andere Perle hineinwerfen wollte, da ergriff sie Lucius Plancus, der als Schiedsrichter fungierte, und verkündete, Antonius habe die Wette verloren.[112]

Bei einer anderen Wette, so hieß es, musste eben jener Lucius Plancus, Antonius' Privatsekretär,

> beim Gelage auf den Knien tanzen, in der Rolle des [Meeresgotts] Glaukos – nackt und mit blau angemaltem Körper, mit einem Fischschwanz versehen und auf dem Kopf eine Krone aus Schilf.[113]

Mit der Zeit war Plancus offenbar die schalen Scherze leid. Nach anderthalb Jahren (32 v. Chr.) verließ er Antonius und machte sich auf zurück nach Rom, wo er stolz seine Abscheu vor Kleopatra zur Schau stellte und verleumderische Geschichten über seinen ehemaligen Freund und Kollegen erzählte. Die gefährlichste dieser Geschichten aber betraf Antonius' Testament, von dem eine Kopie im Haus der Vestalinnen verwahrt wurde. Im Propagandakrieg war dieses Testament Gold wert. Unter Missachtung der Traditionen, von denen er so gern behauptete, sie zu wahren, ließ Octavian es öffnen (wie Antonius ein Jahrzehnt früher, als er Caesars letzten Willen dazu verwendete, in der Öffentlichkeit die Empörung gegenüber den Mördern zu schüren), und er verlas genüsslich Passagen daraus – sowohl vor dem Senat als auch bei einer öffentlichen Versammlung. Konnte man Octavians Worten glauben, dann sah eine der Klauseln des Testaments vor, dass Antonius' Leichnam in Alexandria begraben werden solle, an der Seite von Kleopatra.

Ohne einen Blick auf das Dokument zu werfen, können wir unmöglich wissen, wie viel Octavian ausschmückte oder dazuerfand und was Antonius selbst geschrieben hatte; aber sicherlich erfüllte die Lesung ihren Zweck: die öffentliche Empörung anzufachen. In Rom grassierten ohnehin schon die übelsten Gerüchte über das, was im Osten vor sich ging. Antonius' unrömisches Verhalten war, so flüsterten konservative Italier einander zu, ein deutliches Zeichen dafür, dass Kleopatra ihn verhext hatte. Ermutigt durch Octavian und seine Agenten, murmelte man unter tatsächlichem oder gekünsteltem Entsetzen, wie Antonius

> manchmal einen orientalischen Dolch an seinem Gürtel trug und in einer Art und Weise gekleidet war, die nicht den Gepflogenheiten seiner Heimat entsprach; man sah ihn sogar in der Öffentlichkeit auf einem vergoldeten Sofa liegen oder auf einem ebensolchen Sessel sitzen. Er posierte mit Kleopatra für Gemälde und Statuen, er gab sich dabei als Osiris oder Dionysos, sie als Selene oder Isis. Vor allem dies war es, das ihm den Anschein gab, er sei von ihr verhext.[114]

Aber noch schlimmer war die Behauptung, dass

> sie nicht nur ihn verzauberte und betörte, sondern auch alle, die Einfluss auf ihn hatten, so dass sie sich bald Hoffnung machte, über alle Römer zu herrschen; und wenn sie etwas schwor, dann beinhaltete ihre stärksten Eidesformel, dass sie einst vom Kapitol aus Recht sprechen werde.[115]

Der Krieg der Worte eskalierte, und Antonius begann, konkrete Vorbereitungen für eine militärische Auseinandersetzung mit Octavian zu treffen. Im Jahr nach den theatralischen „Gebietsverleihungen" verlegte er seine Legionen vom Ufer des Euphrat (wo sie darauf warteten, Parthien anzugreifen) zurück an die ionische Küste Kleinasiens (33 v. Chr.). Im gegenwärtigen Klima war nicht daran zu denken, weit weg im Osten gegen einen äußeren Feind zu kämpfen, wenn sich der eigentliche Gegner innerhalb der Grenzen des Imperiums befand.

Während Octavians Manöver im römischen Senat immer hinterlistiger wurden, aber umso erfolgreicher, setzte Antonius mit Kleopatra an seiner Seite und 200 Kriegsschiffen hinter sich von Alexandria an die Westküste Kleinasiens über, zur reichen und mondänen Hafenstadt Ephesos. Hier, in der großen Bucht, wo marmorne Städte und reiche Villen in der Sonne glänzten, versammelte Antonius seine Streitmacht. Insgesamt 800 Schiffe wurden auf Hellingen gezogen, um überholt und für den nahenden Krieg flottgemacht zu werden, während man 16 Legionen, wohl etwa 80 000 Soldaten, für den Kampf drillte. Zur gleichen Zeit stiefelten Quartiermeister durch Lagerhallen, in denen sich immer höher die Versorgungsgüter stapelten, und zwischen dem Ufer des Kaister und den Hängen des Koressos schlugen Händler und Marketender ihre Zelte auf.

Kein Zweifel, es war an der Zeit, den prächtigen Tempel der Artemis zu besuchen, dessen schimmernde Wände, 20 Meter hoch, mit Jahrhunderte alten Kunstwerken verziert waren, dessen Säulen mit Gold und Silber verkleidet waren, ihre Basen mit exquisiten Reliefs geschmückt, die Szenen aus der griechischen Mythologie zeigten, und in dessen Inneren sich das geheimnisvolle Kultbild der Artemis von Ephesos befand, die Brust mit zahlreichen Stierhoden geschmückt, das bunte Gewand mit den zwölf Tierkreiszeichen bestickt, die Arme ausgestreckt, wie um Anbetende zu umarmen. Als Kleopatra die Tempelstufen hinaufschritt, lief es ihr vielleicht eine Sekunde lang kalt den Rücken herunter, wenn sie an den Geist ihrer Schwester Arsinoë dachte, die eben dort acht Jahre zuvor auf ihren Befehl hin getötet worden war.

Aber bald musste sie sich wieder um handfestere Dinge kümmern. Einige von Antonius' Generälen waren bekümmert ob Kleopatras Präsenz in Ephesos. Teilweise lag dies sicherlich an der chauvinistischen Haltung der Römer, dass der Krieg eine Domäne der Männer war, aber es mag ebenso an ihrer dominanten Persönlichkeit gelegen haben. Obgleich sie durchaus diplomatisches Geschick besaß, wusste man, dass Kleopatra geradezu brutal direkt sein konnte im Umgang mit Männern, die die herablassende Art von Monarchen nicht gewöhnt waren und glaubten, dass sie eine bessere Behandlung verdienten.

Es sagt viel über die Dynamik ihrer Beziehung aus, dass Kleopatra sich weigerte, nach Ägypten zurückzukehren, als Antonius sie auf Bitten seiner Berater hin dazu drängte. In der Öffentlichkeit erklärte sie, „dass es nicht fair sei, eine Frau vom Kriegsschauplatz zu vertreiben, die so viele Ressourcen zum Krieg beigetragen hatte, und dass es unklug von Antonius sei, die Moral der Ägypter zu untergraben, die einen so großen Teil der Seestreitkräfte bildeten".[116] Insgeheim jedoch mag Kleopatra nach dem Debakel von Antonius' Parther-Feldzug und den seelischen Qualen, die er infolgedessen erlitten hatte, bezweifelt haben, dass Antonius fähig war, den Oberbefehl über diese Streitkräfte auszuüben. Außerdem hatte sie eine ganze Menge aus erster Hand vom großen Caesar gelernt, nicht zuletzt, dass ein Anführer dort sein musste, wo es zur Sache ging. Doch das erzählte sie Antonius nicht. Vielmehr überredete sie einen Vertrauten, ihn daran zu erinnern, dass sie „dank ihrer langjährigen Zusammenarbeit mit Antonius gelernt habe, sich um wichtige Angelegenheiten selbst zu kümmern".

Ebenso wichtig wie Befehlsgewalt, Ausrüstung und Soldaten war, wie man Antonius in den Städten des Ostens wahrnahm. Im folgenden

Frühjahr (32 v. Chr.) kündigte er ein rauschendes dionysisches Fest auf der dicht mit Wein bewachsenen Insel Samos an, die ein paar Kilometer nördlich von Ephesos liegt. Dies war seine vielleicht bislang konzertierteste Anstrengung, sich selbst als Verkörperung des Dionysos darzustellen, als göttlicher Anführer, um den sich seine Truppen scharen konnten. Vielleicht glaubte er auch, dass er so die Gunst des Gottes selbst gewinnen konnte. Dank Octavians gezielter Desinformationskampagne tun jedoch selbst beinahe zeitgenössische Autoren dieses Fest als reine Spielerei ab. Immerhin enthält wenigstens Plutarchs Bericht einen kleinen Hinweis darauf, was Antonius in Wirklichkeit bezweckte:

> Denn genauso wie er allen Königen, Fürsten, Tetrarchen, Völkern und Städten zwischen Syrien, dem Asowschen Meer, Armenien und Illyrien befohlen hatte, Ausrüstung für den Krieg herbeizubringen oder zu schicken, so hatte er allen Schauspielern befohlen, nach Samos zu kommen, um dort aufzutreten. Während also praktisch die ganze Welt um sie herum von Stöhnen und Wehklagen erfüllt war, hallte diese Insel viele Tage lang von der Musik von Flöten und Saiteninstrumenten wider; die Theater dort waren voll, Chöre wetteiferten miteinander. Jede Stadt schickte auch einen Ochsen, der der Allgemeinheit geopfert wurde; Könige versuchten einander mit den schönsten Präsenten zu übertrumpfen. Und bald fragte man sich überall, wie die Eroberer wohl erst ihren Sieg feiern würden, wenn sie schon die Vorbereitungen für den Krieg auf diese Weise begingen. Als das Fest vorüber war, übergab Antonius den Schauspielern die Stadt Priene zur Heimstatt, er selbst segelte nach Athen.

Nur sechs Jahre zuvor hatte Antonius mit seiner neuen Ehefrau Octavia in Athen überwintert, und er war geradezu in sie vernarrt gewesen (siehe S. 102). Nun schickte er von hier aus Agenten nach Rom, mit dem Auftrag, sie aus seinem Haus zu werfen. So brutal und gefühllos dieser Befehl auch scheinen mochte, in erster Linie sollte er Octavian treffen.

Nicht, dass Octavian noch einen zusätzlichen Grund zum Krieg gebraucht hätte. Er hatte bereits eine Kriegssteuer in ganz Italien eingeführt. Die Höhe dieser Steuer (12,5 % auf das Eigentum von Freigelassenen und erstaunliche 25 % auf das Eigentum von Bürgern) provozierte Unruhen, aber da sich jetzt Antonius' Heer gerade einmal 350 Meilen von der italischen Küste sammelte, musste Octavian reagieren, und zwar so schnell er konnte. Auch wenn seit Jahren ein Krieg der Worte tobte, hatte niemand in Rom geglaubt, dass sich die Feindseligkeiten zwischen Antonius und Octavian so schnell zuspitzen würden – zumal Antonius bis vor kurzem mehr mit Alexandria beschäftigt zu sein schien, höchstens aber damit, Armenien und Parthien anzugreifen.

Hätte Antonius jetzt schnell zugeschlagen und seine Armee nach Brundisium geschickt, dann wäre Italien, von inneren Krisen gebeutelt, vollkommen unvorbereitet in den Krieg hineingeschlittert. Aber das tat

er nicht. Er wollte keinen Bürgerkrieg in seiner Heimat entfachen und blieb daher beinahe das ganze Jahr lang in Athen, mit Kleopatra (32 v. Chr.). Hier gab es viel, das ihm gefiel, nicht zuletzt das antike Dionysos-Heiligtum im Schatten der strahlenden Akropolis, mit seinem Tempel und seinem Theater – eines der ältesten und sicherlich eindrucksvollsten in der ganzen römischen Welt. Hier hatte das mächtige Athen vier Jahrhunderte zuvor (5. Jahrhundert v. Chr.) seine Kriegsbeute vorgeführt. Und hier waren die großen Tragödien von Aischylos, Sophokles und Euripides aufgeführt worden, Meisterwerke, die die römische Literatur stark beeinflussten.

Am Hang oberhalb des dem Dionysos geweihten Theaters in Athen befand sich einst ein dionysischer Pavillon, in dem Antonius und seine Freunde ab dem frühen Morgen feierten.

Doch nun verwendeten Antonius' Feinde sogar die Handlungsschemata eben dieser griechischen Tragödien, um ihn vorzuführen. Einige dieser Dramen zeigten Herkules, wie er von Omphale versklavt wurde, einer östlichen Königin, und so von ihr verhext wurde, dass er ihr sein Löwenfell und seine Keule übergab, während er ihr, in Frauenkleider gehüllt, half, Wolle zu spinnen. Für Octavians Anhänger war dies eine geradezu köstliche Parallele, zumal Antonius von sich behauptete, von Herkules abzustammen. In Italien begannen eifrige pro-octavianische Maler, diesen Mythos auf Vasen darzustellen.

Es war aber auch wirklich ein dankbares Motiv: Kleopatra, die exotische Ausländerin, hatte Antonius, den echten Römer, verhext. Die Monate vergingen, und es trafen immer mehr Berichte aus Athen ein, die Octavian in die Hände spielten und bereits vorhandene fremden- und frauenfeindliche Vorurteile der älteren Römer bedienten. Sie erzählten davon, wie Antonius Kleopatra

> die Bibliotheken von Pergamon zum Geschenk gemacht hatte, in denen es 200 000 Bücher gab; bei einem Bankett mit vielen Gästen stand er auf und rieb ihr, gemäß irgendwelcher Vereinbarungen, die sie getroffen hatten, die Füße … Mehrmals erhielt er, während er auf dem Richterstuhl saß, um über Tetrarchen und Könige Recht zu sprechen, Liebesbriefe von ihr auf Tafeln aus Onyx oder Kristall, und las diese; und einmal, als Furnius redete (ein Mann von großem Ansehen und der größte Redner Roms), wurde Kleopatra in einer Sänfte über die Agora (Marktplatz) getragen, und als Antonius sie sah, sprang er von seinem Richterstuhl auf, verließ das Gericht und begleitete sie, an ihre Sänfte geklammert.[117]

Selbst Plutarch, unsere Quelle für diese Behauptungen, bezweifelt ihren Wahrheitsgehalt. Tatsächlich scheinen ihre Details allzu bewusst gewählt, um den Zorn der Römer zu erregen – von der Aufgabe der Bibliothek von Pergamon (einer der ersten römischen Siedlungen in Übersee) über die Liebesbriefe auf Tafeln aus Onyx oder Kristall (echte Römer mieden solche östliche *luxuria*) bis hin zu Antonius' Beleidigung des profilierten Römers Furnius, um sich an Kleopatras Sänfte zu hängen wie ein verliebter Schuljunge.

Hier ging es so ganz anders zu als bei Octavian zu Hause – so wusste es zumindest seine Propaganda zu verbreiten. Während Antonius, bereits mittleren Alters, in Kleopatra vernarrt war, setzte sich der junge Octavian als Vorreiter traditioneller Moral in Szene. Während Antonius hart erkämpfte Ländereien Roms einfach verschenkte, baute Octavian Rom wieder auf und machte aus dem einst so chaotischen Moloch eine wahrhaft kaiserliche Hauptstadt. Während Antonius seine Bestattung im fernen Alexandria plante, hatte Octavian bereits den Bau eines Mausoleums für sich angerordnet, am Tiber nahe dem Herzen seiner Geburtsstadt Rom. Der Kontrast war so klar, dass jedermann ihn sehen musste. Octavian versuchte, Rom zu stärken, Antonius, es zu zerstören.

Dennoch bedeutet die Tatsache, dass viele unserer Quellen für diese Jahre ganz deutlich von der Antonius und Kleopatra feindlich gesonnenen Propaganda beeinflusst sind, nicht, dass wir alles, was sie sagen, als Lüge abtun können. Sicherlich hatte auch Antonius Menschen um sich, die zu diesem Zeitpunkt alles andere als glücklich mit dem Verlauf der Ereignisse waren. Im Laufe der Monate fühlten sich immer mehr seiner einst so treuen Unterstützer dermaßen entfremdet, dass sie ihre Koffer packten, Athen verließen und zu Octavian überliefen. Fast jeder von ihnen hatte seine eigene Geschichte zu erzählen – von Plancus, der sich durch Kleopatras Verhalten beleidigt fühlte und Octavian dazu riet, Antonius' Testament zu lesen (siehe oben), bis hin zu Dellius, einst einer von Antonius' zuverlässigsten Leutnants, der Kleopatra beschuldigte, sie habe versucht, ihn zu vergiften.

Selbst Antonius' Freunde in Rom sahen sich kurz abgefertigt, wenn sie versuchten, ihn von den politischen Manövern Octavians zu unterrichten:

> Sie schickten einen der Ihren, Geminius, zu Antonius, um ihn zu bitten, nicht zuzulassen, dass er aus dem Amt gewählt und zum Staatsfeind Roms erklärt würde. Aber als Geminius nach Griechenland kam, verdächtigte Kleopatra ihn, im Interesse Octavias zu handeln; also verspottete sie ihn beim Essen mit Witzen und beleidigte ihn dadurch, dass er einen ganz unehrenhaften Platz an der Tafel erhielt; aber all das ertrug er und wartete auf eine Gelegenheit, mit Antonius zu sprechen. Bei einem Abendessen wurde er gebeten, die Gründe für sein Kommen darzulegen, und er antwortete, dass, obgleich der Rest dessen, was er zu sagen habe, einen klaren Kopf erfordere, er doch eines sicher wisse, ob er nun betrunken sei oder nicht: dass alles gut würde, wenn Kleopatra zurück nach Ägypten geschickt werde. Da wurde Antonius zornig, und Kleopatra sagte: „Du hast gut daran getan, Geminius, die Wahrheit zu sagen, ohne dass man dich foltern musste." Ein paar Tage später entkam Geminius und floh nach Rom.[118]

Das nächste Mal, als Boten aus Italien eintrafen, waren ihre Nachrichten düsterer. Wie Antonius war auch Octavian nicht dazu bereit, einen Bürgerkrieg gegen einen anderen römischen Feldherrn zu provozieren. Doch inzwischen hatten ihn der Verlauf der Ereignisse und seine eigene Propaganda mit einer Alternative ausgestattet, die um einiges akzeptabler war.

Als junger Mann hatte Octavian viele Jahre zuvor den Ablauf der pseudo-trojanischen Spiele überwacht, während Caesar seine vier Triumphzüge abhielt, die das Ende des Kriegs mit Pompeius markierten (46 v. Chr.). Jetzt, als Anführer des westlichen Reichs, im Spätsommer 32 v. Chr., ließ Octavian ein weiteres antikes Ritual wiederauferstehen (vielleicht erfand er es auch), aber diesmal mit weitaus bedrohlicheren Absichten. Im vollen militärischen Ornat ging er mit seinem Gefolge hinaus aufs Marsfeld, zum Tempel der strengen Kriegsgöttin Bellona. Vor den Pforten des Tempels schnitt Octavian in seiner Rolle als oberster Priester einem Opfertier die Kehle durch, und in dessen warmes, dunkles Blut tauchte er die Spitze eines Speers. Dann nahm er sorgfältig Maß, und schließlich schleuderte er die Waffe über eine niedrige Säule, die zwar nicht besonders groß war, aber dafür umso bedeutsamer. Denn sie markierte die Grenze eines speziellen Bereichs, der auf dem Boden eingezeichnet war und den religiösen Zeremonien gemäß ausländischen Grund und Boden symbolisierte. An jenem Tag war dies der Grund und Boden Ägyptens. Als die blutige Lanze tief in der Erde stecken blieb und ein dunkler Schatten auf das Marsfeld fiel, da wussten alle, die dabei waren, was es bedeutete: Rom befand sich im Krieg. Aber nicht gegen Antonius, sondern gegen Kleopatra.

# KAPITEL 9

# Die Entscheidung

ACTIUM, GRIECHENLAND: 2. SEPTEMBER 31 V. CHR.

In den langen Monaten seit der offiziellen Kriegserklärung hatten die Ereignisse eine gewisse Eigendynamik angenommen. Niemanden in Alexandria und Athen konnte die Nachricht von Octavians Kriegserklärung überraschen, auch wenn einige Taktikspezialisten den Zeitpunkt in Frage gestellt haben mögen. Denn nicht nur waren Octavians Kassen immer noch – wie meistens – ziemlich leer, auch seine Truppen waren nicht an ihrem Platz, und mit Beginn des Herbstes wurde der Transport von Soldaten und Ausrüstung per Schiff zunehmend schwierig. Die Zeit sprach für Antonius – eine gemessene, bedachte Reaktion schien durchaus zweckmäßig.

Also ignorierte er alle Berater, die ihn gedrängt haben mögen, die Initiative zu ergreifen und einen Blitzangriff auf Italien zu starten. Stattdessen befahl Antonius die Verlegung seiner Flotte und seiner Legionen an die Westküste Griechenlands und auf die Inseln vor der Küste des Ionischen Meers. Hier, in den zahlreichen Buchten, Häfen und Fischerdörfern, von Methone an der Südwestspitze der Peloponnes bis nach Korfu im Norden, sollten seine Truppen überwintern – eine hochgerüstete Wand, die eine Invasion verhindern und den Osten schützen sollte. Die mit Abstand größten Truppenverbände befanden sich im Golf von Ambrakia, wo ein gerade einmal 700 m schmaler Kanal eine rund 40 km lange und 15 km breite Lagune schützte, ein natürlicher Zufluchtsort gegen die verheerenden Auswirkungen des Winters.

Als seine Truppen an Ort und Stelle waren und der Nachschub gesichert, ging Antonius in sein eigenes Winterquartier, in der alten Hafenstadt Patras, die auf einem fruchtbaren Landstrich zwischen Bergen und Meer lag. Kleopatra war bei ihm. Hier, umgeben von Generälen und Höflingen und Schmeichlern, demonstrierten sie ihre Großzügigkeit, ließen sie hurrapatriotische Münzen prägen, und von hier aus sandten sie Kassen voll Gold und Silber über das Meer nach Italien, um ihre dortigen Unterstützer zu finanzieren.

In Rom bereitete sich Octavian immer noch verzweifelt auf das kommende Frühjahr vor und fachte seine Propaganda-Kampagne weiter an. In einer solchen Zeit der Krise galt fast alles, was irgendwie aus dem Gewöhnlichen hervorstach, als bedeutsam und wurde diskutiert. Dio teilt uns mit:

**GEGENÜBER** Marcus Agrippa, Octavians brillanter Flottenkommandant, verschleiert sein Haupt zum Opfer. Porträtstatue aus Marmor, ca. 25–10 v. Chr. Gefunden auf Capri. Höhe 43 cm. British Museum, 1873,0820.730.

Ein Affe gelangte in den Tempel der Demeter [Ceres] und sorgte für Durcheinander bei den Anwesenden; eine Eule flog zunächst in den Tempel der Concordia hinein und dann in fast alle anderen der heiligsten Tempel … Der Wagen des Jupiter, den man im Circus aufbewahrte, wurde zerstört, und viele Tage stieg ein flammendes Licht über den Horizont auf, in den Himmel und über das Meer, in Richtung Griechenland.[119]

Viel mehr nützten Octavian jedoch ungewöhnliche Ereignisse, die eine klare und eindeutige Bedeutung hatten, wie das „spontane" Spiel zwischen zwei Gruppen von Kindern, die den Krieg zwischen seiner und Antonius' Armee nachspielten: „Sie kämpften zwei Tage lang, und am Ende unterlag Antonius' Seite." Wie praktisch für die Moral der echten Truppen Octavians! Man berichtete auch über andere Vorzeichen, aus der gesamten römischen Welt:

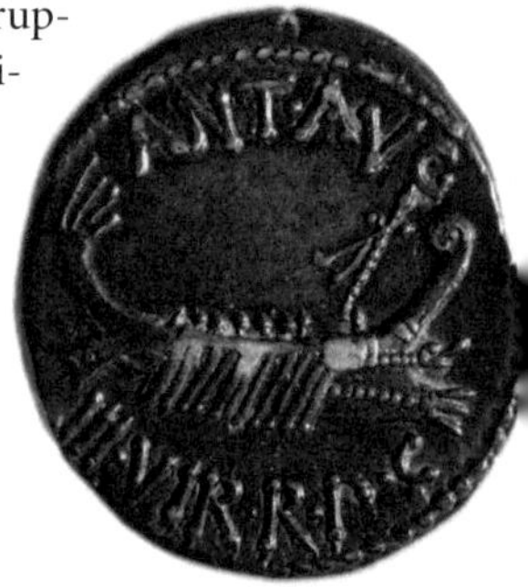

Um seine Legionen zu ehren, prägte Antonius Münzen wie diese (für die 18. Legion), im Winter 32/31 v. Chr. Silberdenar, geprägt in einer mobilen Münzstätte. Durchmesser 1,85 cm. British Museum, R.9494, Schenkung von König George IV.

> Pisaurum, eine von Antonius besiedelte Stadt in der Nähe der Adria, wurde durch Spalten, die in der Erde entstanden, verschluckt. Aus einer der Marmorstatuen von Antonius bei Alba floss viele Tage lang Schweiß, und obwohl er weggewischt wurde, hörte er nicht auf zu fließen. In Patras wurde das Heiligtum des Herkules [des mythischen Vorfahren von Antonius] von einem Blitz zerstört, während Antonius sich dort aufhielt, und in Athen löste sich eine Statue des Dionysos [des Gottes, mit dem Antonius sich so verbunden fühlte] … und stürzte hinunter ins Theater.[120]

Wie Antonius selbst auf diese Vorzeichen reagierte, ist nicht überliefert. Stattdessen gibt es Berichte über Nachrichten, die zwischen ihm und Octavian hin und her gingen; jeder versuchte, den anderen zum Kampf anzustacheln, ganz so, als wären sie homerische Helden – oder auch zwei Freier, die um ein und dieselbe Frau kämpften:

> [Octavian] schickte Antonius eine Forderung, keine Zeit zu verschwenden, sondern mit seinen Truppen anzurücken; Octavian selbst werde ihm vollen Zugang zu Ankerplätzen und Häfen gewähren und sich auf seinem Land eine Tagesreise weit vom Meer zurückziehen, bis Antonius sicher gelandet sei und sein Lager aufgeschlagen habe. Mit diesen prahlerischen Worten zog Antonius gleich, indem er ihn zum Zweikampf herausforderte, obwohl er älter war als jener.[121]

Doch dann, als Antonius sich gerade eine neue Beleidigung für Octavian ausdachte, traf eine Meldung in Patras ein, die alles veränderte. Unter dem Kommando von Octavians brillantem Admiral Agrippa hatten seine Schiffe dem spätwinterlichen Seegang getrotzt und Methone eingenommen. Nun gab es nicht nur feindliche Soldaten im Süden Griechenlands, sondern (und das war weitaus beunruhigender) die feindliche Flotte saß an einem idealen Ausgangspunkt, um die großen Getreide-Konvois zu plündern, die sich bald, wenn der Frühling kam, auf ihren langen Weg aus Ägypten begeben würden, um die Soldaten von Antonius und Kleopatra mit der notwendigen Nahrung zu versorgen.

Noch bevor Antonius völlig begriffen hatte, was Octavians Eroberung von Methone für ihn bedeutete, erreichten ihn weitere Berichte. Es gab erneute Überfälle entlang der Küste. Korfu war gefallen. Und man hatte Truppentransportschiffe von Octavian gesichtet, in der nördlichen Adria, die am Ufer ihre Fracht entluden – 80 000 Infanteristen, 12 000 Kavalleristen. Der Feind befand sich auf dem Weg in Richtung Süden, und er suchte die Schlacht; sein Ziel: der Golf von Ambrakia, wo sich der Großteil von Antonius' Truppen im Winterlager befand.

Als müsse er einen bösen Alptraum abschütteln, machten sich Antonius, Kleopatra und ihre Generäle eilends daran, sich ihrer Armee anzuschließen, schickten Eilmeldungen an diejenigen Truppenteile, die sich noch an der griechischen Westküste befanden, mit dem Befehl, sich dem Heer im Lager bei Anaktorion, am Golf von Ambrakia, anzuschließen. Doch es gab immer neue Nachrichten über Erfolge von Octavian, die die Moral ihrer Soldaten schwächten. Als sie hörten, dass die Stadt Toryne gefallen war, versuchte Kleopatra die Gemüter mit einem derben Witz zu erheitern: „Was ist so schlimm daran, wenn Octavian auf Toryne sitzt?", fragte sie spöttisch – ein Wortspiel, das nur dann Sinn ergibt, wenn man weiß, dass das griechische Wort *toryne* nicht nur ein Ortsname war, sondern auch zwei weitere Bedeutungen hatte: „Rührlöffel" und „Penis".

Bald musste sich Kleopatra ganz andere Gedanken machen. Octavians Armee nahm den Hügel am nördlichen Vorgebirge ein, der heute Mikalitzi heißt und der den Eingang zum Golf überblickt; seine Schiffe patrouillierten nun den engen Kanal zum Meer. Trotz all seiner Jahre als berühmter Befehlshaber hatte Antonius sich schmählich ausmanövrieren lassen. Irgendwie hatte er es zugelassen, dass seine Flotte und seine Landtruppen in der seichten, schilfbestandenen Lagune von Ambrakia, die sie kontrolliert hatten, abgeschnitten worden waren.

In den Wintermonaten wäre dies ein Anlass zu großer Sorge gewesen; nun, da der Sommer nahte, war es eine Katastrophe. Während die Temperaturen stiegen, tanzten immer dichtere Wolken von Mücken über dem sumpfigen Marschland, wo Pelikane und Kaninchenadler, Kormorane und Rohrdommeln hausten. Mit den Mücken kam die Malaria, und das stehende Wasser wimmelte von Ruhramöben – dies waren Feinde, die viel tödlicher sein konnten als alle Soldaten Octavians. Antonius musste nun schnell handeln.

Als er und Kleopatra endlich am Golf ankamen, hatte sich Octavian bereits gut eingerichtet; massive Erdwälle umgaben jetzt den Mikalitzi und verliefen bis hinunter zum Meer. Wären all seine Legionen an Ort und Stelle gewesen, hätte Antonius nun einfach einen Sturmangriff wagen können. Aber sie waren nicht da. Viele befanden sich noch auf dem Marsch aus dem Winterquartier, und die Zeit arbeitete gegen sie.

Mehr und mehr Abteilungen von Antonius' Heer trafen im Lager in der Ebene nahe Actium ein, an der Südküste des Golfs, und sicherlich gab es darunter Soldaten, die mit einem düsteren Gefühl der Vorahnung auf den dortigen Tempelbezirk blickten. Direkt am Wasser, wie um sie zu verspotten, stand, unweit plätschernder Wellen, ein Schrein für Apollo – jene Gottheit, die sich Octavian als Schutzherrn ausgesucht hatte. Die Männer mussten das Gefühl haben, als ob die Götter höchstpersönlich versuchten, ihr Lager zu infiltrieren und sich gegen sie zu wenden. Was alles aber noch schlimmer machte: Jeden Morgen führte Octavian seine Legionen in kompletter Schlachtordnung aufs Feld, um Antonius herauszufordern und sich über ihn lustig zu machen und in der Hoffnung, endlich einen Kampf zu provozieren. Noch hielt Antonius sich zurück, selbst als er hörte, dass der Feind all seine Transportschiffe abfing und kaperte. Doch endlich kam der Zeitpunkt, an dem er genügend Truppen vor Ort hatte, um sich sicher genug zu fühlen, die Initiative zu ergreifen.

Vom Hügel von Mikalitzi aus, wo Octavian sein Lager aufschlug, öffnet sich nach Süden hin die Bucht von Actium.

Er überquerte die Meerenge und schlug sein Lager unweit Octavians auf; danach schickte er seine Kavallerie rund um die Bucht, um den Feind von beiden Seiten in die Zange zu nehmen. Nun blieb Octavian ruhig.[122]

Dennoch konnte Antonius wenig tun, Octavians Position war einfach zu gut befestigt. Es gab ein Patt am Golf, doch selbst diese Pattsituation begünstigte Octavian. Antonius' Flotte war abgeschnitten und seine Legionen versuchten verzweifelt, den Mikalitzi einzunehmen – nicht nur die Versorgungslage wurde immer schwieriger, auch die Moral seiner Soldaten sank. Nach und nach trafen Nachrichten von weiteren Rückschlägen in Actium ein: Erst war die Insel Leukas an den Feind gefallen, dann Patras und dann auch noch Korinth. Ein Angriff auf Octavians Flotte, im dicken Nebel durchgeführt, schien eine Schrecksekunde lang auf einen Sieg hinauszulaufen; doch schließlich wurde der Flottenkommandant doch noch besiegt und seine Schiffe zerstört. Und am Ende wurde Antonius selbst (auf der Rückkehr von einer Expedition nach Norden auf der Suche nach neuen Verbündeten) von einem Geschwader der feindlichen Kavallerie abgefangen und musste in sein Lager fliehen.

Viele Jahre zuvor hatte Pompeius, der Freund von Kleopatras Vater, dem „Flötenspieler", die Bemerkung fallen lassen, dass mehr Menschen die aufgehende als die untergehende Sonne anbeteten. Jetzt, im Golf von Actium, wurde langsam klar, wessen Sonne unterging. Täglich liefen Generäle und Truppenteile zu Octavian über. Antonius litt unter diesem Misstrauen, seine Stimmung wurde immer düsterer, und er zeigte sich immer grausamer. Einen römischen Senator ließ er gar buchstäblich in Stücke reißen.

Innerhalb seines Führungsstabs herrschte eine solche Uneinigkeit, dass Antonius sogar die Belagerung des Mikalitzi unhaltbar erschien. Seine Männer auf zwei Standorte aufzuteilen, war ihm zu riskant,

> also verließ er [mit seinen Truppen] in der Nacht seine Verschanzungen in der Nähe der feindlichen Linien und zog sich auf die andere Seite der Meerenge zurück, wo der größte Teil seiner Armee lagerte. Hier aber blieb die Versorgung aus, weil man [größtenteils] vom Nachschub abgeschnitten war.[123]

Eine Versorgungsroute bestand jedoch noch, und in ganz Griechenland kochten die Emotionen hoch, als Städte, die kurz zuvor Antonius als personifizierten Dionysos anerkannt hatten, mit Lebensmitteln beladene Konvois in Richtung Westen, nach Ambrakia, schicken mussten. Nur wenige Familien waren davon ausgenommen; Plutarch berichtet über seine eigene:

> Mein Urgroßvater Nikarchos erzählte oft darüber, wie alle Bürger unserer Stadt [Chaironeia] gezwungen waren, auf ihren Schultern ein festgelegtes Maß an Weizen hinunter zum Meer zu tragen, nach Antikyra [am Golf von Korinth, von Chaironeia aus ein Fußmarsch von 30 km durch hügeliges Gelände], und dabei trieb man sie mit der Peitsche an.[124]

In Antonius' Lager wurde die Situation indes immer verzweifelter. Krankheiten grassierten, und weitaus mehr Männer starben an Ruhr und Malaria als durch Feindkontakt; der Rauch der Scheiterhaufen, der in den sengenden Himmel stieg, wurde von Tag zu Tag dicker.

Für Kleopatra muss diese Situation besonders schlimm gewesen sein. Immerhin war es das zweite Mal, dass sie die Schrecken einer Blockade durch den Feind erlebte. 18 Jahre zuvor, in Alexandria, war es Caesars Energie und Einfallsreichtum zu verdanken gewesen, dass für sie alles gut ausging – er hatte sich einfach geweigert, zu akzeptieren, dass seine Chancen gering waren, und war felsenfest davon überzeugt, dass er dennoch gewinnen würde. Nun, weit von Alexandria entfernt, in Actium, in den heißen Tagen des Spätsommers, musste ihr Antonius' lethargische Handlungsunfähigkeit als krasses Gegenteil zu Caesars Aktionismus erscheinen.

Dies war sicherlich, was Kleopatra am meisten gefürchtet hatte, als sie 18 Monate zuvor in Ephesos darauf bestanden hatte, den Feldherrn nach Griechenland zu begleiten. Es war genau diese Art der geistigen Starre, der Trägheit, des Schwermuts gewesen, in der sich Antonius nach seinem katastrophalen Rückzug aus Parthien befunden hatte, als sie in Leuke Kome gelandet war, und aus der sie ihn hatte befreien müssen. Kleopatra musste damals die Initiative ergreifen und Antonius mit sich nach Alexandria nehmen. Jetzt, als der Herbst sich näherte, schien es ganz so, als müsse sie schon wieder die Initiative ergreifen.

In einem letzten Kriegsrat und im Angesicht der Generäle, von denen viele sie inzwischen für ihren Einfluss auf Antonius offen verachteten, hielt Kleopatra eine leidenschaftliche Rede. Man müsse aus der Sackgasse herauskommen, und das könne nur auf See gelingen. Alles sei besser als diese endlose Warterei. Schiffe müssten bemannt werden. Nun müsse man alles auf eine Karte setzen.

Nicht alle waren sich einig, so zum Beispiel Canidius, Kommandant der Legionen – entweder, weil er tatsächlich glaubte, es besser zu wissen, oder weil er sich einfach nicht von Kleopatra herumkommandieren lassen wollte. Er hielt dagegen:

> Es wäre keine Schande, riet Canidius, das Meer Octavian zu überlassen, der dank des Sizilianischen Kriegs [gegen Sextus Pompeius] in Seeschlachten sehr erfahren sei, aber es wäre doch seltsam, wenn Antonius, der äußerst erfahren im Krieg zu Lande sei, sich nicht auf die Stärke und Ausrüstung seiner zahlreichen Legionssoldaten verlasse, sondern seine Truppen auf Schiffe aufteile und so seine Kraft verringere. Doch Kleopatra setzte sich schließlich mit ihrer Meinung durch, den Krieg auf See zu entscheiden.[125]

In Wahrheit müssen die meisten bei diesem Treffen Anwesenden gewusst haben, dass dies tatsächlich der letzte Ausweg war. Octavians Position auf dem Mikalitzi war so unangreifbar, ihre eigene Versorgung so schwierig und die Moral der Soldaten auf einem so niedrigen Level, dass es undenkbar war, in Actium zu bleiben. Selbst wenn es der Armee gelänge, sich (wie in Parthien) unter ständigen Übergriffen des Feindes durch die zerklüfteten Pässe des hohen Bergmassivs Zentralgriechenlands zurückzuziehen, im Norden die Flüsse zu durchwaten und sich irgendwie an die Küsten Asiens durchzuschlagen, musste doch ihre Flotte ebenfalls durchkommen. Und bereits das erforderte eine Seeschlacht.

Als sich der Kriegsrat auflöste, überbrachten die Generäle den Befehl an ihre erwartungsvollen Truppen. Die Armee war zu diesem Zeitpunkt bereits so stark dezimiert (vor allem durch Krankheiten, teilweise auch durch Überläufer), dass es nicht mehr genügend Ruderer für die gesamte Flotte gab. Eine Bestandsaufnahme ergab, mit wie vielen Schiffen man noch in See stechen konnte. Von den restlichen baute man alles Brauchbare ab, zog sie außerhalb des Lagers auf den Strand und verbrannte sie. Dann verabschiedeten sich diejenigen, die an Bord der Kriegsflotte gingen (20 000 schwere Infanteristen und 2000 Bogenschützen) von den Legionären, die man zurücklassen musste, und bestiegen mit steinerner Miene über die rutschigen Laufplanken die noch übrigen Schiffe. Währenddessen beschwerte sich, wie es heißt, ein Hauptmann und Veteran diverser Feldzüge bei Antonius:

> „General, hast du kein Vertrauen in diese Narben und in dieses Schwert, dass du all deine Hoffnungen auf elende Holzbohlen setzt? Mag sein, dass die Ägypter und Phönizier ihre Kämpfe auf dem Meer austragen, aber uns gib doch bitte festen Boden, wo wir mit sicherem Tritt kämpfen können und entweder unsere Feinde besiegen oder sterben.“

Ein Adler thront zwischen zwei Standarten auf einer Galeere. Intaglio aus dunkelbrauner Glaspaste, aus römischer Zeit. Breite 1,35 cm. British Museum, 1814,0704.2251

Antonius antwortete nicht. Alles, wozu der einst so eloquente Redner mit den scharf geschnittenen Gesichtszügen sich durchringen konnte, war eine „Geste mit der Hand, die dem Mann bedeuten sollte, sich ein Herz zu fassen“, dann ging er an ihm vorbei. Dabei kann weder Zenturionen noch Soldaten eine Anomalie bezüglich der Vorbereitungen für eine Seeschlacht entgangen sein: Wie üblich hatte man Masten und Segel einer Galeere vor dem Kampf entfernt und an Land bewacht, um Platz zu schaffen. Nun aber brachte man sie wieder an Bord. Einige mögen außerdem beobachtet haben, wie die Kriegskassen, Schatztruhen und Götterstatuen, all die teuren, königlichen Requisiten von Kleopatras Hof, im Laderaum ihres Flaggschiffs verstaut wurden. Auch wenn mancher geglaubt haben mag, Antonius und Kleopatra ließen die Segel an Bord, damit die Schiffe dem flüchtenden Feind nachstellen könnten, werden die meisten doch gewusst haben, dass sie in Wirklichkeit für die eigene Flucht gedacht waren.

Karte der Schlacht von Actium und umliegender Standorte (nach M. Cary und H. H. Scullard, *A History of Rome*, Macmillan, London 1980, S. 296, Abb. 24).

Jetzt endlich, mit allen Truppen an Bord, war es an der Zeit, sich Octavian im Kampf zu stellen. Die Bucht war von Trompetensignalen und gebellten Befehlen erfüllt, doch während die Ruderer, die beim Gedanken an die bevorstehende Schlacht das eigene Adrenalin in den Ohren rauschen hörten, schon ihre langen Ruder in die Gewässer des verhassten Golfs tauchten, vernahmen sie ganz plötzlich und unerwartet den Befehl zum Rückzug. Eine Bö war aufgekommen, ein Sturm kündigte sich an. Widerwillig verließen die Soldaten die Schiffe wieder, und drei Tage lang musste die Armee in ihren windgepeitschten Zelten warten, während der Sturm über Ambrakia, das Vorgebirge und den Küstenschlick hinwegfegte.

Endlich ließen Wind und Regen nach. Die Gewitterwolken über der Bucht von Actium verzogen sich. Das Meer war ruhig, der Tag war gekommen, und einmal mehr bestiegen die blassen, hungrigen Soldaten die abfahrbereiten Galeeren.

Viele von Antonius' Schiffen waren schwere Quinqueremen, mit bronzenen Beschlägen am Bug und riesigen Rammen, die bis zu 300 Tonnen wogen. Auf einigen hatte man auch noch hohe hölzerne Türme errichtet, von deren Dach die Bogenschützen Speere und Feuerpfeile auf den Feind regnen lassen konnten, und an Deck hatte man Katapulte angeschraubt, die einen tödlichen Steinhagel entfesseln sollten. Wenn der Feind nahe genug kam, konnte man große Enterhaken auswerfen, die den Rumpf des Gegners zertrümmerten. Aber Antonius verließ sich nicht allein auf seine Schiffe und seine Soldaten. Er wusste, dass am frühen Nachmittag der Wind drehen würde und aus Norden wehen, was ihnen zusätzlich nützen würde. Mit Glück und Geschick konnten sie, selbst wenn es zu keinem klaren Sieg kam, dennoch zumindest entfliehen.

Die Signaltrompete gab das Kommando, und die Flotte ruderte langsam aus der Meerenge von Actium hinaus und nahm ihre Position ein, dicht bepackt, zum offenen Meer gewandt, eine undurchdringliche Mauer aus Bronze. Auf dem rechten Flügel befand sich Antonius selbst, und hinter dem Halbkreis der römischen Flotte stand Kleopatra mit ihrem Geschwader ägyptischer Galeeren.

Die Königin ihrerseits war nervös. Seit einiger Zeit plagten auch sie beunruhigende Vorzeichen: Schwalben hatten in der Nähe ihres Zeltes und auf ihrem Flaggschiff ihr Nest gebaut, aber andere Vögel hatten sie angegriffen und ihre Jungen getötet. Milch und Blut waren aus Bienenwachs herausgetropft, und was das Schlimmste war: Die Statuen von ihr und Antonius, die sie als Götter darstellten und die auf der Athener Akropolis standen, waren vom Blitz getroffen worden, ins Dionysos-Theater gefallen und dort zersprungen. Obendrein hatte jetzt, obwohl der Tag so schön angefangen hatte, ein heftiges Gewitter begonnen, die Wellen aufzupeitschen. Starke Winde wühlten die See auf, und die Schiffe schwankten gefährlich. Von ihrem Aussichtspunkt an Deck aus bemühte sich Kleopatra vergeblich, zu sehen, was jenseits der alliierten Schiffe geschah, die sich vor ihr auftürmten.

Auch Octavian stand an Deck und beobachtete die Lage. Sein ursprünglicher Plan war, die Feinde ohne Angriff aus der Bucht entkommen zu lassen, um dann hinterherzufahren und Antonius und Kleopatra auf der Flucht zu stellen, aber sein Admiral Agrippa hatte ihn zu einem anderen Manöver überredet. Sie würden sie gar nicht einholen können, hatte er gesagt. Mit dem Wind in ihren Segeln wären sie bald auf und davon.

*Die Seeschlacht von Actium* von Lorenzo A. Castro (aktiv 1672–1686), wahrscheinlich inspiriert von Vergils *Aeneis* (vgl. S. 177). Öl auf Leinwand, 1672, 108,5 × 158 cm. National Maritime Museum, Greenwich, London.

Binnen kurzem hörte der Regen auf. Beide Seiten nahmen Aufstellung. Aber niemand rührte sich. Weil sie so unterbesetzt waren, vermochten Antonius' schwere Schiffe nicht mehr den Feind zu rammen. Weil Octavians Kriegsgaleeren so viel kleiner und instabiler waren, wagte er es nicht, näher heranzufahren. Also gewährten beide Flotten ihren Ruderern eine Pause und warteten ab.

Dann plötzlich gab Octavian ein Signal. Die beiden Flügel seiner Flotte begann sich zu öffnen und immer mehr zu dehnen, bis die leichten Schiffe so weit herumfuhren, dass sie die Form eines Halbmonds bildeten. Für Antonius war die Sache klar. Octavian wollte ihn offenbar einkreisen. Widerwillig ließ er seinen Trompeter den Befehl geben. Zum Klang der knarrenden Ruder und der Wellen, die gegen die bronzebeschlagenen Rümpfe seiner Schiffe schlugen, führte er seine eigene Flotte vorwärts. Ob es ihm nun gefiel oder nicht: Die Schlacht hatte begonnen.

Großer Jubel und Geschrei erscholl von allen Schiffen, als die Kapitäne ihre Ruderer antrieben. Von den Decks der großen Galeeren von Antonius aus, die von Soldaten wimmelten, flogen bald riesige Steine durch die Luft, von Katapulten abgefeuert, während Bogenschützen ihre tödlichen Salven auf die gegnerischen Schiffe regnen ließen. Aber Octavians Vorteil waren Geschwindigkeit und Wendigkeit. Immer wieder schoss eines seiner kleineren Schiffen vor, legte sich unter eine von Antonius' Galeeren und versuchte, sie fahruntüchtig zu machen. Es war, als ob jede Seite eine andere Art Schlacht kämpfen wollte. Die Berichte bei Plutarch und bei Dio zeichnen ein lebendiges Bild:

> Auch wenn der Kampf aus der Nähe begann, rammten oder zerquetschten die Schiffe einander nicht, da Antonius' Schiffe aufgrund ihres Gewichts nicht genug Fahrt aufnehmen konnten, was nötig ist, um Kraft in den Schnäbeln zu haben, während Octavian es einerseits vermied, von vorne gegen die harten Bronzepanzer der feindlichen Schiffe zu laufen, und andererseits nicht einmal wagte, sie in die Seite zu rammen, denn seine Schnäbel wären einfach abgebrochen beim Aufprall auf diese Schiffe, die aus großen mit Eisenriemen befestigten Kanthölzern gebaut waren. Die Schlacht glich also eher einem Krieg zu Lande oder, um es genauer zu sagen, der Erstürmung einer befestigten Stadt. Denn drei oder vier von Octavians Schiffen griffen zur gleichen Zeit eines von Antonius an, und die Mannschaften kämpften gegeneinander mit Korbschilden und Speeren und Staken, und sie feuerten Geschosse aufeinander ab, und Antonius' Soldaten schossen mit Katapulten von hölzernen Türmen.[126]

Auch Dio beschreibt die Schlacht wie einen Landkrieg:

> [Octavians Schiffe] ähnelten der Kavallerie, bald griffen sie an, bald zogen sie sich wieder zurück, denn ihre Stärke lag darin, so schnell, wie sie wollten, anzugreifen und sich wieder zurückzuziehen; und [Antonius' Schiffe] ähnelten schwer bewaffneten Soldaten, die sich gegen den Angriff des Feindes verschanzen und versuchen, ihre Stellung zu halten. Demzufolge hatte jede Seite Vorteile gegenüber der anderen; die eine Seite schnellte vor zu den Rudern eines feindlichen Schiffs und zerstörte die Ruderblätter, die eine Seite, die von einer höher gelegenen Stellung aus kämpfte, ließ Steine und Geschosse auf sie niedergehen.[127]

Direkt vor den zwei Landzungen von Actium und Mikalitzi tobte die Schlacht, und der auffrischende Wind ließ die angeschlagenen Schiffe in den unsteten Wellen schwanken; währenddessen hielt sich Kleopatras Geschwader mit den ägyptischen Galeeren noch immer im Hintergrund und zerrte in der Dünung des Meeres an den Ankerketten. Nun aber konnte man von Antonius' Schiffen aus beobachten, wie dort auf einmal auf einen Befehl vom Flaggschiff hin Betriebsamkeit aufkam: An den Masten wurden die Querbalken hochgezogen, Segel aus weißem Leinen entfalteten sich und blähten sich im Wind. Die ersten Schiffe scherten aus und fanden das offene Wasser, wendeten nach Süden, den Wind im Rücken, nun wie Rennboote bei einer Regatta, durchschnitten die Wellen und steuerten in Richtung Sicherheit.

Sogleich verließ auch Antonius' Schiff seine Reihen. Ein plötzlicher Satz nach vorne, beim Hissen der Segel, und bald flog auch seine Galeere südwärts und ließ die Schlacht weit hinter sich. Und da ergriff den Rest seiner verwirrten Truppen, Offiziere wie Soldaten, die Panik.

> Einige hissten die Segel, andere warfen die Türme und alles, was sie von Bord lösen konnten, ins Meer, so dass sie mit leichteren Schiffen schneller fliehen konnten. Während sie das taten, griff der Feind an: Denn dieser hatte nicht die fliehenden Schiffe verfolgt, da er keine Segel hatte, sondern nur für den Krieg ausgerüstet war. So wurde jedes [von Antonius' Schiffen] von vielen [Schiffen Octavians] angegriffen, sowohl von weiter weg als auch Seite an Seite.

Aber nicht nur die auf See Kämpfenden hatten gesehen, wie Kleopatras Schiffe ausbrachen und Antonius' Schiff ihnen folgte. Von seinem Aussichtspunkt auf dem Mikalitzi aus hatte Octavian es ebenfalls beobachtet. Bis jetzt hatte er gehofft, Kleopatras intakte Schatztruhen in die Finger zu bekommen – eine wahrlich verlockende Aussicht, eine Beute, die ihm helfen konnte, die unerschütterliche Loyalität seiner siegreichen Truppen zu kaufen. Aus diesem einzigen Grund hatte er darauf verzichtet, sein volles Arsenal gegen sie einzusetzen. Das Schiff mit dem Schatz darauf auf hoher See zu versenken, war undenkbar. Jetzt aber, wo sie fort war, hielt ihn nichts mehr zurück, und er konnte zum kompletten Vernichtungsschlag ausholen.

Plötzlich fanden sich Antonius' Schiffe mit ihren hölzernen Türmen und Katapulten im Auge eines wahren Feuersturms wieder. Anstatt dass Octavians schnelle Schiffe versuchten, sie zu rammen oder ihre Ruder zu zerstören, fuhren sie nun dicht auf und

> schleuderten lodernde Geschosse auf sie und warfen an Speere befestigte Fackeln; und mit Hilfe von Kriegsmaschinen bewarfen sie sie aus kurzer Entfernung mit Töpfen voll glühender Kohle und Pech.

Bald war die See ein einziges Inferno. Antonius' Flotte, langsam und schwerfällig, wie sie war, stand komplett in Flammen. Dios Beschreibung ist erschütternd, aber es lohnt sich, sie zu lesen:

> Bevor das Feuer überhaupt bei ihnen war, starben einige (vor allem Ruderer) durch den Rauch, während andere mitten in den Flammen verbrannten, wie in Öfen. Manche starben auch in ihren Rüstungen, als diese sich erhitzten. Andere wollten einem solchen Tod entkommen oder waren bereits halb verbrannt und warfen deshalb ihre Rüstung fort und wurden von Geschossen verwundet, die aus der Ferne kamen, und wieder andere sprangen ins Meer und ertranken oder wurden von ihren Gegnern erschlagen und

versanken oder wurden von Seeungeheuern zerrissen. Nur diejenigen, die sich aus Gefälligkeit gegenseitig umbrachten, bevor sie ein solches Schicksal erlitten, und die, die sich selbst das Leben nahmen, fanden einen erträglichen Tod, wenn man das Leid bedenkt, das herrschte; denn sie mussten keine Qualen erdulden, und wenn sie tot waren, hatten sie die Schiffe als Scheiterhaufen.[128]

Schwarzer Rauch verdunkelte den nachmittäglichen Himmel und zog mit dem aufkommenden Wind als dunkler Fleck weithin nach Süden, wo Antonius' und Kleopatras Schiffe auf ihrer Flucht bereits im Dunst verschwanden. Allen war klar: Octavian hatte einen Sieg errungen, der in die Geschichtsbücher eingehen würde. Griechenland lag nun in seinen Händen. Und es würde nicht lange dauern, bis Asien ihm folgte. Und dann gab es nur noch Ägypten.

Das einzige, was diesen Lauf der Geschichte noch ändern konnte, war, dass Antonius irgendwie noch einmal Truppen sammelte und sich ihm entgegenstellte. Dies war die einzige Hoffnung, an die er und Kleopatra sich noch klammern konnten. Doch selbst diese Hoffnung schien Antonius zu viel. Bis seine Galeere zum ägyptischen Geschwader aufgeholt hatte, war er schon wieder in die alte Lethargie verfallen, die ihn in den Wochen und Monaten nach seinem katastrophalen Partherfeldzug so sehr gepeinigt hatte. Als er an Bord des Flaggschiffs der Königin ging, „sah er [Kleopatra] nicht, und auch sie sah ihn nicht. Stattdessen ging er ganz allein zum vorderen Teil des Schiffs, wo er sich schweigend setzte und den Kopf in den Händen vergrub".[129]

Erst als ein paar schnelle Schiffe aus Octavians Flotte ihn einholten und anzugreifen drohten, konnte Antonius sich wieder zusammenreißen. Er befahl seinen verbleibenden Schiffen zu drehen, um sich dem Feind zu stellen, und sie schafften es sogar, die Angreifer zu vertreiben, auch wenn zuvor einer von Octavians Kapitänen eines der Schiffe gerammt hatte, dass es „sich wie ein Kreisel drehte", und ein weiteres gekapert hatte, „das wertvolles Essgeschirr enthielt". Als Antonius mitansehen musste, wie die Feinde dieses Schiff zurück nach Norden hinter sich herschleppten, in Richtung der schwarzen Rauchwolke, die immer noch über Actium aufstieg,

versank er wieder in die gleiche Position wie zuvor und blieb reglos sitzen. Drei Tage verbrachte er dort, am Bug, ganz allein, vielleicht weil er zu wütend war,

Bei der Schlacht von Actium versenkt? Dieser bronzene Bug eines Bootes oder kleinen Schiffs wurde am Rand der Bucht von Actium ausgebaggert. 1. Jahrhundert v. Chr. Länge 47,5 cm. British Museum, 1872,1214.1, Schenkung von Königin Victoria.

Zur Feier des Siegs: Silberdenar mit Octavian (Augustus) und der Siegesgöttin am Bug, die einen Lorbeerkranz hält. Geprägt in Italien, 29–27 v. Chr. Durchmesser 1,9 cm. British Museum, R.6168 (Revers siehe gegenüber, unten rechts) und 1901,0407.459.

um Kleopatra zu sehen, oder sich schämte. Dann legten sie in Tainaron an, und die Frauen aus Kleopatras Gefolge brachten beide zusammen, um miteinander zu reden und später miteinander zu essen und zusammen zu schlafen.

Plutarchs Bericht ist äußerst vielsagend. Demnach war es nicht nur Antonius, den man überreden musste, mit Kleopatra zu sprechen. Auch Kleopatra mussten die Dienerinnen gut zureden. Ob die Vorwürfe und Schuldzuweisungen nun ausgesprochen wurden oder nicht, die Frage nach der Schuld an der Niederlage bei Actium kann keiner von beiden verdrängt haben, und dass sie in Tainaron (Kap Matapan) vor Anker lagen, mag ihre düsteren Vorahnungen noch verstärkt haben. Denn hier, an der Spitze des zentralen südlichen Vorgebirges der Peloponnes (ein Landstrich, den man heute Mani nennt), verortete man seit vielen Jahrhunderten in einer Höhle unter dem Meeresspiegel den Eingang zum Hades, der Unterwelt, dem Reich der Toten. Diese unglückverheißende Konnotation kann Antonius nicht verborgen geblieben sein. Wenn überhaupt, wird sie seine trostlose Stimmung noch verstärkt haben.

Mit der Ankunft ein paar weniger Transportschiffe und anderer Boote, die aus Actium entkommen waren, wurde das ganze Ausmaß der Katastrophe deutlich. Um vier Uhr nachmittags hatte Antonius' Flotte sich ergeben. Dreihundert seiner Schiffe waren gekapert oder zerstört worden; fünftausend seiner Männer waren ums Leben gekommen. Unmittelbar nach der Schlacht waren viele von Antonius' Soldaten verwirrt. Viele hatten nicht einmal mitbekommen, dass ihr General geflohen war. Als sie es schließlich merkten, liefen die meisten derer, die sich nicht auf den Schiffen gewesen waren, sondern im Lager geblieben waren oder sich anderswo in Griechenland befanden, zu Octavian über: neunzehn Legionen und zwölftausend Reiter, „alle ohne besiegt zu sein".

In seiner Verzweiflung rief Antonius seine Freunde zu sich und überhäufte sie mit Geschenken, nachdem er eines seiner reichen Transportschiffe geplündert hatte. Dann befahl er ihnen, nach Korinth zu segeln und mit Octavian Frieden zu schließen. Die meisten taten es, mehr oder weniger widerwillig.

Tief in Depression und Selbstmitleid versunken, mag Antonius sich den Luxus gegönnt haben, sich wie ein Besiegter aufzuführen. Kleopatra tat dies nicht. Schließlich war sie noch immer eine Königin, regierte noch immer ein Reich, hatte noch immer Kinder, die, wie sie hoffte, ihr dereinst auf den Thron folgen würden; für sie war alles noch offen. Schon früher war es ihr gelungen, widrige Umstände zu ihrem Besten zu wenden. Sie hatte die übelriechende Bucht von Actium hinter sich gelassen, die zuvor ständig anwesenden und (in ihren Augen) langweiligen, bevormundenden und frauenfeindlichen Kollegen von Antonius waren fort – endlich konnte sie ihre Zukunft wieder selbst in die Hand nehmen.

Kleopatra wusste, was sie zu tun hatte. Sie musste eilends nach Alexandria reisen. Und sie musste dort vor der Nachricht von Antonius' Niederlage eintreffen. Wenn irgend möglich, musste sie eine Show abliefern, die ihren Untertanen in Alexandria, in Ägypten, im ganzen Ptolemäerreich genügend Selbstvertrauen vermittelte, um ihre Position wieder so weit zu stärken, dass sie mit Octavian verhandeln konnte – denn das war es, worauf es ankam. Vielleicht konnte auch Antonius ihr noch irgendwie von Nutzen sein, obwohl ihr im Moment sicherlich nicht klar war, wofür. Auf jeden Fall konnte Kleopatra es sich nicht leisten, diesen Trauerkloß bei sich zu haben, wenn sie nach Alexandria zurückkehrte.

So fuhr sie schnell in Richtung Süden und setzte Antonius westlich der Hauptstadt an Land ab, mit der Mission, nach Libyen zu reiten, um dort Truppen zu sammeln. Dann wandte Kleopatra ihre Flotte nach Alexandria. Schon färbte sich das Wasser des Meeres braun vom fruchtbaren Schlamm des Nil; schon lag der Duft Ägyptens in der Luft; schon schimmerte der Leuchtturm von Pharos unwirklich in der Ferne, schon wurde sein Feuer von der aufgehenden Sonne verschluckt: Da bekränzten die königlichen Sklaven den Bug mit Blumen, an Deck begannen die Flötenmädchen zu spielen, und Kleopatra ließ sich in der Kabine von ihren Dienern anziehen und zurechtmachen.

Bald rief man am Ufer einander zu, dass die königlichen Schiffe sich näherten. Viele Tausende sahen gespannt zu, wie das erste einer ganzen Flotte stolzer, aufwendig bemalter Kriegsschiffe, mit Girlanden aus frischen Blumen geschmückt, in den königlichen Hafen einfuhr. Seine Ruder hoben und senkten sich im rhythmischen Schlag, wie große Flügel, während es an den Kai heranfuhr. Als die Schiffe näher kamen, mag es vorgekommen sein, dass sich auf einen bestimmten Befehl hin alle Ruder gleichzeitig zum Gruß erhoben; sie verharrten einen Moment lang hoch in der Luft, und im blendenden Licht der Sonne tropfte das Wasser von ihnen herab wie geschmolzenes Silber.

Das war das Signal, auf das die Zuschauer so lange gewartet hatten, das Zeichen des Triumphs, das allen zeigte, dass Kleopatra, Königin der Könige, die, deren Söhne Könige sind, die jüngere Göttin, die den Vater liebende Göttin, die das Vaterland liebende Göttin, die letzte in der Linie der Ptolemäer, in ihre Stadt Alexandria zurückgekehrt war, um zu verkünden, dass sie und ihr Gemahl, der römische General Marcus Antonius, weit fort, bei Actium, gegen Octavian gekämpft hatten. Und gewonnen.

Trophäe auf dem Bug eines Schiffs und Octavian, auf einer Säule stehend, die mit Schiffsrammen und Ankern verziert ist. Silberdenar, Durchmesser 1,9 cm. British Museum, R.6165 und R.6168 (Avers siehe ganz oben).

# KAPITEL 10

# Sackgasse

Skrupellosigkeit und Optimismus: genau wie viele ihrer Vorfahren besaß Kleopatra diese beiden Eigenschaften im Übermaß. Nun klammerte sie sich an die Hoffnung, die Situation zumindest soweit retten zu können, dass sie sich eine neue Verhandlungsbasis aufbaute (selbst wenn sich die Niederlage beim besten Willen nicht mehr in einen Sieg ummünzen ließ); und dazu beseitigte sie eiskalt und gnadenlos jeden, der sich ihr entgegenstellen konnte oder den sie als Hindernis wahrnahm. Oder dessen Besitz Kleopatra sich einverleiben konnte. In Alexandria und in den ptolemäischen Provinzen färbten sich die Klingen der Attentäter dunkel mit dem Blut der Ermordeten. Bei Dio heißt es dazu:

> Sobald sie sicher an Land war, ließ sie viele der wichtigsten Männer töten, da diese stets mit ihr unzufrieden gewesen waren und sich nun über ihr Unglück freuten; und sie fuhr fort, sich großen Reichtum aus deren Vermögen zu verschaffen und aus verschiedenen anderen Quellen, weltlichen wie sakralen, sie verschonte nicht einmal die heiligsten Stätten. Sie rüstete außerdem ihre Streitkräfte aus und suchte neue Verbündete. Sie ließ den armenischen König Artavasdes hinrichten und schickte seinen Kopf den Medern, die sie so dazu zu bringen hoffte, ihnen zu helfen.[130]

So schreiben die antiken Quellen ständig – als ob Antonius und Kleopatra ein und dasselbe Ziel verfolgt hätten. Im Nachhinein mag es dem unbeteiligten Betrachter auch tatsächlich so vorgekommen sein, aber in den hektischen Wochen und Monaten nach Actium war zumindest für die engsten Vertrauten Kleopatras die Lage nicht so eindeutig.

Um es ganz deutlich zu sagen: Antonius wurde immer mehr zu einem Hindernis für sie. Seine Reise nach Libyen, um sich der Unterstützung der dortigen Garnison zu versichern, war gescheitert. Der Kommandant dort hatte sich

> geweigert, ihn zu empfangen, und hatte sogar Antonius' Stellvertreter, die er als Vorhut geschickt hatte, töten lassen, ebenso wie einige seiner eigenen Truppen, die gezeigt hatten, dass sie dies missbilligten.

**GEGENÜBER**
Pyramus und Thisbe, das mythische Liebespaar, dessen Geschichte die von Antonius und Kleopatra widerspiegelt, auf einer Wandmalerei aus dem Haus des Octavius Quartio (auch bekannt als „Haus des Loreius Tiburtinus") in Pompeji. 1. Jahrhundert n. Chr.

Antonius verrannte sich immer mehr in seine (inzwischen zur Gewohnheit gewordene) Depression und versuchte (nicht zum ersten Mal), sich umzubringen. So handelte kein General, der seine Königin beschützen wollte – es sei denn, er glaubte, dass Kleopatra eine bessere Verhandlungsposition mit Octavian finden würde, wenn er tot war. Was auch immer seine Motivation war, Antonius wurde von seinen Freunden am Selbstmord gehindert, und diese Freunde nahmen ihn mit zurück nach Alexandria.

Doch nicht einmal Alexandria konnte seine Laune heben. Hier, in der Stadt, wo er so oft und gern die extravagantesten und rauschendsten Feste gefeiert hatte, wo er ein paar Jahre zuvor nicht nur im Triumphzug über die Boulevards geritten war, sondern der ptolemäischen Königsfamilie den ganzen Osten des Römischen Reichs geschenkt hatte, hier zog sich Antonius nun aus jeglicher Gesellschaft zurück und lebte fortan wie ein Einsiedler.

> Er baute sich ein Haus auf der Insel Pharos, indem er eine Mole im Wasser errichten ließ. Hier lebte er zurückgezogen von den Menschen und erklärte, er sei zufrieden und imitiere das Leben des [Misanthropen des 5. Jahrhunderts v. Chr.] Timon … und [wie dieser] hasste er die ganze Menschheit und misstraute ihr.[131]

Nach Strabon, der Antonius' Haus, das sogenannte Timoneion, sah, war es in Wirklichkeit „eine königliche Villa", weit draußen auf einer Mole an der Landzunge gebaut, auf der sich bereits der Tempel des Poseidon erhob. Wie sehr Antonius auch allein sein wollte, er konnte dennoch den Insignien der Monarchie nicht ganz widerstehen. Doch wenn Kleopatra aus den hohen Fenstern ihres eigenen Königspalasts über den großen Hafen schaute, zuerst in Richtung von Antonius' Timoneion und dann weiter auf das imposante Kaisareion mit seinen massiven Portikus und stolzen Fassaden, das Denkmal für ihren Mentor Caesar, muss sie die beiden Männer unweigerlich miteinander verglichen haben.

Was hätte Caesar angesichts dieser Umstände wohl getan? Sicherlich hätte er sich nicht zurückgezogen wie Antonius und sich einer lähmenden Depression hingegeben. Zumindest nicht, bevor die letzte Schlacht geschlagen war. Nein, Caesar hätte alles versucht, um seine Optionen offen zu halten, jede sich ihm bietende Möglichkeit energisch verfolgt, mit seinem Charisma um Verbündete geworben und wäre Bündnisse eingegangen; er hätte Himmel und Erde in Bewegung gesetzt, um sicherzustellen, dass er sich, wenn es zum Konflikt kam, in der bestmöglichen Position befand, um die Situation zu seinem eigenen Vorteil zu nutzen. Kleopatra war klar, dass ihre Zukunft und die Zukunft ihrer Familie nun in ihren Händen lag, und sie machte sich ans Werk.

Ihre Strategie bestand aus zwei Phasen. Ein Kompromiss mit Octavian war das ideale Ergebnis, aber wenn dies fehlschlug, musste sie noch die Möglichkeit zur Flucht haben. Dio berichtet über die zunehmend schwierigen Verhandlungen, die der Hof in Alexandria mit Octavian führte, und die Intrigen, die diese Verhandlungen (auf beiden Seiten) begleiteten:

> In der Hoffnung, Octavian zu täuschen oder sogar durch Verrat zu töten, sandten sie Boten aus, die ihm Friedensangebote und seinen Anhängern Bestechungsgelder überbrachten. Inzwischen schickte Kleopatra ihm (ohne dass Antonius dies wusste) ein goldenes Zepter, eine goldene Krone und den königlichen Thron, als Zeichen dafür, dass sie ihm das Reich selbst anbot, denn sie hoffte, dass Octavian, selbst wenn er Antonius hasste, doch zumindest mit ihr Mitleid haben würde. Octavian nahm ihre Geschenke als gutes Omen an … Darauf schickte er schreckliche Botschaften, darunter die Ankündigung, dass er, wenn sie ihre Streitkräfte aufgäbe und auf ihre Souveränität verzichtete, sich erst überlegen werde, wie mit ihr zu verfahren sei; aber zugleich ließ er ihr die private Nachricht zukommen, dass er sie begnadigen und ihr Reich in Ruhe lassen werde, wenn sie Antonius töte.[132]

Kleopatra VII. trägt eine dreifache Uräuskrone mit drei Kobras mit Sonnenscheiben auf dem Kopf. Hellenistischer Intaglio aus blauem Glas, hergestellt in Ägypten, 51–30 v. Chr. Höhe 1,3 cm. British Museum, 1923,0401.676.

Weitere Verhandlungen folgten, Abgesandte von Kleopatra kamen zu Octavian – und bald auch welche von Antonius. Die Botschaften von Antonius waren langatmig und rührselig, beriefen sich auf alte Familienbande, erinnerten Octavian an „sexuelle Begegnungen und jugendliche Eskapaden", die sie miteinander geteilt hatten, und sie versicherten, er werde sich umbringen, wenn dafür Kleopatra verschont bliebe. Octavian machte sich nicht die Mühe, zu antworten. Auch nicht auf eine weitere Bitte, dass es „Antonius erlaubt sei, den Rest seines Lebens als normaler Bürger in Athen zu leben, wenn er nicht in Ägypten bleiben dürfe". Dabei erreichten all diese Botschaften nur eines: Sie zeigten ganz deutlich, dass Antonius am Ende war. Dass Octavian schwieg, sollte diesen Zustand nur noch fördern, und als Antonius in seiner Verzweiflung seinen ältesten Sohn Antyllus zu Octavian schickte, mit ganzen Wagenladungen Gold, sandte dieser Antyllus lediglich mit leeren Händen zu Antonius zurück. Das Gold behielt er natürlich.

Mit Kleopatra aber hielt sich Octavian alle Möglichkeiten und Kommunikationskanäle offen. Mehr als einmal er übermittelte er ihr Botschaften mit einer „Kombination aus Drohungen und Versprechungen". Drohungen hatte Kleopatra erwartet; die Versprechungen jedoch müssen ihr äußerst verlockend erschienen haben, boten sie ihr doch einen Ausweg aus alledem. Angesichts der Schwierigkeiten des Actium-Feldzugs und seiner Folgen konnten ihr auch die Bedingungen, die Octavian ihr unterbreitete, nicht völlig unangemessen vorkommen:

Zwillingsschlangen auf goldenen Spiralarmbändern. 1. Jahrhundert v. Chr. bis 1. Jahrhundert n. Chr. Durchmesser 6,6 cm. British Museum, 1917,0601.2780–2781, vermacht von Augustus Wollaston Franks.

Wenn sie Antonius töten ließ oder ins Exil schickte, werde sie fair behandelt werden.

Irgendwann mitten in diesem verlogenen diplomatischen Krieg schickte Octavian einen Gesandten zu Kleopatra, einen Freigelassenen, der für sein Verhandlungsgeschick ausgewählt wurde und der einen Namen besaß, der Octavian ein eisiges Lächeln abgerungen haben muss: Er hieß Thyrsos, und der Thyrsos war natürlich das Emblem des Dionysos (siehe S. 87), jenes Gottes, von dem Antonius sich beschützt glaubte. Der wahre Grund für Thyrsos' Mission ist leider nicht überliefert. Zweifellos sollte er Informationen sammeln, aber er bewährte sich auch darin, Antonius' ohnehin schon vorhandene Selbstzweifel zu verstärken:

> Thyrsos war nicht dumm, und er war jemand, der auf überzeugende Weise Nachrichten von einem jungen Feldherr an eine Frau übermitteln konnte, die hochmütig war und erstaunlich stolz hinsichtlich ihrer Schönheit. Dieser Mann führte längere Gespräche mit Kleopatra als alle anderen und stand bei ihr augenscheinlich in hohem Ansehen, so dass Antonius argwöhnisch wurde und ihn ergreifen und prügeln ließ; dann schickte er ihn zu Octavian zurück, mit der schriftlichen Mitteilung, dass Thyrsos ihn durch sein freches und hochmütiges Verhalten gereizt habe, in einer Zeit, da er durch Unglück leicht reizbar sei.[133]

Wie zufrieden Octavian damit gewesen sein muss.

Doch inwieweit konnte man Octavian trauen? Diese Frage muss auf Kleopatra am meisten gelastet haben. Ohne feste Zusagen blieb ein offener Fluchtweg so wichtig wie eh und je, und in dieser frühen Zeit, wo sie nur abwarten konnte, was Octavian tun würde, begann Kleopatra einen aufwendigen und wagemutigen Plan auszutüfteln, der ihr, wie sie hoffte, einen sicheren Ausweg bieten würde, falls sie doch fliehen musste. Wo heute der Suez-Kanal das Mittelmeer mit dem Roten Meer verbindet, da plante Kleopatra, wie es heißt,

> ihre Flotte aus dem Wasser zu heben, die Schiffe über Land zu ziehen und dann im Roten Meer mit viel Geld und einer großen Armee wieder zu Wasser zu lassen, um sich außerhalb Ägyptens niederzulassen und so Krieg und Versklavung zu entkommen.[134]

Doch bevor sie ein solches Vorhaben in vollem Umfang in die Tat umsetzen konnte, griffen die arabischen Stämme vor Ort ihre Schiffe an und zerstörten sie. Das jedoch beendete weder auf dem Marktplatz von Alexandria noch in Octavians Oberkommando das Gerede darüber, dass Kleopatra immer noch einen Fluchtweg suchte. Wenn nicht nach Indien, dann eben nach Spanien. Oder nach Gallien. Oder irgendwohin sonst, wo sie Truppen sammeln und Stellung beziehen konnte. Wie immer in einer Krise fängt irgendwann die Gerüchteküche an zu brodeln, werden die Spekulation immer wilder, und jetzt war es nicht anders.

Unter anderem erzählte man sich, dass Kleopatra (ganz gleich, wie viel Hoffnung auf Rettung sie noch hatte) sich bereits auf ihren Tod vorbereitete, indem sie

> sich alle möglichen Sorte tödlicher Gifte bringen ließ und diese an zum Tode Verurteilten austestete, um herauszufinden, welche von ihnen die geringsten Schmerzen dabei hätten. Doch als sie entdeckte, dass schnell wirkende Gifte das meiste Leid verursachten, während diejenigen, die weniger Schmerzen brachten, langsamer wirkten, experimentierte sie auch mit giftigen Tieren und sah dabei zu, wie sie zubissen. Sie tat dies tagelang, sie testete fast alle giftigen Tiere und stellte fest, dass nur der Biss der Natter eine schläfrige Trägheit und Erstarrung brachte, ohne Krämpfe oder Stöhnen, sondern sanften Schweiß im Gesicht, während die Wahrnehmung leicht getrübt wurde und die Opfer allen Versuchen widerstanden, sie zu wecken, wie es bei Menschen der Fall ist, die ganz tief schlafen.[135]

Niemand kümmerte sich darum, dass der Biss der Ägyptischen Kobra (mit der Plutarchs „Natter" fast sicher identifiziert werden kann), während er anfangs zur Schläfrigkeit führt, auch Erbrechen, Durchfall und Lungenversagen mit sich bringt – für einen Selbstmord zweifellos unangenehme Begleiterscheinungen. Aber um Tatsachen ging es ja auch nicht, sondern darum, eine exotische, potenziell erotische und ganz sicherlich blutrünstige Geschichte zu erzählen. (Hätte Kleopatra echtes Interesse an den Eigenschaften von Giften gehabt, dann hätte sie ohne Frage alles, was sie darüber wissen musste, in den Regalen der großen Bibliothek von Alexandria gefunden oder in den Notizbüchern der Spezialisten des

Museion. Gift war den Dynastien, die auf Alexander gefolgt waren, beileibe nicht fremd.)

Zur gleichen Zeit machten noch weitere Gerüchte in der Stadt die Runde. Wochenlang, so erzählte man sich, hatte sich Antonius geweigert, einzusehen, dass sich nach Actium die Loyalität seiner alleingelassenen Legionen verflüchtigt hatte, während die Könige und andere Verbündete, die ihn einst unterstützt und gefeiert hatten, sich von ihm abgewandt hatten und auf Octavian zugegangen waren. Nun aber waren diese Tatsachen endlich zu ihm durchgedrungen. Wenn er bis zu diesem Zeitpunkt Anzeichen einer Depressionen gezeigt hatte, dann versank er jetzt ganz und gar in der Finsternis einer lähmenden Verzweiflung.

Vielleicht war es die Erkenntnis, dass das Spiel aus war, die ihn nach Gemeinschaft verlangen ließ – auf jeden Fall verließ er sein Timoneion und kehrte in den Palast zurück. Und dort gab er (vielleicht zum letzten Mal, wie er gewusst haben muss) den Befehl, eine öffentliche Feier auszurichten: eine gemeinsame Mündigkeitszeremonie für seinen Sohn Antyllus (von Fulvia) und Kaisarion, den Sohn von Caesar und Kleopatra. Wie die Gebietsverleihungen etwas mehr als drei Jahre zuvor (34 v. Chr.) fand die Veranstaltung im Gymnasion statt und beinhaltete „prunkvolle Bankette, Gelage und die großzügige Verteilung von Geschenken."

Doch jetzt auf einmal besaßen die Festlichkeiten (zumindest für Antonius) etwas von einer beinahe fatalistischen Verzweiflung. In fröhlicheren Tagen hatten er und seine Freunde sich als *Gemeinschaft ebenbürtiger Bonvivants* zusammengetan (siehe S. 94), jetzt bildeten sie eine neue Gemeinschaft, die *Partner im Tod*, und die Mitglieder versprachen einander, „dass sie zusammen sterben würden; doch bis dahin wollten sie ihre verbleibenden Tage exquisiten Banketten und dem Genuss feiner Weine widmen". So wusste es zumindest das Gerücht. Natürlich stellte Kleopatra sicher, dass das Bankett anlässlich Antonius' 53. Geburtstags großzügig gefeiert wurde (14. Januar 30 v. Chr.). In wahrlich ptolemäischer Tradition nutzte sie die Gelegenheit, um extravagante Freigiebigkeit zu demonstrieren.

Die vielen Spekulation verstärkten lediglich die Spannungen in der Stadt, denn es gab eine Tatsache, von der jeder in jenem düsteren alexandrinischen Winter (31/30 v. Chr.) wusste, dass sie unabwendbar war: Wenn der Frühling, kam, würde Octavian seine Truppen gegen die Stadt führen. Es war nur eine Frage der Zeit.

Als dann die Tage wieder länger wurden und die Temperaturen stiegen, kann es kaum jemanden überrascht haben, dass die Legionen bereits auf dem Vormarsch waren. Zwei Armeen näherten sich Alexandria, mit stampfenden, genagelten Sandalen, klirrendem Zaumzeug und schwerfälligen Wagenkonvois – aus dem Osten kamen die Soldaten durch Syrien marschiert, mit Octavian an der Spitze, und aus dem Westen durch Libyen, angeführt von Cornelius Gallus. Doch selbst jetzt, da alles so berechenbar schien, gab es noch Überraschungen. Denn als Octavians Soldaten sich Mitte Juli der östlichen ägyptischen Grenzstadt Pelusion näherten, ergab sich die dortige Garnison kampflos. Es hieß, dies sei auf ausdrücklichen Befehl Kleopatras hin geschehen.

Solche Spekulationen aber waren rein theoretischer Natur. Die harte Realität, die die Bürger von Alexandria bald kennenlernen würden, war weitaus ernster und bedrückender. Octavian und seine Armee befanden sich nun vor den Toren der Stadt. Sie richteten ihr riesiges Lager in der Nähe des Hippodroms östlich der Stadtgrenze ein, wo Ptolemaios II. seine inzwischen legendäre Prozession zu Ehren des Dionysos abgehalten hatte. Und eines war klar: Sie würden hier nicht mehr fortgehen.

Octavians Präsenz veranlasste Antonius, zu handeln. Schon zuvor hatte er versucht, den Vormarsch von Gallus' Armee aus dem Westen zu stoppen. Viele von Gallus' Soldaten hatten einst in Antonius' Legionen gedient, und Antonius konnte einfach nicht glauben, dass sie ihm jetzt feindlich gesonnen waren. Sicherlich war er davon ausgegangen, dass sie, sobald sie ihn wiedersähen, zu ihm zurückkämen. Also war er mit einem großen Heer aus Infanterie und Kavallerie in Richtung Westen gezogen, neben sich auf dem Meer Schiffe der alexandrinischen Kriegsflotte. In Paraitonion (heute As Sallum) war er nah ans Lager geritten und hatte seine einstigen Soldaten gegrüßt. Aber er wurde ausgebremst:

> Gallus wies seine Trompeter an, dass sie alle zugleich Signal gaben, und so konnte keiner ein Wort verstehen. Danach versuchte Antonius ohne Erfolg, einen Überraschungsangriff zu starten, und auch mit seinen Schiffen unterlag er. Denn Gallus hatte anscheinend durch das Hafenbecken hindurch unter Wasser Ketten anbringen lassen, und dann schien er den Feind ganz ohne Gegenwehr in den Hafen einfahren zu lassen. Als er aber drinnen war, ließ er die Ketten mit Hilfe von Maschinen anziehen, so dass sie die Schiffe auf allen Seiten umfassten; und dann bestürmte er sie vom Land aus, von den Häusern und vom Meer, setzte einige in Brand und versenkte andere.[136]

Jetzt hatte Antonius kehrtgemacht und war mit seiner Kavallerie die etwa 400 km nach Alexandria zurückgeeilt. Am Hippodrom fand er Octavians Soldaten vor, die gerade ihr Lager aufschlugen. Schnell sattelten Octavians Kavalleristen ihre Pferde und galoppierten ihm entgegen (31. Juli 30 v. Chr.). Beide Seiten prallten aufeinander, und in der nun folgenden Schlacht blitzte bei Antonius wieder etwas von der alten Brillanz auf, die ihn so sehr geprägt hatte, als er unter Caesar gedient hatte: Er schlug Octavians Kavallerie in die Flucht, und die feindlichen Reiter zogen sich hinter ihre Palisaden zurück. In einem eher schmählichen Schachzug ordnete Antonius an, dass man Pfeile in Octavians Lager schoss, an denen Zettel angebracht waren, auf denen er jedem einzelnen Soldaten, der die Seiten wechselte und zu ihm überlief, eine Belohnung von 6000 Sesterzen versprach. Dann drehte er um und ritt im Triumph zurück nach Alexandria.

Als er stolz neben Kleopatra einherschritt, seine Tunika mit Schweiß und Blut befleckt, muss sich die Königin daran erinnert haben, wie auch Caesar einmal aus dem Kampf zu ihr zurückgekehrt war, als er die Flotte im großen Hafen in Brand gesteckt und einen entscheidenden Sieg errungen hatte (siehe S. 46). Und doch wusste sie, dass die Dinge jetzt ganz anders lagen. Genau wie Antonius' Soldaten. Plutarch nennt in diesem Zusammenhang ein beunruhigendes Detail:

> [Antonius] ging in den Palast, in voller Rüstung, küsste Kleopatra und stellte ihr einen seiner Soldaten vor, der mit äußerstem Mut gekämpft hatte. Kleopatra gab diesem als Lohn für seine Tapferkeit einen goldenen Brustpanzer und Helm. Der Mann nahm die Geschenke selbstverständlich an – und noch in derselben Nacht desertierte er zu Octavian.[137]

Von seinem Erfolg befeuert, schickte Antonius Octavian eine Nachricht mit einer Herausforderung zum Zweikampf, so wie er es bereits vor Actium getan hatte. Sie sollten bis zum Tod kämpfen und so die Schlacht entscheiden – als wären sie homerische Helden (siehe S. 140). Natürlich lehnte Octavian auch diesmal ab (wie zu erwarten war). Doch Antonius, beseelt von seinem Sieg an diesem Nachmittag, war wild entschlossen, auszunutzen, was er als seinen Vorteil wahrnahm. Sollte doch am nächsten Tag die Schlacht kommen: Er würde all seine Kraft gegen Octavian aufwenden, zugleich zu Land und zu Wasser angreifen und so zum letzten Mal alles auf eine Karte setzen. Entweder würde er siegen oder zugrundegehen – aber ehrenvoll wäre es, so oder so.

Kleopatras Haltung zu alledem ist nicht überliefert. Sie hatte inzwischen eigene Pläne. Falls Antonius, was sicher einem Wunder gleichkäme, gewinnen sollte, würde sie sich natürlich freuen. Wenn die Ereignisse jedoch einen anderen Verlauf nahmen, so könnten sie immerhin noch die Arrangements retten, die sie innerhalb des Palastes und mit Octavian getroffen hatte. Antonius war ganz offenbar in keiner stabilen seelischen Verfassung, und ein merkwürdiges Ereignis später in jener Nacht verstärkte diese seine Instabilität noch (ganz gleich, ob es nur eingebildet war oder real, vielleicht aber auch inszeniert von seinen Feinden, um ihn noch weiter zu verunsichern).

> Man sagt, in jener Nacht, gegen Mitternacht, als die Stadt in Angst und Erwartung dessen, was die Zukunft bringen würde, ganz still dalag, hätte man auf einmal eine harmonische Melodie auf vielen verschiedenen Musikinstrumenten gehört und Jubelrufe einer großen Menschenmenge, dazu Freudenschreie wie beim bacchischen Gelage und Satyrsprünge, als ob eine dionysische Prozession mit großem Lärm auszöge. Sie schien sich mitten durch die Stadt zu bewegen und auf das äußere Tor zu, vor dem der Feind lagerte, und hier erreichte der Tumult seinen Höhepunkt und erstarb sogleich.

> Wer die Zeichen zu deuten versuchte, kam zu dem Schluss, dass [Dionysos,] der Gott, dem Antonius am meisten anhing und mit dem er sich gleichsetzte, ihn jetzt im Stich ließ.

Und Dionysos war nicht der einzige, wie Antonius bald feststellen musste.

Bei Sonnenaufgang wurden die Truppen von hektischer Aktivität erfasst (1. August 30 v. Chr.). Die Flotte und die Kommandanten von Kavallerie und Infanterie hatten bereits aus dem Palast ihre Befehle erhalten. Es sollte ein koordinierter Angriff mit Land- und Seestreitkräften gegen Octavian werden; ein Angriff, der alles aufbot, was Antonius zu bieten hatte. Als seine Legionäre und Hilfstruppen auf den niedrigen Hügeln östlich von Alexandria postiert waren, beobachtete Antonius, wie die ägyptische Flotte, die Schiffe, die 11 Monate zuvor bei Actium entkommen waren, und viele weitere, die im Laufe des Winters gebaut worden waren, ihre Trossen vom Kai einholten und begannen, mit regelmäßigem Ruderschlag quer durch den Hafen zu fahren und auf das offene Meer zu.

In diesen wohlbekannten Gewässern sollte eine epische Seeschlacht stattfinden, deren Sieg Antonius für seine Niederlage bei Actium entschädigen würde. Hinter der Hafeneinfahrt wartete Octavians Flotte bereits. Beide Schlachtlinien nahmen Aufstellung, und bald lagen die Schiffe einander gegenüber, ohne sich zu rühren. Dann ertönte ein Signal, Ruder zerwühlten die Meeresoberfläche, und Antonius' Flotte setzte sich in Bewegung, immer schneller, geradewegs auf den Feind zu.

Doch da, noch bevor es zum Kampf kommen konnte, geschah das Undenkbare: Auf allen Schiffen von Antonius wurden die Ruder simultan hoch in die Luft gehoben und erstarrten in dieser Haltung einen Moment lang, wie zum Gruß, während die Schiffe aufeinander zuglitten. Jetzt reagierte Octavians Flotte, erhob ebenfalls die Ruder, und ein großer Jubel erhob sich auf allen Schiffen, während Antonius' Flotte ausscherte und sich in Octavians einreihte. „Die beiden Flotten, nun vereint, änderten den Kurs und hielten direkt auf Alexandria zu."

Als Antonius noch versuchte, die ganze schreckliche Situation zu verarbeiten, traf eine Meldung von seiner Kavallerie ein: Auch sie war zum Feind übergelaufen. Nur seine Infanterie blieb ihm noch treu, und eine kurze Zeitlang kämpfte sie auch tapfer. Aber die Chancen standen schlecht. Sie wurde in die Flucht geschlagen. Als Antonius mit seinen Soldaten zusammen zu den Toren Alexandrias flüchtete, hörte jemand, wie er „ausrief, Kleopatra habe ihn an diejenigen Männer verraten, gegen die er für sie Krieg geführt habe". Und tatsächlich erzählte man sich später, Kleopatra habe die Flotte dazu angestiftet, zu desertieren, als Teil ihres Geheimabkommens mit Octavian.

Als Antonius nach Alexandria zurückgekehrt war, ließ sich Kleopatra nirgends sehen. Sie hatte ihn offenbar im Stich gelassen, genau wie seine Flotte, seine Truppen und wie Dionysos. Tatsächlich war sie zu ihrem Mausoleum gegangen, einem gewaltigen, noch nicht ganz vollendeten Bau im Herzen der Parklandschaft, die zum Palast gehörte. Ein steinernes Gebäude, stark wie eine Zitadelle und mit massiven Türen ausgestattet, die sieben Meter hoch waren und so schwer, dass man sie, sobald sie geschlossen waren, nicht mehr öffnen konnte. Als sie sich jetzt im Inneren des Mausoleums befand, nur mehr ihre engste Entourage um sich, da gab Kleopatra den Befehl, die „mit Bolzen und Riegeln verstärkten Türen" herabzulassen. Zwar war sie nun in einem Grab eingeschlossen, aber immerhin war sie dort sicher.

Zumal sie sich einer Position wiederfand, die ihr paradoxerweise als eine gute Ausgangslage für Verhandlungen erschien – überall um sie herum funkelte im Zwielicht der Fackeln der königliche Schatz. Und nicht nur der, wie Plutarch berichtet:

> Hier sammelte sie die wertvollsten königlichen Schätze – Gold, Silber, Smaragde, Perlen, Ebenholz, Elfenbein und Zimt – und außerdem große Mengen an Feuerholz und Pech.[138]

Octavian bemerkte sehr wohl, welche Bedrohung von dieser Situation für ihn ausging. Wie so vielen Römern erschienen auch ihm die Reichtümer Ägyptens wie eine Antwort auf seine Gebete. Und, wie Dio erzählt, machte Kleopatra ihm unmissverständlich klar, was sie vorhatte: Sie wollte das Mausoleum „niederbrennen, mit sich selbst darin, wenn Octavian irgendeine ihrer Forderungen ablehnte". Weit entfernt davon, in wilder Panik ins Mausoleum zu flüchten, wie antike Quellen uns glauben machen wollen, hatte Kleopatra diesen Rückzug in das uneinnehmbare Gebäude, das bis zum Rand mit den Reichtümern Ägyptens vollgepackt war, durchaus geplant; er war Teil einer ausgeklügelten Strategie. An dem Erfolg dieser Strategie hing nicht nur Kleopatras Leben, sondern auch das Leben ihrer Kinder und der künftige Status von Alexandria und Ägypten innerhalb des Römischen Reichs. Der Einsatz war so hoch, dass kein Platz war für Mitleid oder für Gefühlsduselei.

Es gibt einen antiken Mythos, der von den beiden Liebenden Pyramos und Thisbe erzählt. Darin bringt sich Pyramos um, indem er sich in sein Schwert stürzt, weil er glaubt, seine geliebte Thisbe sei von einem Löwen getötet worden. Aber Thisbe ist am Leben, und als sie Pyramos' noch warmen Leichnam findet, weint sie zuerst ganz bitterlich, und dann nimmt sie das blutige Schwert und bringt auch sich um. Es ist ein tragisch-romantischer Mythos, und natürlich nur ein Mythos. Dennoch begann man schon früh, ihn mit den Ereignissen zu verknüpfen, die auf Kleopatras Rückzug in ihre Grabstätte folgten – und das in einem solchen Maße, dass sich beides kaum noch voneinander trennen lässt. Doch was in den hektischen Stunden passierte, die auf die Niederlage von Antonius' Infanterie vor Alexandria folgten, ist kein mythischer oder romantischer Stoff, sondern ein politischer.

Wenn Kleopatra eine Zukunft haben wollte, dann ging das nur ohne Antonius. Er war am Ende, von seinen Truppen verlassen, mutlos, ein Hindernis für jedes künftige Arrangement. Auch wenn Octavian nicht von ihr gefordert hätte, dass sie sich seiner entledigte (siehe S. 157), wird Kleopatra gewusst haben, dass Antonius verschwinden musste. Doch sie wusste auch, wie oft er schon früher auf dramatische Weise seinen Selbstmord angekündigt hatte; dazu, dass Antonius ihn wirklich durchführte, musste schon jemand ein wenig nachhelfen, ganz gleich, wie schlecht es ihm ging.

In einem Satz, den er beinahe beiläufig fallen lässt, berichtet Plutarch, dass Kleopatra, bevor sie in ihr Mausoleum ging, „Boten zu Antonius schickte, die ihm meldeten, dass sie tot war".[139] Dio führt dies weiter aus: „Sie hoffte, dass Antonius, wenn er von ihrem Tod hörte, nicht ohne sie weiterleben wollen, sondern sich sofort umbringen würde."[140] Ihre Hoffnungen waren nicht unbegründet. Als er die Nachricht hörte, verzweifelte er komplett und befahl seinem Sklaven (der passenderweise Eros hieß), ihn mit seinem Schwert zu erstechen. Aber anstatt seinem Herrn das Leben zu nehmen, tötete Eros sich selbst. Alle Optionen waren ausgereizt, und so ergriff Antonius sein Schwert und stieß es sich selbst tief in den Bauch. Doch nicht einmal ein sauberer, schneller Selbstmord gelang Antonius, und was dann passierte, hat ihm seinen Platz im Kanon der Romantik eingebracht.

Irgendwie erfuhr Antonius, als er bereits im Sterben lag, dass Kleopatra noch lebte. Dio teilt uns mit, dass jemand, als er sich erstach,

> laut aufschrie. Kleopatra hörte es und blickte über die Brüstung des Mausoleums. Durch einen bestimmten Mechanismus können seine Türen, wenn sie einmal geschlossen waren, nicht wieder geöffnet werden, aber der obere Teil nahe dem Dach war noch nicht komplett fertiggestellt. Nun sahen einige Leute sie, als sie herüberschaute, und riefen laut, was selbst Antonius hörte. Und als er erfuhr, dass sie noch lebte, stand er auf, als hätte er noch Kraft, zu leben; doch er hatte viel Blut verloren, war des Lebens müde und bat die Umstehenden, ihn zum Mausoleum zu tragen und dort emporzuziehen, mittels der Seile, die dort zum Heben von Steinblöcken angebracht waren.

Plutarchs Bericht ist an dieser Stelle so lebendig, dass er fast romanhaft wirkt. Er stellt Kleopatra als eine zweite Thisbe dar, die über den Selbstmord ihres Geliebten verzweifelt, und angeblich auf der Basis von Augenzeugenberichten schreibt er, wie

> sie ihn selbst zu sich hochzog, mit Hilfe der beiden Frauen, die sie als einzige mit in ihr Mausoleum genommen hatte. Niemals, so sagen diejenigen, die anwesend waren, hatte man etwas Mitleiderregenderes gesehen. Blutverschmiert und mit dem Tode ringend, wurde er emporgezogen, streckte seine Hände nach ihr aus, während er dort in der Luft hing. Die Aufgabe war nicht leicht für die Frauen, und Kleopatra, mit angespanntem Gesicht, ihre Hände das

> Seil umklammernd, konnte ihn kaum hochziehen, während die unten Stehenden sie mit ermutigenden Worten anriefen und ihren Schmerz teilten.[141]

Es ist ein so ein lebendiges Bild, dass es förmlich danach schreit, wahr zu sein. Doch in den folgenden Passagen gibt Plutarch private Gespräche wieder (noch dazu in kunstvollen Details), die innerhalb des Mausoleums stattfanden und über die niemand berichtet haben kann. Dio verfährt genauso. Es überrascht nicht, dass ihre Berichte einander widersprechen, denn sie sind im Wesentlichen erfunden. Als Antonius' Körper unter großen Schmerzen in der Dunkelheit des Mausoleums mit seinen funkelnden Schätzen verschwand, da verschwand mit ihm die Objektivität der Geschichte. Was blieb, war die Romantik, die die Fantasie kommender Generationen beflügelte; das künstliche Bild eines edlen Antonius, der in den Armen einer trauernden Kleopatra starb. Die Wirklichkeit mag durchaus eine ganz andere gewesen sein. Sueton zum Beispiel erzählt, wie Octavian Antonius befahl, Selbstmord zu begehen, und hinterher den Leichnam inspizierte, um sicherzustellen, dass er ihm gehorcht hatte – eine ganz andere Version der Ereignisse, aber eben eine (wie wir uns vergegenwärtigen müssen), die von einem Historiker stammt, der Zugang zu den römischen kaiserlichen Archiven hatte. Wie dem auch sei, am Ende zählt nur eine Tatsache: Antonius war tot. Es war Tag 1 einer neuen Ära.

Aber es hing immer noch einiges in der Schwebe; zumindest für Kleopatra gab es noch einen Haufen Politik zu erledigen. Eingeschlossen in ihrem vergoldeten Mausoleum und mit den Mitteln an der Hand, ein wahres Vermögen zu zerstören, von dem sie wusste, dass Octavian es unbedingt haben wollte, muss sie sich relativ sicher gefühlt haben. Doch sie sollte bald erfahren, dass sie, die einst für ihre Geistesgegenwart und ihren Intellekt gelobt wurde, selbst hier von Octavian überlistet worden war. Bald nach Antonius' Tod traf Gallus vor dem Mausoleum ein, der General, der Antonius ein paar Tage zuvor in Paraitonion besiegt hatte. Durch die engen Ritzen zwischen der Außentür und der Steinmauer teilte er ihr mit, er sei gekommen, um zu verhandeln.

Sie richtete nun ihre komplette Aufmerksamkeit auf Gallus' Worte, und im Mausoleum dachte niemand mehr daran, in Erfahrung zu bringen, was draußen sonst noch vor sich ging. Und das war fatal. In aller Stille hatten Octavians Soldaten das ganze Gebiet von Schaulustigen geräumt und eine Leiter herangebracht, die hoch genug war, um die Öffnung zu erreichen, durch die ein paar Stunden zuvor der sterbende Antonius gehievt worden war. Und dann konnte man drei bewaffnete Männer dabei beobachten, wie sie die Leiter heimlich emporkletterten und, als sie oben waren, leise ins Innere des Mausoleums glitten.

Bald kursierten wilde Geschichten darüber, was als Nächstes geschehen war; wie Kleopatra versucht hatte, sich zu erstechen, als die Männer eingedrungen waren; wie einer der Soldaten die Arme um sie geschlungen, ihr den Dolch aus der Hand gerissen und schnell ihre Kleider nach Gift durchsucht hatte. Bedenkt man, wie wenige Zeugen es gab, kann es gut sein, dass die Details hier später ausgeschmückt wurden oder sogar komplett erfunden sind. Doch auch hier waren letztlich nur wieder die Schlagzeilen wichtig: Kleopatra war jetzt eine Gefangene Octavians; er hatte sie aus dem Mausoleum geholt und von bewaffneten Wachen in den Palast führen lassen; das Mausoleum und die Schätze, die es enthielt, waren sicher.

Währenddessen hatte Octavian nun auch selbst Alexandria betreten. Die Stadt war nervös. Vielleicht hatten die Alexandriner bereits gehört, dass Octavian auf die Nachricht von Antonius' Tod mit Tränen und Worten des Bedauerns reagiert hatte; sie wären wohl kaum überrascht gewesen. Ein solches Schauspiel gehörte mittlerweile fast zum guten Ton. Hatte nicht auch Caesar geweint, als man ihm den Kopf seines Erzrivalen Pompeius gebracht hatte, eines Mannes, mit dem er sogar einmal verschwägert war? Vielleicht hatten sie aber auch gehört, wie Octavian, nur wenige Augenblicke später,

> Briefe vorzeigte, die er und Antonius ausgetauscht hatten, und sie laut vor seinem Gefolge vorlas, damit sie seine eigene beschwichtigende Sprache mit den unhöflichen und aggressiven Antworten von Antonius verglichen.

Mit anderen Worten: Octavian mag sich Mühe gegeben haben, als mitfühlend aufzutreten, aber er war fest entschlossen, dass man nicht vergaß, wer wirklich schuld an allem war: Antonius.

Und die Bürger Alexandrias? Die waren zweifellos beunruhigt. Auf einer Kundgebung im Gymnasion, wo Antonius vier Jahre zuvor seine „Gebietsverleihungen" abgehalten hatte, konnten sie das erste Mal ihren neuen Machthaber erleben.

> Nachdem er das Gymnasion betreten und das Podest bestiegen hatte, das man für ihn dort errichtet hatte, waren die Leute außer sich vor Angst und warfen sich vor ihm zu Boden, aber er bedeutete ihnen, aufstehen, und sagte, dass er das Volk von aller Schuld freispreche – erstens um Alexanders, ihres Gründers, willen, und zweitens, weil er die Größe und Schönheit der Stadt bewundere …[142]

Aber Octavians Milde ging nicht viel weiter. Selbst als an diesem Augusttag der (zugegeben angespannte) Jubel der Bürger von Alexandria in den Himmel stieg, waren Trupps von Soldaten gerade dabei, Antyllus, Antonius' ältesten Sohn, aufzuspüren. Als sie ihn fanden, klammerte er sich wimmernd an eine Statue von Caesar und flehte um Gnade. Doch auch für ihn gab es keine. Sie zerrten ihn von der Statue fort und schlugen ihm den Kopf ab. Unterdessen galoppierten mehrere Divisionen von Octavians Kavallerie nach Süden, in Richtung Äthiopien; sie hatten gehört, dass

Kleopatra ihren Sohn Kaisarion bereits fortgeschickt hatte, an der Spitze einer großen, mit Gold beladenen Kamelkarawane. Ihr Ziel: Indien, seit vielen Jahrhunderten Handelspartner der Ptolemäer. Irgendwo auf dem Weg holten sie ihn ein und brachten ihn um.

In Alexandria blieb Kleopatra als Gefangene unter ständiger Beobachtung. Unter denen, die sie besuchen durften, war ihr Arzt, Olympos, der seine Erlebnisse später in seinen Memoiren niederschrieb. Gemäß Plutarch, der diese Memoiren kannte, beschreibt Olympos darin, wie Kleopatra in eine geradezu extravagante Trauer um Antonius verfiel und sich in traditioneller Art und Weise auf die Brüste schlug, während sie zur gleichen Zeit hungerte:

> In Folge der Trauer, die sie erlitten hatte, und der Schmerzen, die sie erfuhr – ihre Brüste waren wund und entzündet von ihren Schlägen –, bekam sie hohes Fieber, eine willkommene Entschuldigung für sie, das Essen zu verweigern und so ohne Widerstand aus dem Leben zu gehen.[143]

Gleichzeitig stand sie jedoch immer noch in Verhandlungen mit Octavian – was man von einer Frau, die ihrem Leben ein Ende setzen möchte, eigentlich nicht erwarten würde. Und auch Octavians Reaktion auf ihren sich verschlechternden Gesundheitszustand war mitnichten die eines Mannes, der ihren sofortigen Tod wünschte:

> Er schöpfte Verdacht und plagte sie mit Drohungen und Befürchtungen bezüglich ihrer Kinder, um so (wie mit Belagerungsmaschinen) ihren Widerstand zu brechen, so dass sie aufgab und ihren Körper solcherlei Pflege und Ernährung hingab, wie es erforderlich war.

Solche Widersprüche waren es, die zu einer wahren Flut von Behauptungen und Gegenbehauptungen geführt haben, zu Verschwörungstheorien und Szenarien, in denen jede Partei verzweifelt versucht, die andere zu überlisten. Nur wenig können wir sicher rekonstruieren.

Irgendwann scheint man Kleopatra erlaubt zu haben, Antonius' toten Körper zu bestatten; vielleicht auf eine Art und Weise, bei der sie ihn einbalsamierte, der erste Schritt zur Mumifizierung. Laut Plutarch

> vergrub sie ihn mit ihren Händen, königlich und mit großem Pomp, wozu ihr alles gewährt wurde, wonach sie verlangte.

So wurde einer von Antonius' Wünschen am Ende doch noch erfüllt: Man begrub ihn, wie er es in seinem Testament verfügt hatte, in seinem geliebten Alexandria.

An irgendeinem Punkt stattete Octavian einer der größten Attraktionen der Stadt seinen einzigen nachweisbaren Besuch ab: der mumifizierten Leiche Alexanders des Großen, des vergöttlichten Schutzherrn Alexandrias, der nun bereits fast 300 Jahre lang intakt in seinem Sarkophag lag:

> Er berührte ihn sogar, worauf, wie es heißt, ein Stück der Nase abbrach. Aber er lehnte es ab, die sterblichen Überreste der Ptolemäer zu sehen, obwohl die Alexandriner sie ihm sehr gerne zeigen wollten, und er sagte: „Ich wollte einen König sehen, keine Leichen." Aus demselben Grund sah er sich nicht den [Stier] Apis an; er erklärte, er sei es gewohnt, Götter anzubeten und kein Stück Vieh.[144]

Octavian, der Eroberer Ägyptens, zeigte einen deutlichen Mangel an Sensibilität bezüglich der religiösen Überzeugungen der Ägypter; darin unterschied er sich stark von Antonius, seinem Verbündeten, und sogar von Caesar. Der Vandalismus an Alexanders Grab demonstrierte nicht nur seine Gleichgültigkeit gegenüber der glorreichen Geschichte Griechenlands, sondern zugleich seine eigene Überlegenheit und die unbestreitbare Macht Roms.

Am Ende konnte Kleopatra keinen Anteil an dieser Macht erhalten. Angeblich fand ein Treffen zwischen Octavian und der Königin statt, bei dem Kleopatra für ihre Rolle im jüngsten Konflikt um Entschuldigung bat; Octavian, der davon überzeugt war, dass Kleopatra „mit ihm nach Rom segeln werde, aus freien Stücken", wollte sie daraufhin begnadigen. Tatsächlich jedoch existieren in den antiken Quellen keinerlei Aufzeichnungen über ein solches Treffen, aus denen man sich eine objektive Meinung bilden könnte. Die dortigen Berichte enthalten ebenso viel Geschichte wie Fiktion.

Octavian hatte jedoch gute Gründe, eine gewisse Sympathie gegenüber der Königin an den Tag zu legen (einer der wichtigeren Gründe war sicherlich, die sprunghaften Alexandriner in der Stadt zu halten). Vielleicht wollte er sie auch tatsächlich mit nach Rom nehmen, um sie im Triumphzug inmitten all der Beutestücke durch die Straßen zu führen. Aber er wird kaum vergessen haben, wie damals der Anblick von Kleopatras unglücklicher Schwester Arsinoë die Massen, die die Straßen Roms in Richtung Kapitol säumten, beeindruckt hatte. Er muss die Gegenreaktion der Bevölkerung gefürchtet haben, wenn sie die Königin von Ägypten, noch in der Niederlage charismatisch, in Ketten vor seinem Wagen laufen sähen. Auch wenn es in Alexandria opportun schien, Mitgefühl zu zeigen: In Rom zeigte er am besten nichts und niemanden.

Kleopatra sollte nicht der letzte Staatsfeind sein, dessen Tod weniger peinlich war, als ihn (oder sie) am Leben zu lassen. Dank der gut platzierten Gerüchte über ihre Trauer um Antonius, ihre psychische Instabilität, ihren leidenschaftlichen Wunsch zu sterben (wie Thisbe nach dem Tod des Pyramos) dürfte es kaum jemanden überrascht haben, als gerade einmal zehn Tage nach Antonius' Selbstmord die Nachricht verbreitet wurde, dass auch Kleopatra nun tot war. Doch trotz der Tatsache, dass die Königin unter ständiger Beobachtung durch das Militär stand und ständig so viele hervorragende Ärzte am Hof von Alexandria anwesend waren, gab es bald ebenso viele Geschichten darüber, wie Kleopatra gestorben war, wie es Menschen gab, die diese Geschichten erzählten.

Plutarch schreibt, Kleopatra habe gebadet und sich dann in Antonius' Grabstätte niedergelegt, um ein üppiges Mahl zu genießen. Man brachte ihr einen Korb mit Feigen hinein und einen Brief an Octavian wieder hinaus; die Türen wurden geschlossen, jetzt waren nur noch Kleopatra und zwei Dienerinnen im Raum. Der Brief erwies sich als Abschiedsbrief, und als die Türen der Grabstätte wieder geöffnet wurden, war Kleopatra bereits tot. Nur eine der zwei Dienerinnen lebte noch; ihre letzten Worte waren, dass es „für eine Prinzessin, die von so vielen Königen abstammte, angemessen und gut durchgeführt worden war". Doch muss Plutarch sich eingestehen, dass er nicht weiß, was dort genau passierte:

> Es hieß, dass eine Giftschlange hineingebracht wurde, die sich zwischen den Feigen und Blättern verbarg, denn so Kleopatra hatte es befohlen, damit das Reptil ihren Körper beißen könnte, ohne dass sie es merkte. Aber als sie etwas von den Feigen fortnahm, sah sie die Schlange und sagte: „Seht doch, da ist sie!" Sie entblößte ihren Arm und hielt ihn ihr hin, zum Biss. Andere jedoch berichteten, dass die Schlange sich in einem Wasserkrug befand und dass Kleopatra sie mit einem goldenen Spinnrocken so sehr gereizt habe, bis sie hochsprang und sie in den Arm biss. Was wirklich wahr ist, weiß niemand; es wurde ebenso erzählt, dass sie stets in einem hohlen Kamm Gift mit sich führte und den Kamm im Haar versteckt hielt; aber weder ein Fleck noch ein Anzeichen für Gift fand sich an ihrem Körper. Außerdem hat man noch nicht einmal das Reptil selbst in jenem Raum gesehen, auch wenn man sagte, man habe seine Spuren in der Nähe gesehen, zum Meer hin, auf das die Fenster des Raums blickten. Manche sagen aber auch, dass man an Kleopatras Arm zwei ganz leichte und undeutliche Einstiche gesehen habe …[145]

Plutarch gibt sich alle Mühe, darauf hinzuweisen, dass es viel Hörensagen gab und vieles, was einfach nicht zusammenzupassen scheint: das Fehlen einer Wache im Raum; die vergiftete Phiole (die dann wohl bei der Leibesvisitationen übersehen wurde); das Fehlen von Symptomen; die Giftschlange, die es irgendwie fertigbrachte, drei Frauen zu töten und sich dann in Luft aufzulösen; Berichte über Kleopatras letzte Worte, wo doch niemand, der sie gehört haben könnte, überlebte. Plutarch sagt es selbst: „Niemand weiß, was wirklich geschah." Außer vielleicht Octavian.

In einer schauspielerischen Meisterleistung versuchte er, sie wiederzubeleben zu lassen – er bestellte sogar (so sagt man) „Schlangenbeschwörer, die das Gift aus der Wunde saugen sollten". Aber natürlich half das alles nichts. Er behauptete, dass er

*Der Tod der Kleopatra* von Jean-André Rixens (1846–1925). 1874, Öl auf Leinwand, 200 × 290 cm. Musée des Augustins, Toulouse.

> ihren edlen Geist bewunderte, und er befahl, dass ihr Körper zusammen mit dem des Antonius auf prächtige und königliche Weise bestattet wurde. Auch ihre Dienerinnen erhielten auf seinen Befehl hin eine ehrenvolle Bestattung.

Innerhalb von zwei Tagen nach Kleopatras Tod verließ Octavian Alexandria und fuhr per Schiff nach Syrien (12. August 30 v. Chr.), wo er überwinterte, bevor er im Triumph nach Rom zurückkehrte (siehe unten). Zum Statthalter von Ägypten ernannte er Cornelius Gallus, der erst Antonius besiegt und dann Kleopatra ausgetrickst hatte. Aber wie schon Generationen von Römern vor ihm, war Octavian auf der Hut. Er wusste, dass Ägypten reich genug war, dass sich eventuell ein Aufstand finanzieren ließ, und so

> wagte er es – in Anbetracht der hohen Einwohnerzahlen in den Städten und auf dem Land, des einfachen und wankelmütigen Charakters der Bevölkerung und der großen Mengen an Getreide und Reichtümern – nicht, das Land einem Senator anzuvertrauen; er konnte dort nicht einmal einen Senator wohnen lassen, es sei denn, er gewährte dies demjenigen persönlich und in seinem Namen.[146]

In Alexandria löste Octavian den Stadtrat auf, „wohl weil er annahm, dass er zum Aufstand neige", während an den Ufern des Nil Statuen des römischen Eroberers errichtet wurden, die die zahlreichen Bewohner dieses fruchtbaren Landes daran erinnern sollten, dass sie einen neuen Herrn hatten. Und das war das Ende der Geschichte, so der Historiker Dio, wie „Ägypten versklavt wurde".

Jetzt ist er der unangefochtene Herrscher des Imperiums, und aus Octavian wird Augustus. Bronzener Kopf (bekannt als Kopf von Meroe), hergestellt in Ägypten, ca. 27–25 v. Chr., und gefunden in Meroe im Sudan. Höhe 43 cm. British Museum, 1911,0901.1, Schenkung des Sudan Excavation Committee mit Unterstützung des Art Fund.

# Der Vollstrecker

Shakespeare sagt in *Julius Caesar*: „Das Böse, das die Menschen tun, lebt nach ihnen fort; das Gute wird so oft mit ihren Knochen begraben."[147] So war es auch mit Kleopatra; dafür sorgten ziemlich schnell Octavian und seine Lakaien im römischen Senat. Schon bevor die triumphierende Armee in die Hauptstadt des Römischen Reichs zurückkehrte, vernahm man die schadenfrohen Stimmen der Sieger. Doch bereits als sie die offizielle (wenn auch unwahrscheinliche) Version von Kleopatras Tod verbreitet wurde – dass sie Selbstmord durch Schlangenbiss beging –, zollten viele Menschen dem, was sie für königlichen Edelmut hielten, ein gewisses Maß an Respekt.

In den Tagen und Wochen, nachdem die Nachricht vom Tod Kleopatras in Rom eintraf, mag der Dichter Horaz einer der Ersten gewesen sein, die reagierten. Seine Ode (die mit den berühmten Worten *nunc est bibendum* beginnt) bietet eine beklemmende Mischung aus Jubel, Xenophobie und Mitgefühl:

> Lasst uns nun trinken, lasst uns nun mit leichtem Fuß auf den Boden stampfen, es ist an der Zeit, die Liegen der Götter mit üppigen Opferspeisen zu schmücken, meine Freunde! Vor kurzem noch war es ein Frevel, den Caecuber-Wein aus dem uralten Keller zu holen, als die wahnsinnige Königin das Kapitol zu zerstören und das Reich zu stürzen drohte mit ihrer von Krankheit befleckten Schar schändlicher Männer, so maßlos, dass sie auf alles hoffte, und betrunken von süßem Glück. Doch minderte dann ihre Raserei ein Schiff, das gerade soeben unversehrt dem Feuer entfloh; und ihren durch mareotischen Wein verrückt gewordenen Verstand versetzte Caesar richtiggehend in Schrecken, der aus Italien sie mit schnellen Rudern bedrängte – wie ein Falke als Jäger die sanften Tauben oder den schnellen Hasen auf den verschneiten Feldern Thessaliens –, auf dass er die Ketten anlegte dem Unheil bringenden Monster: Doch auf ganz edle Weise wollte sie sterben (gar nicht wie Frauen sonst)

„Aegypto Capta" („Ägypten ist erobert"): Ägypten wird als Krokodil dargestellt. Silberdenar von Octavian (Augustus), geprägt in Italien, 28 v. Chr. Durchmesser 1,9 cm. British Museum, 1866,1201.4189.

> und schreckte nicht vor dem Schwert zurück und steuerte nicht mit ihrer schnellen Flotte geschützte Küsten an; sie wagte es sogar, mit heiterer Miene den in Trümmern liegenden Königspalast zu betrachten und ergriff mutig wilde Schlangen, damit sie mit dem Körper das schwarze Gift aufnähme, noch kühner wurde sie durch den freiwilligen Tod: Diese nicht unbedeutende Frau wollte nämlich nicht, dass die grausamen Liburner sie, aller Funktionen beraubt, im stolzen Triumphzug mit sich führten.[148]

Bereits hier zeichnet sich ein „offizielles" Bild von Kleopatra ab: „maßlos", „betrunken", „verrückt", sie will ganz Rom zerstören und geht lieber in den Freitod als zu fliehen. Antonius wird überhaupt nicht erwähnt.

Zur gleichen Zeit beeilte sich der Senat, zu Ehren des Siegs seines neuen Herrn bei Actium so viele Resolutionen zu verabschieden wie möglich:

> Sie gewährten ihm einen Triumphzug über Kleopatra, einen mit Trophäen dekorierten Ehrenbogen in Brundisium und einen weiteren auf dem Forum Romanum. Darüber hinaus verfügte der Senat, dass das Fundament des Schreins von Julius Caesar mit den Schnäbeln der erbeuteten Schiffe geschmückt würde; dass alle vier Jahre ein Fest zu Ehren Octavians gefeiert würde; dass ein Dankesfest an seinem Geburtstag gefeiert würde und am Jahrestag der Verkündigung seines Siegs; und dass, wenn er die Stadt betrat, alle Vestalinnen und der Senat und das Volk mit seinen Frauen und Kindern hingehen sollten, um ihn zu begrüßen.[149]

In einer solchen Atmosphäre der bedingungslosen Vergötterung Octavians schaukelte sich die Propaganda gegen Kleopatra, als Person wie als feindliche Königin, immer weiter hoch. Bei Caesars Triumphzug für seinen Sieg im Alexandrinischen Krieg musste man noch vorsichtig sein – immerhin war Ägypten damals weiterhin ein Verbündeter Roms (siehe S. 61). Bei Octavian (29 v. Chr.) war das nun ganz anders. Mit seinem Sieg

über Antonius und Kleopatra hatte Octavian das Ptolemäerreich ein für alle Mal unterworfen. Um irgendwelche Befindlichkeiten musste er sich nun nicht mehr kümmern, er konnte seinen Triumphzug in vollen Zügen genießen.

Und das tat er auch. Zwei laute Tage lang zog seine Armee durch die Straßen von Rom und feierte erst ersten Sieg bei Actium, dann seinen Sieg über Ägypten.

> Alle Prozessionen waren bemerkenswert, dank der Beute aus Ägypten, die so reichlich war, dass sie für alle Prozessionen genügte; aber das ägyptische Fest übertraf alles an Kostbarkeit und Pracht. Neben anderen Dingen trug man dort ein Bildnis mit der toten Kleopatra auf einem Sofa, so dass sie in gewisser Weise auch selbst, zusammen mit den anderen Gefangenen und mit ihren Kindern Alexander, genannt Helios, und Kleopatra, genannt Selene, Teil des Spektakels war und eine Trophäe in der Prozession. Danach kam Octavian, der hinter all dem in die Stadt ritt. Er tat alles in der üblichen Weise …[150]

Tatsächlich war es nicht die tote, sondern die sterbende Kleopatra, deren Bild man durch die Stadt trug. Der Dichter Properz, selbst ein Augenzeuge der Triumphzugs, schreibt über die Königin (und spricht sie dabei an), wie er sah, dass „deine Arme von den heiligen Nattern gebissen wurden und deine Glieder den verborgenen Pfad des Schlafs einsogen".[151] Angefeuert von den hochwallenden Gefühlen beim Triumphzug, macht Properz dem Zorn der römischen Öffentlichkeit Luft – zweifellos mit der Stimme der Massen, die die Straßen zum Kapitol säumten:

> Die Hurenkönigin aus dem inzestuösen Kanopos, Schandfleck im Geschlecht des Philippos, hat es gewagt, unserem Jupiter den kläffenden Anubis entgegenzustellen und unseren Tiber zu zwingen, die Drohungen ihres Nil zu ertragen, unsere römischen Signaltrompete durch das klappernde Sistrum abzulösen, mit den Lenkstangen

Die Götter gedenken Actiums: Flachbild des Guilford Puteal, eines zylindrischen Marmordenkmals, aus dem später ein Bohrlochkopf wurde, verziert mit Apollo, Artemis, Hera und anderen Gottheiten sowie Nymphen. Errichtet in Korinth als Teil eines Denkmals für Actium. 31–1 v. Chr. Höhe 50 cm, Durchmesser 160 cm. British Museum, 2003,0507.1.

Umgeben von imposanten Mauern: Nikopolis, Augustus' „Stadt des Sieges", in der Nähe von Actium erbaut, enthielt natürlich auch ein dem Dionysos geweihtes Theater.

> ihrer Lastkähne unsere Kriegsschiffe zu verfolgen, über unseren Tarpejischen Fels ihre abscheulichen Mückennetze zu spannen und auf unserem Kapitol zwischen Marius' Statuen und Waffen Gesetze zu verkünden.[152]

Inzwischen waren Octavian und seine Berater zur Erkenntnis gelangt, dass ein Sieg in einer Schlacht mehr wert war als der zwiespältige Tod einer charismatischen Königin, und so begannen sie, Actium mit immer größerer Bedeutung aufzuladen.

> Zu Ehren des Datums [2. September 31 v. Chr.] weihte [Octavian] dem Apollo von Actium aus allen eroberten Schiffen ein Trireme, eine Quadrireme und je ein weiteres Exemplar aller Schiffe bis zehn Ruderreihen, und er ließ einen größeren Tempel errichten. Er führte ein alle vier Jahre stattfindendes heiliges Fest mit musikalischen und athletischen Wettkämpfen ein, einschließlich eines Pferderennens, … und gab ihm den Namen „Actia".[153]

In der Zwischenzeit gründete Octavian auf der nördlichen der beiden Landzungen, die den breiten Golf von Ambrakia einschließen, eine neue Stadt, auf dem Gelände seines Lagers, indem er einige der benachbarten Völker dort ansiedelte und andere enteignete, und er nannte sie Nikopolis [„Stadt des Siegs"]. An der Stelle, wo sich sein Zelt befunden hatte, legte er eine quadratische Ansammlung von Steinen nieder, schmückte den Ort mit erbeuteten Schnäbeln und errichtete auf ihm, zum Himmel hin offen, ein Heiligtum für Apollo.

Actium geriet auch in den Fokus des Hofdichters Vergil, der Octavians Aufstieg zur Macht im großen römischen Epos *Aeneis* beschreibt. In einem Zeitraum von über zehn Jahren verfasst und bis zum Tod des Autors (19 v. Chr.) unvollendet, war die *Aeneis* eine Hymne auf eine neue Ära, in der die Schrecken beinahe eines ganzen Jahrhunderts der Bürgerkriege von einem Zeitalter des Friedens und des Wohlstands abgelöst wurden – in einem Reich, das von einem ebenso standfesten wie wohltätigen „Ersten Bürger" regiert wurde.

Schon in der Entstehungszeit der *Aeneis* (27 v. Chr.) verlieh der Senat Octavian zwei Titel. Der erste, *princeps*, erkannte ihn als ihren Anführer an; der zweite, *augustus* („Ehrwürdiger", „Erhabener"), ging noch weiter. Er attestierte seinem Träger fast gottähnliche Qualitäten: zeitlos, olympisch, unantastbar. Es heißt, Lucius Plancus habe dies vorgeschlagen, der sich einst bei einer von Antonius' und Kleopatras Partys blau angemalt und nackt auf dem Boden gewälzt hatte (siehe S. 131) – eine kuriose, wenn auch im größeren Zusammenhang eher irrelevante Episode. Die Macht und Bedeutung des neuen Beinamens waren so groß, dass Octavian ab dem Moment, wo ihm der Titel verliehen wurde, ausschließlich „Augustus Caesar" genannt wurde. Selbst der Monat, in dem Octavian die Alleinherrschaft über das Römische Reich errungen hatte, wurde umbenannt, um dieses seines neuen Titels zu gedenken. Bis heute kennt man den Tag, an dem Marcus Antonius starb, als 1. August.

Und doch war es nie wirklich Augustus' Politik, sich seines Siegs über einen römischen Mitbürger zu rühmen. In der *Aeneis*, wie auch anderswo, ist es Kleopatra, die als der wahre Feind herausgestellt wird. Nach etwa zwei Dritteln des Epos beschreibt Vergil einen magischen Schild, der dem mythischen Helden Aeneas überreicht wird. Diesem Schild hat der Schmiedegott Vulkan Szenen aus der (im Kontext des Gedichts) glorreichen Zukunft Roms eingehämmert. Kernstück ist eine Darstellung der Schlacht von Actium. Die Passage ist lang, aber sehr informativ, denn sie zeigt die offizielle augusteische Sicht der Geschichte:

> Dazwischen zog sich weithin das goldene Bild des aufgewühlten Meers, blau mit weiß schäumenden Wellen. Rings herum im Kreis glänzten silbern Delphine, die die Flut mit ihrer Schwanzflosse peitschten und ihre Spur durch die Brandung zogen. Mittendrin sah man bronzene Flotten, die Schlacht von Actium, sah nach Mars' Befehl ganz Leukate umkämpft und golden schimmernde Wellen. Caesar Augustus führt die Italier mit dem Senat und dem Volk, den

> Penaten und obersten Göttern in die Schlacht, er steht am hoch aufragenden Heck, da erscheint auf seinem fröhlichen Haupt ein doppeltes Licht, und es blitzt dort der Stern des Vaters auf. Etwas weiter entfernt, begünstigt durch Götter und Winde, führt der große Agrippa den Zug, auf der Stirn die Krone der Marine, mit Schnäbeln gespickt, ein prächtig funkelndes Kriegszeichen. Von hier führt mit barbarischer Kraft und verschiedenen Waffen Antonius, der Sieger über die Völker Auroras und die rote Küste, Ägypten und die Macht des Ostens und sogar das weit entfernte Baktra mit sich, und ihm folgt – welche Schmach – seine ägyptische Ehefrau. Alle zusammen stürzen sich hinein und das Meer schäumt, aufgewühlt durch Ruder und dreizackige Schiffsschnäbel. Sie streben auf die Höhe zu; es sieht aus, als ob die Kykladen zerstört im Meer schwimmen oder Berge gegen Berge stürzen: Mit so großer Kraft greifen die einen Schiffe die Türme der anderen an. Man gießt brennendes Pech aus, mit Eisen verstärkte Geschosse fliegen durch die Luft, und Neptuns Flut färbt sich rot vom erneuten Kampf. Inmitten der Schlacht befindet sich die Königin; mit dem ihr vertrauten Sistrum treibt sie zum Kampf an, doch dabei sieht sie nicht hinter sich die zwei Schlangen. All die monströsen, unförmigen Gottheiten und der Hundsgott Anubis kämpfen gegen Neptun, Venus und Minerva. Mars, in Eisen gewandet, wütet inmitten der Schlacht, aus dem Himmel die düsteren Furien, und die Zwietracht geht dort und freut sich, mit zerrissenem Mantel, und ihr folgt Bellona mit blutiger Geißel. Der Apollo von Actium beobachtet all das und spannt seinen Bogen; da drehen vor Schreck die Ägypter, Inder, Araber und Sabäer allesamt um. Dann sieht man, wie auch die Königin die Winde anruft, ihr in die Segel zu fahren, und die Taue löst, um zu fliehen. Dann zeigt der feuerkundige Gott, wie die bereits durch den nahenden Tod Erblichene mit dem Iapyx der Schlacht entkommt; der trauernde gewaltige Nil wirft die Falten seines wässrigen Gewands aus für die Besiegten, damit sie in seinen Hafen kommen. Caesar jedoch betritt Rom im Triumph …[154]

Actium wird hier zu einem existenziellen Kampf zwischen Ost und West, zwischen den „zivilisierten" römischen Göttern und den „barbarischen" ägyptischen.

Die Wahrheit war das erste Opfer des Kriegs, sie fiel der Propaganda zum Opfer. Doch selbst Vergil wendete die Erinnerung an Kleopatra nicht vollständig ins Negative. So wie Horaz' Ode eine schizophrene Mischung aus Abscheu und Mitleid offenbart (siehe S. 173), malt auch Vergil in der *Aeneis* mitunter ein viel weicheres, viel sympathischeres Porträt der Königin. Denn Kleopatra ist zweifellos das Vorbild für die karthagische Königin Dido, die den auf seiner Suche nach Italien herumirrenden Aeneas aufhält und ihn fast seine göttliche Mission vergessen lässt. Selbst Einzelheiten wie die von der Decke hängenden Lampen und die Trinkbecher, die bei ihrem ersten Treffen geschildert werden, erinnern den Leser an das Bankett, das Kleopatra für Antonius in Antiochia ausrichtete (siehe S. 91):

> Brennende Lampen hängen von einer golden getäfelten Decke herab, Fackeln vertreiben die Nacht. Dann bittet die Königin um einen Becher, schwer von Juwelen und reich mit Gold verziert, und sie füllt ihn mit Wein ...[155]

Und als Dido sich umbringt, wirft sie sich auf einen lodernden Scheiterhaufen – aus Liebe zu Aeneas. An dieser Stelle entsteht eine schreckliche Unsicherheit, mit welcher Figur der Leser Sympathie empfinden soll.

Im Wirklichkeit gab es auch während der Regierungszeit des Augustus immer noch eine Kleopatra, die eine afrikanische Königin war. Denn nachdem die Kinder vom ägyptischen Königshof, Kleopatra Selene und ihr Bruder Alexander Helios, im Triumphzug durch die Straßen geführt worden waren, brachte man sie in das Haus der Octavia, der früheren Ehefrau ihres Vaters Antonius, und dort kümmerte man sich um sie. Als Kleopatra Selene alt genug war, sorgte Augustus für eine reiche Mitgift und arrangierte ihre Hochzeit mit König Juba von Mauretanien, der seinerseits einmal in Ketten vor dem Wagen eines Siegers hatte laufen müssen – bei Julius Caesars Siegesfeier über Afrika (siehe S. 62).

Juba und Kleopatra Selene zeugten einen Sohn, den sie Ptolemaois nannten, nach ihren vielen Vorfahren, und der wiederum regierte, bis er, als Letzter einer langen Dynastie, durch den römischen Kaiser Caligula (reg. 37–41 n. Chr.) abgesetzt und getötet wurde – den Urenkel von Antonius und Octavia.

Aber es war der Tod des letzten überlebenden Kinds von Antonius und Kleopatra (5 v. Chr.?), der mit der meisten Bedeutung aufgeladen wurde. Denn als Kleopatra Selene starb, deren Name „Mond“ bedeutet, gab es eine Mondfinsternis. Diese Symbolik ging an niemandem vorbei. Der Dichter Krinagoras von Milet verfasste ihre Grabinschrift – sie könnte ebenso gut als Denkmal für die ganze verloren gegangene Welt stehen, die sie so viele Jahre zuvor in Alexandria hatte zurücklassen müssen:

> Der Mond stieg auf, als die Sonne sank, und verdunkelte sich; in schwarze Nacht hüllte er seinen Kummer, denn er hatte zugesehen, wie seine Namensvetterin, die schöne Selene, in den Hades ging, ihres Atems beraubt. Einst hatte er mit ihrer Schönheit sein Licht geteilt; jetzt lieh er ihrem Tod seine Dunkelheit.[156]

# Anmerkungen

1 Die Beschreibung von Alexandria in diesem Kapitel beruht auf antiken Quellen, darunter Caesars *Alexandrinischer Krieg* und Strabons *Geographie* (17) sowie auf den Erkenntnissen der modernen Archäologie (siehe z. B. Empereur)
2 Galen, xvii.a, 607
3 Die Beschreibung der Prozession (äußerst umstritten in der modernen Forschung) stammt von Athenaios, *deipnosophistae* 5.197f.
4 Athenaios, *deipnosophistae* 5.204f.
5 Dies Zitat und die folgenden Passagen stammen aus Herodot, *Historien*, Buch 2
6 Strabon, 17.17
7 Dies ist der Stein von Rosette, heute im British Museum
8 Strabon, 17. 1.11
9 Plutarch, *Antonius* xxvii
10 Plutarch, *Pompeius* 79
11 Caesar, *Bürgerkrieg* 3.106
12 Plutarch, *Pompeius* 80
13 Zu Kleopatras Anmut: Cassius Dio 17.34; zum Ruf Caesars: Sueton, *Iulius* 51
14 Die Geschichte findet sich bei Plutarch, *Caesar* 49 und Dio 17.34
15 Caesar, *Bürgerkrieg* 110
16 Plutarch, *Caesar* 49; Seneca, *Dialoge* 9.4; Aulus Gellius 7.17
17 Caesar, *Alexandrinischer Krieg* 1
18 Caesar, *Bürgerkrieg* 3.112
19 Caesar als „Scharfrichter": *Bürgerkrieg* 3.112; Caesars Behauptung: Plutarch, *Caesar* 49.4–5
20 Caesar, *Alexandrinischer Krieg* 2
21 Caesar, *Alexandrinischer Krieg* 3
22 Caesar, *Alexandrinischer Krieg* 6–7
23 Caesar, *Alexandrinischer Krieg* 9
24 Caesar, *Alexandrinischer Krieg* 11
25 Caesar, *Alexandrinischer Krieg* 18
26 Plutarch, *Caesar* 49.7–8. Die Geschichte wird wiederholt in Dio 42.40
27 Caesar, *Alexandrinischer Krieg* 24
28 Caesar, *Alexandrinischer Krieg* 31
29 Appian, *Bürgerkriege* 2.90
30 Caesar, *Alexandrinischer Krieg* 33
31 Sueton, *Iulius* 52.1
32 Dio 43.21.1
33 Pothinus: Appian, *Bürgerkriege* 2.101; Ganymedes: Scholien zu Lucan, *Bürgerkriege* 10.521
34 Dio 43.19.3
35 Appian, *Bürgerkriege* 2.101
36 Neunaugen: Plinius, *Naturgeschichte* 9.171; Wein: ebd., 14.97
37 Sueton, *Iulius* 39
38 Dio 43.22.1-3
39 Appian, *Bürgerkriege* 2.102; Dio 51.22.3
40 Sueton, *Iulius* 44
41 Philon, *Legatio ad Gaium* 151
42 M. Clauss, *Kleopatra*, C. H. Beck, München [2]2000, S. 45 f. Leider müssen wir uns ausschließlich auf diese Beschreibung des Geburts-Tempels verlassen. Im 19. Jahrhundert verwendete man seine Überreste, um eine Zuckerfabrik zu bauen
43 Cicero, *an Atticus* 15.15.2. In diesem Brief scheint er zu suggerieren, dass Kleopatra versprochen hat, ihm ein paar Bücher zu schenken, die aber nie ihren Empfänger erreichten
44 Heirat mit Kleopatra: Nikolaos von Damaskus, *Augustus* 28; Gesetzentwurf: Sueton, *Iulius* 52.3
45 Statue im Hippodrom: Sueton, *Iulius* 76; Bänder an der Statue: ebd., 75; Verse: ebd., 80
46 Sueton, *Iulius* 79
47 Sueton, *Iulius* 82
48 Plutarch, *Caesar* 6.12–13
49 Cicero, *an Atticus* 14.20.2
50 17. Mai: Cicero, *an Atticus* 15.1.5; 24. Mai: ebd., 15.4.4
51 Plutarch, *Publicola* 9.6; Dionysios Halikarnassos 5.17.2
52 Plutarch, *Brutus* 20
53 Sueton, *Iulius* 84
54 Diese und die folgenden zwei Passagen stammen aus Appian, *Bürgerkriege* 2.146–47
55 Plutarch, *Brutus* 20
56 Sueton, *Iulius* 84
57 Im Jahr 2012 entspräche dies etwa 3,5 Mio Euro.
58 Diese und die folgenden vier Passagen stammen aus Plutarch, *Antonius* 2–9
59 Die Sambuca war eine Art viersaitige Lyra und wurde zumeist von Mädchen gespielt. Athenaios, *deipnosophistae* 129a beschreibt beschreibt den Auftritt einiger Sambuca-Spielerinnen auf einem Fest, das er besuchte: „Ich dachte, sie seien nackt, aber einige versicherten mir, dass sie doch zumindest *etwas* trugen."
60 Appian, *Bürgerkriege* 4.128
61 Plutarch, *Antonius* 24
62 Diese und die folgenden drei Passagen stammen aus Plutarch, *Antonius* 25–26
63 Plutarch, *Antonius* 26
64 Ebd.
65 Diese und die folgenden Beschreibungen stammen aus Athenaios, *deipnosophistae* 147–48
66 Plutarch, *Antonius* 27
67 Appian, *Bürgerkriege* 5.8
68 Plutarch, *Antonius* 28
69 Appian, *Bürgerkriege* 5.8
70 Appian, *Bürgerkriege* 5.8
71 Plutarch, *Antonius* 28
72 Plutarch, *Antonius* 29
73 Plutarch, *Antonius* 29
74 Im angelsächsischen Raum könnte man diesen „Verein" als eine Art Vorläufer des *Bullingdon Club* an der Universität Oxford ansehen.
75 Plutarch, *Antonius* 28
76 Plutarch, *Antonius* 28
77 Plinius, *Naturgeschichte* 33.14
78 Plutarch, *Antonius* 29
79 Plutarch, *Antonius* 10
80 Dio 48.5.3
81 Dio 48.27.1
82 Athenaios, *deipnosophistae* 148b–c; am Schluss zitiert er Sokrates von Rhodos
83 Dio 48.30
84 Plutarch, *Antonius* 33
85 Appian, *Bürgerkriege* 5.76
86 Plutarch, *Antonius* 33
87 Dio, 48.39.2. Die Einschübe in eckigen Klammern stammen von den Autoren dieses Buches
88 Plutarch, *Antonius* 36
89 Plutarch, ebd.
90 Plutarch, ebd.
91 Diese und die folgende Passage stammen aus Sueton, *Augustus* 70
92 Sueton, *Augustus* 70
93 Anonym, *Homerischer Hymnus* 31.7–14
94 Dieses und das Zitat im folgenden Absatz stammen aus Plutarch, *Antonius* 37

95 Diese und die folgenden zwei Passagen stammen aus Plutarch, *Antonius* 39–40
96 Plutarch, *Antonius* 40
97 Dio, 49.28.3f.
98 Dio, 49.30.1f.
99 Plutarch, *Antonius* 45
100 Plutarch, *Antonius* 49
101 Diese und die folgende Passage stammen aus Plutarch, *Antonius* 43
102 Plutarch, *Antonius* 37
103 Plutarch, *Antonius* 51
104 Dio, 49.31.4
105 Diese und die folgende Passage stammen aus Plutarch, *Antonius* 53
106 Appian, *Bürgerkriege* 5.135
107 Plutarch, *Antonius* 54
108 Velleius Paterculus, 2.82
109 Plutarch, *Antonius* 54
110 So nennt es Dio, 49.40.3
111 Sueton, *Augustus* 69
112 Plinius, *Naturgeschichte* 9.121
113 Velleius Paterculus, 2.83.2
114 Diese und die folgende Passage stammen aus Dio, 50.5
115 Dio, 50.5.4
116 Diese und die folgenden zwei Passagen stammen aus Plutarch, *Antonius* 56–57
117 Plutarch, *Antonius* 58
118 Plutarch, *Antonius* 59
119 Dio, 50.8.1
120 Plutarch, *Antonius* 60
121 Dies und Kleopatras witzige Bemerkung über Toryne stammen aus Plutarch, *Antonius* 62
122 Diese und die folgende Passage stammen aus Dio 50.13–14
123 Dio, 50.14.3–4
124 Plutarch, *Antonius* 68
125 Diese und die folgende Passage stammen aus Plutarch, *Antonius* 63–64
126 Plutarch, *Antonius* 66
127 Diese und die folgenden drei Passagen stammen aus Dio 50.32–35
128 Dio 50.34
129 Dieses und das folgende Zitat stammen aus Plutarch, *Antonius* 67–68
130 Diese und die folgende Passage stammen aus Dio 51.5
131 Plutarch, *Antonius* 69
132 Dio 51.6
133 Plutarch, *Antonius* 73
134 Plutarch, *Antonius* 69
135 Plutarch, *Antonius* 71
136 Dio 51.9
137 Diese und die folgende Passage stammen aus Plutarch, *Antonius* 74–75
138 Plutarch, *Antonius* 74
139 Plutarch, *Antonius* 76
140 Diese und die folgende Passage stammen aus Dio 51.10
141 Plutarch, *Antonius* 77
142 Plutarch, *Antonius* 80
143 Diese und die folgenden zwei Passagen stammen aus Plutarch, *Antonius* 82
144 Dio 51.16
145 Diese und die folgende Passage stammen aus Plutarch, *Antonius* 86
146 Dieses und die Zitate im folgenden Absatz stammen aus Dio 51.17
147 Shakespeare, *Julius Caesar*, Akt 3, Szene 2
148 Horaz, *carmen* 1.37
149 Dio 51.19. Fast ein Jahrhundert später (60 n. Chr.), so die Legende, beging die britische Königin Boudicca aus dem gleichen Grund Selbstmord (*siehe* Moorhead, S. und Stuttard, D., *The Romans Who Shaped Britain*, Thames and Hudson, London 2012, S. 82)
150 Dio 51.21
151 Dieses und das folgende Zitate stammen aus Properz, 3.11
152 Properz 3.11
153 Diese und die folgende Passage stammen aus Dio 51.1
154 Vergil, *Aeneis* 8.671 ff.
155 Vergil, *Aeneis* 1.726–727
156 Krinagoras 18

# Literatur

Es sind viele Bücher über Antonius und Kleopatra geschrieben worden; hier eine Auswahl:


Bradford, E., *Cleopatra*, Penguin 1971
Clauss, M., *Kleopatra*, C. H. Beck ⁴2010
Grant, M., *Cleopatra*, Weidenfeld & Nicolson 1972
Goldsworthy, A., *Antony and Kleopatra*, Weidenfeld & Nicolson 2010
Halfmann, H., *Marcus Antonius*, Wissenschaftliche Buchgesellschaft 2011
Jones, P. J., *Cleopatra: A Sourcebook*, University of Oklahoma Press 2006
Kubisch, S. und Klinkott, H., *Kleopatra. Pharaonin – Göttin – Visionärin*, Theiss 2011
Schäfer, C., *Kleopatra*, Wissenschaftliche Buchgesellschaft 2006
Schiff, S., *Cleopatra: A Life*, Virgin Books 2010
Southern, P., *Cleopatra*, Tempus 1999
Southern, P., *Mark Antony: A Life*, Amberley 2010
Walker, S. und Higgs, P., *Cleopatra of Egypt*, British Museum Press 2001


Die Ausgrabungen des ptolemäischen und römischen Alexandria gehen zügig voran, und immer neue Entdeckungen werden gemacht. Hierzu seien die folgenden Bücher empfohlen:


Clauss, M., *Alexandria. Schicksale einer antiken Weltstadt*, Klett-Cotta ²2004
Empereur, J.-Y., *Alexandria Rediscovered*, British Museum Press 1998
Hawass, Z. und Goddio, F., *Kleopatra: The Search for the Last Queen of Egypt*, National Geographic Society 2010
Macleod, R. (Hrsg.), *The Library of Alexandria*, The American University in Cairo Press 2000
William la Riche, *Alexandria, The Sunken City*, Weidenfeld & Nicolson 1997


Bleibt anzumerken, dass Übersetzungen der meisten zitierten antiken Autoren im Buchhandel erhältlich sind oder auch (immer mehr) im Internet.

# Register

# Danksagung

Wie die Stammgäste des antiken Museion und der Bibliothek in Alexandria, die sich auf die Hilfe so vieler Experten so vieler Fachbereiche verlassen konnten, haben auch wir dankenswerte Unterstützung von Freunden und Kollegen erfahren. Im British Museum gaben uns Richard Abdy, Ian Jenkins und Richard Parkinson wertvolle Ratschläge; Peter Higgs las und kommentierte großzügigerweise unseren Entwurf. Alle Fehler, die im Text enthalten sind, haben wir voll und ganz selbst zu verantworten. Auch zahlreiche unserer Kolleginnen und Kollegen haben uns großzügig durch Bereitstellung von Fotos und durch Textverbesserungen unterstützt; unser Dank gilt Dario Calomino, Stephen Dodd, Richard Parkinson, Paul Roberts, Jeffrey Spencer, Thomas Ross, Roberta Tomber und Michael Winckless sowie dem Department of Photography and Imagery des British Museum, das uns mit einer wahren Fülle von Abbildungen versorgt hat. Bei der British Museum Press danken wir Rosemary Bradley, Director of Publishing, und Naomi Waters, Commissioning Manager, für ihre Unterstützung dabei, dass wir den Auftrag erhielten, dieses Buch zu schreiben, Charlotte Cade für die Herstellung, Axelle Russo-Heath für die Bildrecherche, David Hoxley für die exzellente Kartographie, Bobby Birchall für das wunderschöne Layout. Unser besonderer Dank gilt aber unserer unvergleichlichen Lektorin, Emma Poulter, die schlau, geistreich und weise wie eine moderne Kleopatra sicherstellte, dass unser Buch am Ende irgendwie in den sicheren Hafen gesteuert ist. Schließlich geht unser tiefempfundener Dank an unsere (jeweiligen) Ehefrauen, E. J. und Fi, die ihre Männer wieder einmal so gnädig auf dem langen Weg in die Antike ertragen und unterstützt haben. Wir hätten dieses Buch ohne sie nicht schreiben können.

DS & SM 2012

# Abbildungsnachweis

Bei allen Abbildungen in diesem Buch wurde versucht, die Inhaber der Bildrechte zu ermitteln. Alle Fotografien aus dem British Museum: © The Trustees of the British Museum. Die Karten auf S. 6–7, 18, 36 und 146 wurden erstellt von David Hoxley, Technical Map Services.

S. 12 © JP Golvin
S. 14 © Ross Thomas
S. 42 Griechisch-Römisches Museum Alexandria; © Roberta Tomber
S. 44 © Jeffrey Spencer
S. 55 © Richard Parkinson
S. 56 © Richard Parkinson
S. 58 © Sam Moorhead
S. 64 © Sam Moorhead
S. 65 Staatliche Museen zu Berlin; © akg-images
S. 72 © Ägyptisches Museum, Kairo
S. 77 The National Trust, Kingston Lacy, The Bankes Collection; © NTPL/Paul Mulcahy
S. 83 © Richard Parkinson
S. 95 © Sam Moorhead
S. 120 © David Stuttard
S. 129 The Metropolitan Museum of Art, New York; © Foto: Scala, Florenz, 2011
S. 135 © Sam Moorhead
S. 142 © Dario Calomino
S. 148 © National Maritime Museum, Greenwich, London
S. 154 © Paul Roberts
S. 171 Musée des Augustins, Toulouse; © Foto: akg-images/Erich Lessing
S. 176 © Dario Calomino